技术与创新管理系列教材

创新思维

INNOVATIVE THINKING

陈劲　赵炎　邵云飞　黄淑芳　杨笑然◎编著

清华大学出版社

北京

内 容 简 介

本书以创新管理和心理学相关理论为基础,从创新思维的概念、原理和活动过程出发,系统介绍创新思维价值观念体系。第一篇总论着重阐述创新思维的价值观念、效用和科学基础;第二篇战略引领思维着重介绍右脑思维的潜能及应用;第三篇逻辑寻优思维阐述逻辑思维的重要性并突出左脑思维的效用;第四篇整合交叉思维探究"双脑型"人才的培养和"美第奇效应"的激发,并突出整合交叉思维的重要作用;第五篇从中国传统文化、钱学森综合集成思想和信息科技驱动的创新思维发展三个方面对创新思维进行展望。

本书基于创新思维的基础内容,将理论与实际结合,带领读者逐步探索创新思维世界。本书内容既有理论严谨性,又具备科普和趣味性,适合相关专业高校学生学习使用,也可以作为科普读物。

本书封面贴有清华大学出版社防伪标签,无标签者不得销售。
版权所有,侵权必究。举报:010-62782989,beiqinquan@tup.tsinghua.edu.cn。

图书在版编目(CIP)数据

创新思维/陈劲等编著. —北京:清华大学出版社,2021.9(2024.1重印)
技术与创新管理系列教材
ISBN 978-7-302-58960-0

Ⅰ.①创… Ⅱ.①陈… Ⅲ.①创造性思维-高等学校-教材 Ⅳ.①B804.4

中国版本图书馆 CIP 数据核字(2021)第 174579 号

责任编辑:高晓蔚
封面设计:汉风唐韵
责任校对:王荣静
责任印制:沈 露

出版发行:清华大学出版社
网　　址:https://www.tup.com.cn,https://www.wqxuetang.com
地　　址:北京清华大学学研大厦 A 座　　邮　编:100084
社 总 机:010-83470000　　邮　购:010-62786544
投稿与读者服务:010-62776969,c-service@tup.tsinghua.edu.cn
质量反馈:010-62772015,zhiliang@tup.tsinghua.edu.cn
课件下载:https://www.tup.com.cn,010-83470332
印 装 者:三河市君旺印务有限公司
经　　销:全国新华书店
开　　本:185mm×260mm　　印　张:13　　字　数:260 千字
版　　次:2021 年 10 月第 1 版　　印　次:2024 年 1 月第 4 次印刷
定　　价:45.00 元

产品编号:073617-01

技术与创新管理系列教材编委会

顾问：朱高峰院士、许庆瑞院士
主任委员：陈　劲
委员（按姓氏拼音排序）：

毕克新（哈尔滨工程大学）	孙　卫（西安交通大学）
蔡　莉（吉林大学）	檀润华（河北工业大学）
陈　劲（清华大学）	王海军（沈阳工业大学）
陈　松（同济大学）	王黎萤（浙江工业大学）
陈向东（北京航空航天大学）	王　毅（清华大学）
陈衍泰（浙江工业大学）	魏　江（浙江大学）
陈　悦（大连理工大学）	吴贵生（清华大学）
高旭东（清华大学）	吴伟伟（哈尔滨工业大学）
官建成（中国科学院大学）	吴晓波（浙江大学）
郭　斌（浙江大学）	伍　蓓（浙江工商大学）
黄　灿（浙江大学）	向　刚（昆明理工大学）
黄鲁成（北京工业大学）	谢富纪（上海交通大学）
金　珺（浙江大学）	谢科范（武汉理工大学）
康长杰（新加坡国立大学）	杨德林（清华大学）
李纪珍（清华大学）	银　路（电子科技大学）
李　垣（同济大学）	余　江（中国科学院大学）
刘　云（中国科学院大学）	曾赛星（上海交通大学）
刘志迎（中国科技大学）	张治河（陕西师范大学）
柳卸林（中国科学院大学）	赵　炎（上海大学）
邵云飞（电子科技大学）	郑　刚（浙江大学）
苏敬勤（大连理工大学）	朱桂龙（华南理工大学）

丛 书 序

技术创新在新时代经济发展中发挥着基础保障的作用,其重要性不言而喻。在全国科技界和产业界的共同努力下,我国的技术创新持续发力,加速赶超跨越,实现了历史性、整体性、格局性的重大变化,重大科研成果竞相涌现,科技实力大幅增强,已成为具有全球影响力的科技大国。党的十九大对科技创新又做出了全面系统部署,其核心是以习近平新时代中国特色社会主义思想为指导,推动科技创新主动引领经济社会发展,构筑核心能力,实现高质量发展。

然而,我国许多产业仍处于全球价值链的中低端,一些关键核心技术受制于人,发达国家在科学前沿和高技术领域仍然占据明显的领先优势,我国支撑产业升级、引领未来发展的科学技术储备亟待加强,适应创新驱动的体制机制亟待建立健全,企业研发动力不足,创新体系整体效能不高,经济发展尚未真正转到依靠技术创新的轨道。

为此,我们必须加快技术创新的步伐,加快实现技术创新对经济增长和社会发展的引领作用。新时代的技术创新必须为提高国家硬实力、软实力以及综合国力作出突出的贡献。

然而,技术创新是一项非线性、复杂、动态、不确定的技术经济行为,需要科学的管理方能生效。加强技术与创新的学科建设以及相应的教材建设就显得极为关键。技术与创新管理学吸收了管理学、经济学、工程学、心理学等有关部分形成其理论基础,又与产业或企业领域的知识整合,形成技术与创新管理的知识体系,它又细分为技术管理、技术创新管理、知识管理、知识产权管理等子领域。

本系列教材是我国从事技术与创新管理的高等院校骨干教师编写,他们怀着不断完善技术与创新管理知识体系的情怀,在积极吸收国外技术与创新管理相关教材的基础上,结合中国技术与创新管理的情境,进行了相关的创造性知识整理,目的是为培养一大批技术与创新管理的理论与实践人才作出必要的贡献。本教材可供高等院校本科生、研究生必修或选修之用。由于时间匆促,请相关师生提出宝贵的修改意见。

清华大学经济管理学院教授
中国技术经济学会技术管理专业委员会理事长
2020 年 3 月

前言

创新是时代前行的通行证,是一个民族甚至国家赖以生存的重要手段,其本质是突破,即突破旧的思维定式、旧的常规戒律。当今管理科学领域,创新已成为不可忽视的重点研究对象,而创新发展离不开创新思维,对创新思维的内在规律进行研究并发展完善的理论体系,以充分发挥创新思维的积极效用,是提高国家和企业的科技竞争力、实现可持续发展的重要前提。

近年来,我国的创新能力已有大幅提高,但是相较于西方发达国家,仍存在一些亟待解决的问题。例如:与发达工业国家相比,我国制造业企业长期以来在技术、市场上处于劣势,缺少核心技术;同时,我国自主品牌仍然不多,世界级的名牌则更少,是典型的"制造大国、品牌小国";此外,自改革开放以来,我国很多企业积极引进先进技术和理念,但消化吸收费用偏高,并且转化能力较弱。如何运用创新思维,解决创新过程中存在的问题,成为困扰我国研发机构和企业的关键问题。

本书以创新管理和心理学理论研究为基础,从创新思维的基础理论和价值观念出发,以"战略引领思维""逻辑寻优思维"和"整合交叉思维"为支撑点,构建了创新思维的理论框架。基于右脑思维的潜能和左脑逻辑思维的重要性,指出创新过程中需要重视培育"双脑型"人才和激发"美第奇效应"。只有在系统了解创新思维的基础上,结合实际并与时俱进地运用有关管理方法,才能充分发挥创新思维的积极效应,有效提升创新管理水平。

因笔者能力有限,书中难免存在纰漏,望请不吝指正。

编著者
2021 年 5 月

目录

第一篇　总论

第1章　总述 ······ 3
1.1　创新概述 ······ 3
1.2　创新思维简述 ······ 3
1.3　创新思维的活动过程 ······ 6
1.4　创新思维的障碍——思维定式 ······ 7
1.5　形成创新思维的系统模型 ······ 8

第2章　创新思维的价值观念 ······ 9
2.1　社会呼吁创新思维 ······ 9
2.2　创新思维推动社会发展 ······ 14
2.3　创新思维与创新因子 ······ 17

第3章　创新思维的效用：以批判性思维为例 ······ 23
3.1　批判性思维的意义 ······ 24
3.2　批判性思维的内涵 ······ 25
3.3　批判性思维的双路径模型 ······ 26
3.4　批判性思维的技巧 ······ 27
3.5　批判性思维的评估 ······ 28

第4章　创新思维的科学基础 ······ 30
4.1　思维的脑神经基础：大脑皮层和神经元 ······ 31
4.2　思维的心理基础：情绪 ······ 40
4.3　思维的传播基础：语言 ······ 44
4.4　创新思维潜能的认识和挖掘 ······ 45

第二篇 战略引领思维

第5章 右脑思考的潜能 ····· 51
- 5.1 左脑右脑论 ····· 52
- 5.2 右脑的功能 ····· 52
- 5.3 左脑和右脑在创新思维活动中的重要作用 ····· 53
- 5.4 开发右脑潜能 ····· 54

第6章 战略引领思维的工具以及应用实例 ····· 56
- 6.1 设计思维与新问题产生 ····· 57
- 6.2 新产品开发与模糊前端(FFE) ····· 66
- 6.3 政策研究与技术预见 ····· 71
- 6.4 风险管理与情景分析 ····· 75
- 6.5 头脑风暴与创造力激发 ····· 87

第三篇 逻辑寻优思维

第7章 逻辑思维 ····· 93
- 7.1 逻辑思维概述 ····· 94
- 7.2 逻辑思维的规范性 ····· 94
- 7.3 逻辑思维的作用 ····· 96
- 7.4 逻辑思维训练 ····· 97

第8章 TRIZ(发明问题解决理论) ····· 101
- 8.1 TRIZ 简介 ····· 101
- 8.2 冲突解决理论 ····· 104
- 8.3 ARIZ——解决发明问题的程序 ····· 107
- 8.4 TRIZ 在其他领域应用的发展趋势 ····· 112

第四篇 整合交叉思维

第9章 双脑模型(双脑模式理论) ····· 117
- 9.1 双脑模式理论简述 ····· 118
- 9.2 管理中的双脑思维 ····· 118

9.3 "双脑型"人才的培养 ·· 119

第10章 跨界交叉思维——美第奇效应 ·· 126

10.1 美第奇效应概述 ·· 127
10.2 美第奇效应在管理中的应用 ·· 127
10.3 美第奇效应的培育：打破壁垒 ·· 130

第11章 整合交叉思维在创新中的应用 ·· 134

11.1 处理矛盾的新思考 ·· 134
11.2 知识创造的新启示 ·· 138
11.3 产品概念的新阐释 ·· 140

第五篇 创新思维展望

第12章 充分发挥中国文化的优势 ·· 145

12.1 中国传统文化的基本特征 ·· 145
12.2 中国传统创新思想及其方法 ·· 146
12.3 中国传统文化对创新思维的影响 ·· 149
12.4 中华传统创新思维对科技创新的影响 ·· 151

第13章 有效利用系统思维：以钱学森综合集成思想为例 ·· 153

13.1 钱学森综合集成思想概述 ·· 153
13.2 综合集成思想的内容 ·· 155
13.3 跨领域的综合集成应用案例 ·· 160

第14章 信息科技驱动的创新思维 ·· 163

14.1 思维的进化 ·· 164
14.2 统计思维 ·· 165
14.3 大数据情境下的思维 ·· 171
14.4 人工智能情境下的思维 ·· 180

参考文献 ·· 188

第一篇

总　论

　　创新是人类智慧的结晶,与人类的生活或工作密切相关。创新发展离不开创新思维,创新涉及因素之多、面临的复杂性和不确定性之广成为激发创新思维的难点所在。业界对创新思维的普遍看法是既要理论清晰,又要简单明了,通俗易懂,要有利于创新思维的研究与应用。本篇将在介绍创新思维基本概念和活动过程的基础上,构建较为系统的创新思维价值观念体系并对创新思维进行扩展,以期为学习者打开创新思维之门提供智力支持。

第 1 章

总 述

本章要点

- 掌握创新思维的基本概念、内容和分类；
- 理解创新思维的原理；
- 了解创新思维的活动过程和障碍。

创新思维是当今创新管理及心理学研究的重要内容，探索创新思维的理论体系和内在规律并有效激发和利用它，是提高国家和企业科技竞争力、实现可持续发展的重要前提。本章将对创新思维的概念、目标、内容和原则等基本概念进行阐述，在此基础上，阐述创新思维的一般活动过程和价值观念，为本书读者提供认识创新思维的基本前提。

1.1 创新概述

创新是指以新的思维模式提出有别于常规或常人思路的见解为导向，利用现有的知识和物质或者新的知识和物质的组合，形成商业化的产品、工艺或者商业模式等复杂过程。创新的本质是新奇或改变。

生产一种新的产品，是产品创新；采取一种新的生产方法，是工艺创新；开辟市场，是市场开拓的创新。美籍奥地利经济学家熊彼特在 20 世纪初引出创新的概念，并指出创新是经济发展的原始动力。而今，创新又成为各类组织生存与发展的关键，建设创新型组织的关键是拥有创新思维的人才，为此，创新思维的培养和强化是一个国家或地区教育与培训的重要内容。

1.2 创新思维简述

1.2.1 基本概念

创新思维是指人类在探索未知领域或者解决问题的时候，充分发挥认识的能动作用，突破固定的思维模式，不断以新颖的、多角度的思维来获得新成果的思维活动[①]。

---

① 鲁克成等. 创造学教程[M]. 北京：中国建材工业出版社，2002.

对于创新思维,我们可以从两个方面加以把握:首先,它是能够产生创造性成果的思维;其次,它是在思维方法、思维形式、思维过程的某些方面富有独创性的思维。思维方法、形式、过程的创新性,是思维结果富有创造性的前提;思维结果的创造性是思维方法、形式、过程富有创新性的意义和价值所在。

1.2.2　内容及分类

创新思维的目标是突破思维定式,打开思维空间。在分析总结思维分类各种观点的基础上,我们对创新思维分类的标准是必须兼顾理论性与实用性。即创新思维的分类既要理论清楚,又要简单明了,通俗易懂,要有利于创新思维的研究与应用。表1-1就是在总结其他创新思维分类的基础上,得出的新的创新思维的分类[①]。

表1-1　创新思维的分类

思维形式	创新思维名称
基本形式	发散思维、求异思维、逻辑思维
派生形式	正向思维、逆向思维、横向思维、纵向思维、立体思维、联想思维、想象思维、直觉思维、潜思维、梦境思维、灵感思维、形象思维
应用形式	转换思维、换位思维、变通思维、变异思维、超前思维、预测思维、越障思维、综合思维

(1) 基本形式。创新思维的基本形式指其中包含的思维形式是创新思维中的最基本的形式,分为发散思维、求异思维和逻辑思维。这三种创新思维形式是其他思维形式的基础,它们之间又相互独立。

(2) 派生形式。创新思维的派生形式是指其中包含的思维方式都是由基本形式的创新思维派生而来,或者是创新思维基本形式的一部分。比如,正向思维、逆向思维、横向思维和纵向思维等都是求异思维的一部分,这些思维中又包含有逻辑思维。而立体思维、形象思维、联想思维、想象思维等都是发散思维的派生形式。

(3) 应用形式。创新思维的应用形式是指其中的思维方式都包含一个确定的思维目的,但实现这个思维目的所用到的创新思维却不是固定的,有可能包含一种或多种基本形式和派生形式的创新思维来实现思维目的。比如:预测思维的目的就是预测未来将要发生的事情,越障思维的目的就是克服思维障碍。

1.2.3　原理

主体根据解决问题的需要,通过调整与顺应,使自己的思维突破和超越原有的思维结构。

系统科学认为,结构决定功能。创新思维的结构特点决定了它的功能特点。创新思维的求新功能受制于它的超越结构。人的思维活动是在主体思维结构的基础上进行的。

---

① 侯智.创造力训练方法研究及其计算机实现[D].重庆:重庆大学硕士学位论文,2003.

对于思维结构,学术界有多种称谓,如思维方式、认知结构、思维框架、思维格局,以及认知图式、思维模式等。通俗地说,思维结构就是人的思维反映外部事物的中介,是人脑这个加工厂的生产线。人的大脑进行思维,就是凭借着思维结构作为中介,生产和加工思维的信息材料,制作思维的认知产品。离开了思维结构,人脑是不能进行任何思维活动的。思维结构是在学习和实践中被逐步建构起来的。在学习和实践中,人们把获得的知识、经验和形成的观念、方法积淀在头脑中,逐步建构起一定的思维结构。

思维结构对于人的思维有着巨大的制约作用,它通过自身的结构、模式,制约着人脑选择、组合和评价、解释信息,对于来自同一个客体、同一个对象方面的信息,不同的思维结构往往会对它们进行不同的加工,看到这一对象的不同侧面、不同层次,捕捉到其中的不同信息,得出不同的认识结果。因此,思维结构的特点直接影响人的认识过程和思维结果,思维结构在思维过程中不知不觉地发挥作用。知识、经验、观念和方法,这些形成思维结构的基本要素在人们的日常生活中慢慢地积淀和贮存于大脑的潜意识层,主体运用这些存在于潜意识中的思维结构要素加工信息,是在一种下意识的状态下进行的。一般来说,主体感觉不到它们的存在。正因为如此,思维结构具有相对的稳固性。一种思维方式一旦被建立起来,就不会被轻易改变。无论遇到什么样的思维对象和思维课题,它总是力图按照自己现有的结构和模式,去筛选、组合、评价、解释信息,从而得出相应的思维结果。思维结构的这种稳固性和作用惯性,人们通常称之为思维定式。思维定式具有双重作用。它可以帮助人们凭借现有的经验和惯常的思路,驾轻就熟地解决一般的常规性问题。反之,它只能妨碍人们解决那些超出了现有的经验和认识范围的、非常规问题。在思维定式的作用下,主体往往会因循守旧、墨守成规,习惯用老眼光、旧思路、原办法去对待新问题。因此,按照已有的思维结构形成的思维定式是思维创新的主要障碍。创新思维,从根本上说,就是突破思维定式的阻碍,超越既定的思维结构。

创新思维超越现有思维结构,从现代认识论的研究中可以得到说明。现代认识论认为,人的思维结构是同化作用和顺应作用两个方面的统一。同化是主体运用现有的思维结构去分解、加工自在客体的信息,从而产生观念客体的过程;顺应则是主体调整自己的思维结构以适应客体和产生观念客体的过程。在通常的情况下,人们总是倾向于运用思维结构的同化功能,即运用现有的思维结构去加工来自客体的信息,以产生思想、观念或者用思想、观念指导实践、解决问题。但是,当人们遇到了现有的思维结构无法同化客体信息的时候,主体就采取顺应方式,调整自己的思维结构,以适应同化外部客体的需要。显然,人的思维结构遇到常规性问题,运用的是同化方式,遇到非常规问题,就不适用同化方式而必须采用顺应方式,以适应解决问题的需要。前面所说的创新思维对于现有思维结构的突破与超越,从思维结构本身来讲,就是发挥了它的顺应功能。因此,顺应是创新的需要,顺应是创新的本质要求。

创新思维不但与个体的思维结构有关,而且与群体的乃至整个民族的时代的思维结构也存在着不可忽视的联系。因为,任何个体都是生活在群体之中,都不能脱离民族文化和时代背景而生存。创新思维要突破的往往不仅是个体的思维结构,而且是整个民族和时代所造就的思维方式、思维模式。注重研究创造在体制和文化方面的阻碍因素,并且努力排除这些因素的干扰,是实现思维创造的重要前提。

综上所述,创新思维的结构性本质就在于主体根据解决问题的需要,通过调整与顺应,使自己的思维突破和超越原有的思维结构。

1.3 创新思维的活动过程

1.3.1 准备阶段:提出问题

创新思维是从发现问题、提出问题开始的。"问题意识"是创新思维的关键,提出问题后必须为着手解决问题做充分的准备。这种准备包括必要的事实和资料的收集,必需的知识和经验的储备,技术和设备的筹集以及其他条件的提供等。同时,必须对前人在同一问题上所积累的经验有所了解,对前人在该问题尚未解决的方面作深入的分析。这样既可以避免重复前人的劳动,又可以使自己站在新的起点从事创造工作,还可以帮助自己从旧问题中发现新问题,从前人的经验中获得有益的启示。准备阶段常常要经历相当长的时间。

1.3.2 酝酿阶段:深入了解

酝酿阶段要对前一阶段所获得的各种资料和事实进行消化吸收,从而明确问题的关键所在,并提出解决问题的各种假设和方案。此时,有些问题虽然经过反复思考、酝酿,仍未获得完美的解决,思维常常出现"中断"、想不下去的现象。这些问题仍会不时地出现在人们的头脑中,甚至转化为潜意识,这样就为第三阶段(顿悟阶段)打下了基础。许多人在这一阶段常常表现为狂热和如痴如醉,令常人难以理解。如我们非常熟悉的牛顿把手表当鸡蛋煮、安倍不认识家门、陈景润在马路上与电线杆相撞。这个阶段可能是短暂的,也可能是漫长的,有时甚至延续好多年。创新者的观念仿佛是在"冬眠"中等待着"复苏"。

1.3.3 顿悟阶段:产生灵感

顿悟阶段也叫做豁朗阶段,经过酝酿阶段对问题的长期思考,创新观念可能突然出现,思考者大有豁然开朗的感觉,可以说是"山重水复疑无路,柳暗花明又一村",这一心理现象就是灵感或灵感思维。灵感的来临,往往是突然的、不期而至的。如德国数学家高斯,为证明某个定理,被折磨了两年仍一无所得,可是有一天,正如他自己后来所说:"像闪电一样,谜一下解开了。"

1.3.4 验证阶段：思维应用和完善

思路豁然贯通以后，所得到的解决问题的构想和方案还必须在理论上和实践上进行反复论证和试验，验证其可行性。经验证后，有时方案须要改进，有时方案甚至完全被否定，再回到酝酿期。总之，灵感所获得的构想必须经过检验。

1.4 创新思维的障碍——思维定式

思维定式是创新思维的障碍。如果你的思维固定在某处，钻进了牛角尖，那你的创新思维就不可能展现出来。那一个人的思维为什么会固定在那儿？为什么钻进牛角尖，进了死胡同，就出不来了？这个思维定式是怎么产生的呢？其原因，一个是迷信权威，一个是从众。权威说过了，我们就没法说了，因而就固定在那儿了。从众心理，就是个体盲目地顺应群体，顺应先验。大家都认为是这样的，我也是这样；我过去是这样的，现在也是这样。思维因从众而固定在那儿。除此之外，还有先验因素和情感驱使。这四大因素使我们出现思维定式。思维定式是提高人们创造能力的障碍，为了消除这种障碍，TRIZ 提出了九屏幕系统法、尺寸-时间-成本(DTC)方法和聪明小人法[①]。

九屏幕系统法是一种克服思维惯性的独特创新思维方法。该方法要求技术创新人员从系统、时间和空间三个维度对技术问题作系统分析，并从中发现克服系统缺陷所需且可利用的各种资源。九屏幕法基本框架如图 1-1 所示，任何一个具体问题都是系统的当前状态，往后看是系统的过去，往前看是系统的未来，往下看是子系统的当前，子系统当前的前后，分别是子系统的未来和子系统的过去，往上看则是超系统的当前，超系统当前的前后分别是超系统的未来和超系统的过去。

我们可以应用九屏幕法分析和解决问题，找到当前系统、当前系统的超系统和子系统、当前系统的过去和未来、超系统和子系统的过去和将来这九条路径，来解决问题。

拓展阅读

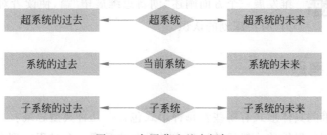

图 1-1　九屏幕法基本框架

---

① 檀润华. TRIZ 及应用技术创新过程与方法[M]. 北京：高等教育出版社，2010.

1.5 形成创新思维的系统模型

本书中,我们将从"战略引领思维""逻辑寻优思维"和"整合交叉思维"三篇(关系模型见图 1-2),带领读者逐步探索创新思维世界,最后进入"创新思维展望"篇,引发读者更深刻的思考。

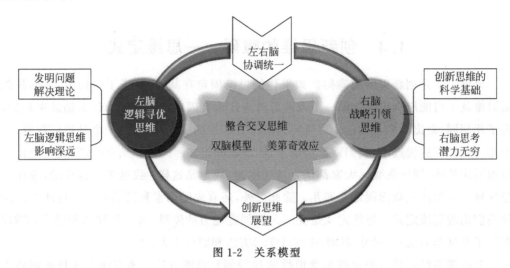

图 1-2 关系模型

首先,基于人的思维产生的科学基础,揭开"战略引领思维"篇的面纱,着重介绍右脑思维的潜能及应用。

其次,在"逻辑寻优思维"篇中,从逻辑思维出发,阐述逻辑思维的重要性并引入发明问题解决理论,突出左脑思维的效用。

接下来,由于左右脑是互为补充且缺一不可的,"整合交叉思维"篇顺势展开,旨在探究"双脑人才"的培养和"美第奇效应"的激发,并基于整合交叉思维的应用实例突出整合交叉思维的重要作用。

最后,从中国传统文化、钱学森综合集成思想和信息时代的思维发展三个方面阐述"创新思维展望"篇,使读者对创新思维的"魅力"有更深刻的认识。

即练即测

复习思考题

1. 创新思维的具体形式有哪些?每种形式包含哪几种典型思维?
2. 你认为创新思维的一般活动过程中最重要的是哪一个过程?理由是什么?
3. 解决思维定式可以用什么方法?你对此有什么想法?
4. 如何理解创新思维的系统模型。三种思维中,哪一种思维更重要?

第 2 章

创新思维的价值观念

本章要点

- 掌握社会发展过程中对创新思维产生的必要性；
- 掌握创新思维的对社会发展的效用；
- 了解创新思维与创新因子间的关系。

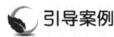引导案例

娃哈哈的 OAO 模式

娃哈哈企业是一个通过"卖水"而建造起来的多元化经营的企业帝国,从生产食品饮料到进军童装行业,再向商业地产进发,娃哈哈正在走入一个 OAO 模式的创新和未来。AO 就是线上线下的融合。娃哈哈利用互联网,把从下订单一直到生产调度、成本控制,包括追溯都集合到互联网上。再通过瓶身,获取客户、形成数据,把线下流量引导到线上,再反哺到线上和线下。不只是有效利用互联网思维进行创新,技术上的创新思维也是娃哈哈的重要优势。娃哈哈先后研发了码垛机器人、放吸管机器人、铅酸电池装配机器人、包装机器人等。没人会想到一个食品饮料行业也玩起了工业 4.0。

创新思维要实现思维活跃和社会进步的有效整合。所谓思维活跃就是要保证创新思维源源不断地产生并向正确的方向发展；所谓社会进步就是要通过创新思维的发展,促进技术创新,从而积累经验并作用于社会发展。本章将从社会呼吁创新思维、创新思维推动社会发展和创新思维与创新因子三个方面介绍创新思维的价值观念,以使本书读者能更好地把握创新思维与社会之间的内在联系逻辑,从而更好地学习本身内容。①

2.1 社会呼吁创新思维

经济社会发展,一方面使人们的生活水平不断提高,需求也越来越复杂多样,另一方面也促进了产业多元化和市场划分精细化。满足人们美好生活需要和产业及市场发展

---

① http://www.fromgeek.com/alibaba/139232.html.

需要源源不断地创新,呼吁创新思维。不断产生的高价值创新思维,能促进各行各业创新发展、加快科研进程并提高科技水平,是国家、社会和经济发展的重要原动力。

第一次工业革命让人类进入"蒸汽时代",大机器生产极大地提高了社会生产力;第二次工业革命让人类迎来"电气时代",电灯、电话、电影、汽车等也应运而生,为人们画出了美好生活蓝图;第三次科技革命让人类走向未来,原子能、计算机、航天技术、生物工程等领域均取得重大突破,电子计算机得到广泛应用等等,这些让人们对科技的理解更加深刻,使人们生活更加便利和幸福。目前,我们正处于第四次科技革命时代,创新成为新时代舞台的主角。20 世纪 90 年代互联网兴起之后,科学技术迅速进步。目前人工智能、机器人、大数据、3D 打印、新材料和生物技术等领域快速发展,竞争也愈演愈烈,要想在竞争中取胜,创新思维必不可少。

2.1.1 创新形势严峻

自主创新是新时代引领经济社会发展的关键动力,未来区域经济的发展已趋向创新驱动方略的竞争[51]。然而,目前的创新形势并不乐观,我们在很多方面都存在不足。

专利最能代表国家(地区)科学技术创新水平,并在全球范围内被认为是衡量创新成果的有效指标。万人发明专利拥有量指每万人拥有经国内外知识产权行政部门授权且在有效期内的发明专利件数,是衡量一个国家或地区科研产出质量和市场应用水平的综合指标[52]。表 2-1 显示了美国、日本、韩国、德国和中国 2018 年发布的授权专利数量对比,美国拥有的授权专利数量最多,而中国处于第五位,专利数量仅为美国的十分之一。图 2-1 显示了部分国家及地区万人授权专利拥有量情况,从万人发明专利拥有量来看,美国优势明显位居第一,而中国由于庞大的人口基数,万人发明专利拥有量仅排在第 13 位。

表 2-1 2018 年发布的授权专利数量对比 件

国家	2018 年发布的授权专利数量
美国	161970
日本	50020
韩国	22059
德国	17433
中国	16318

企业是研发活动的重要承担者之一,在经济利益驱动下,企业能够更好地把握和抓住市场需求,创新意愿强烈。表 2-2 展示了中美科技公司研发投入比较,从表中我们可以看出,亚马逊、谷歌、英特尔、微软、苹果跻身研发前五强,其技术研发投入是中国的阿里巴巴、腾讯、百度等公司的 6 倍之多[52]。在严峻形势下,如果失去创新驱动力,就会停滞不前甚至是一落千丈。不管是国家、企业还是个人,每个群体都需要活跃思维,创新发展。

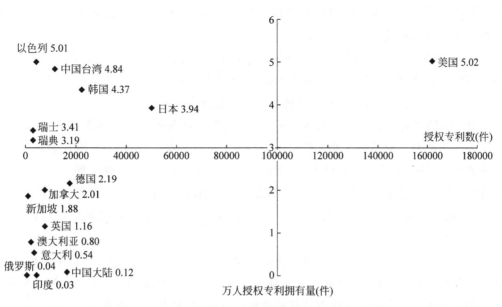

图 2-1　2018 年部分国家及地区授权专利万人拥有量情况[2]

表 2-2　中美科技公司研发投入比较[2]

公司信息			R&D 投入 /($ Bilions)		税收/($ Bilions)		R&D 强度/(%)	
公司	国家	领域	2017 年	2018 年	2017 年	2018 年	2017 年	2018 年
Amazon Inc.	美国	零售业	16.1	22.6	136.0	177.9	11.8	12.7
Alphabet Inc.	美国	软件服务	13.9	16.2	90.3	110.9	15.5	14.6
Intel Corporation	美国	半导体	12.7	13.1	59.4	62.8	21.5	20.9
Microsoft Corporation	美国	软件服务	13.0	12.3	85.3	90.0	15.3	13.7
Apple Inc.	美国	手机	10.0	11.6	215.6	229.2	4.7	5.1
阿里巴巴	中国	软件服务	2.7	3.6	16.1	25.2	16.9	14.4
腾讯	中国	软件服务	1.8	2.7	23.4	36.5	7.8	7.3
中信	中国	手机	2.0	2.0	15.6	16.7	12.6	11.9
百度	中国	软件服务	1.6	2.0	15.6	16.7	12.6	11.9
中国石油	中国	能源	1.7	1.9	248.5	309.8	0.7	0.6

注：数据来源为普华永道《全球创新 1000 强》研究报告

2.1.2　创新思维效用显著

虽然形势严峻，我们仍然积极创新，努力追赶，其中创新思维的作用不可忽视。2018 年我国研发投入达到 19657 亿元人民币，占国内生产总值（GDP）的比例达到 2.18%，预计在 2030 年前后将超过美国。我国居民发明专利申请量连续多年居世界第一位，2018 年达到 154.2 万件，为美国近 2.5 倍。尤其是到 2018 年底华为技术公司在 5G 通信领域公开的标准必要专利接近1970件,而美国高通公司只有1146件,只位居第六位[3]。这些都在展示着我们积极创新发展的成果[3]。

2017年5月,来自"一带一路"沿线的20国青年评选出了中国的"新四大发明":高铁、扫码支付、共享单车和网购,"新四大发明"极大地便利了人们的生活和带动经济的发展。这其中,独角兽公司的不同发展情况给了我们诸多启示。①

在ofo的兴起和AUPS的稳步前进中,创新思维都发挥了重要的作用,给它们的发展注入了强心剂。但是在发展过程中,ofo拘泥于原有战略,忽略创新思维在管理中运用的重要性,最终走向衰落,而AUPS把握时代发展步伐,稳步创新不断发展。这都在展示企业发展中创新思维的重要性,企业需要把握发展先机,找到市场空缺或潜力产业积极创新,利用创新思维打造创新成果,使企业优势最大化,促进企业社会地位的提高,促进经济和社会效益共同提升。

独角兽企业发展中创新思维运用的推动效用完全是可以推广的。在这个时代,任何企业的发展都离不开创新,这就要求企业要注重培养员工创新思维,注重创新成果的产出。创新思维不仅在企业发展中具有重要地位,在社会和个人发展的方方面面创新思维都有极大的推动作用。

 案例

从辉煌到衰落:ofo创新思维的得与失

ofo算是共享单车行业的领袖和标杆,曾占有最大比例的市场份额,并且背后还有阿里、滴滴等股东。在共享单车发展得热火朝天之时,ofo可谓抢尽了风头,即使是在其后迅速崛起并后来居上的优秀选手"摩拜",也没能夺走它在人们心中的地位。ofo创始人凭借对经济发展风口的准确把握和运营模式的成功创新,促使其在初期快速发展,一时间把共享行业抬到一个时下风口的行业高度和投资热点。但是,居高不下的破损率和占用率一直没有得到解决,使得许多破损单车得不到处理,最终成为"城市垃圾",造成极大的负面影响。2018年9月,因拖欠货款,ofo小黄车被凤凰自行车起诉;同月,有网友反映称,在使用ofo小黄车APP时,充值押金或者退押金的时候被诱导消费。10月27日,又有媒体披露称ofo小黄车退押金周期再度延长,由原来1~10个工作日延长至1~15个工作日。2018年10月至11月,ofo被北京市第一中级人民法院、北京市海淀区人民法院等多个法院的多个案件中列入被执行人名单,涉及执行超标的5360万元。如今据报道显示,已经有超过千万人在ofo的APP上排队退押金,创始人戴威还被列入"老赖"名单。

---

① https://baike.sogou.com/v164730336.htm?fromTitle=%E6%96%B0%E5%9B%9B%E5%A4%A7%E5%8F%91%E6%98%8E

从一个令所有互联网从业者都为之狂欢的独角兽,到被千万用户追着退押金,ofo 团队的创新思维困境是其衰落的重要原因之一。在前期,管理者抓住用户的低价需求,积极推动免押金和抵押金策略,积极营销和推广 ofo 的线上 APP,并且加大投放量和积极维护单车质量,有效提高用户体验,这样的创新思维有效推动其发展并且在多个同类企业竞争中取胜。然而,在后期却"漏洞百出"。首先,领导者和决策团队高估自己的资金实力,过分利用优惠策略,比如:中期的押金全免以及前段时间的骑行就送最高上百元现金红包等等,缺少适时的改变和创新策略,在一些无谓的事情上砸钱,虽然可以满足用户的需求,但会为以后埋下祸根,果然,后来向阿里巴巴进行融资来填补空缺;其次,后期对自行车的管理懒散,缺乏创新思维,没有去主动解决维护困难和破坏率高的问题,导致维护人员越来越少,坏车也越来越多,严重影响了用户体验以及便捷出行的需求,导致用户不再使用 ofo;最后,前期的大量投放单车虽然方便了用户寻找,但是某些地方的单车投放量过高,造成了资源浪费,产生大量"城市垃圾",给企业发展造成极大阻力。后期一系列"吃老本"的行为,最终使 ofo 走向衰落。①

案例

APUS 李涛:创新不止,两年 10 亿用户创中国出海第一品牌

过去三年,中国移动互联网的每一条赛道都经历过血腥厮杀,纵使美团、滴滴、小米等脱颖而出者,也无不面临新的瓶颈与挑战。相比之下,有一家中国公司却在悄无声息中意外崛起,仅用两年就在全球拿下 10 亿用户,成为最年轻的独角兽公司和全球发展最快的移动互联网公司。这家公司叫 APUS,一家面向海外的 Android 智能手机用户系统公司。创始人李涛曾是奇虎 360 公司高管,为人低调,却是一个善于决策、精于执行的创业家,尽管再过半年,他就能兑现当时市值 700 万美元的 360 股票,但仍然果断辞职,于 2014 年 6 月创立了 APUS。2016 年,在 APUS 等一批出海标杆公司带动下,中国资本与模式加速向全球扩张。美团点评王兴、今日头条张一鸣、滴滴出行程维,纷纷将全球化、国际化作为突破口。李涛却已经提前抓住了这个机会,形成了出海品牌、一整套的打法及完善布局。相比国内的红海,APUS 的发展速度至今未停歇,当前全球用户数已超过 14 亿。随着智能手机普及,全球将有超过 30 亿人陆续接入移动互联网,而用户需要好的工具、内容和服务,李涛决定抓住这次机会。2016 年 6 月,APUS 系统及产品集群全球总用户数突破 10 亿,分布于全球 200 余个国家和地区。随着 APUS 的用户增长与产品创新,李涛开始搭建 APUS 生态系统,尝试商业化变现。如何让流量变现,这是出海流量型企业面对的共同挑战。在 APUS 布局生态系统这一点上,李涛非常坚决。2016 年一季

---

① https://wenku.baidu.com/view/2fc2f14a590216fc700abb68a98271fe910eafe5.html

度开始，APUS 开始构建其整个生态系统。①

据报道，2016 年初 APUS 正式开始商业化变现，1 月份当月收入即突破千万元人民币。此后几个月收入保持连续高速增长，6 月份当月收入接近 1 亿元人民币。根据预计，此后三年 APUS 的商业化变现收入将以每年 100% 的增幅强劲增长，到 2018 年商业化总收入预计达到 20 亿元人民币。为了实现这种生态打通，过去两年 APUS 进行了大量投资布局：在英国投资全球视频广告平台——LooPMe；在印度投资当地的科技媒体 iamWire；在越南投资当地游戏平台——鹿米互动；在印度尼西亚投资最大的 Wi-Fi 运营商——ZOOMY 等等。这不仅让 APUS 成为一家带有孵化和投资基因的公司，更打通了当地的生态和渠道。但李涛的野心不止于此，他透露，APUS 第一个五年计划和 APUS 生态系统建设仍在全球展开布局，未来要打造 30 亿的用户平台。

2.2 创新思维推动社会发展

2.2.1 创新思维促进技术进步

我国经济面临内外部等多方压力，转型升级仍然是经济发展主旋律。创新与创新成果转化则成为转型升级主要助推器，创新思维则在创新与创新成果转化间扮演重要角色，创新思维产生新构想，促使人们创新，最后促成创新成果转化，助推经济发展。

人们历来追求更高、更快、更强，而这种追求也能够促成人们对智能、快速、强大技术的新思维新构想，大数据、云计算、5G、AI 等等，都是基于人们新构想的未来产业。企业为获得经济效益最大化，势必会努力满足用户需求，用户需求多样则使企业需要不断创新发展思维，在创新思维基础上不断产出创新成果。技术发展能为企业协同发展赋能，促进各行各业间合作创新，形成良好的创新生态系统，从而为经济高速发展转型赋能。

 案例

TCL 的智能互联网转型

作为一家有着 35 年历史的老牌制造企业，TCL 是中国智能产品制造企业中的佼佼者，产品线涵盖电话、电视、手机、冰箱、洗衣机、空调、小家电、液晶面板等领域，在智能设备方面也有着长时间的积累。TCL 集团现有 8 万多名员工，23 个研发机构，21 个

---

① http://www.fromgeek.com/alibaba/139232.html

制造基地,在 80 多个国家和地区设有销售机构,业务遍及全球 160 多个国家和地区。近年来,在互联网创新创业的大潮下,TCL 面临着新的冲击,它希望能实现一次自我的重生。2015 年 TCL 集团成立了豪客互联网有限公司,为什么叫豪客?就是英文HAWK 这个单词,既强调了鹰的重生,也继承了 TCL 鹰的文化,也寄托着一个新的期望——打造起移动端工具类应用产品矩阵,布局海外市场,打造全球领先的互联网生态公司。

TCL 在海外拥有很强的硬件渠道和销售能力,公司管理者敏锐地发现了其中的价值,希望将渠道优势和互联网产品的优势结合起来,一方面为更多的海外消费者提供更加立体全面的服务,另一方面将 TCL 的硬实力逐渐转化为互联网时代的软实力。目前,豪客已建立起了包括浏览器、杀毒、流量优化、云平台等一整套完善的工具类产品矩阵。希望未来将豪客打造成一个用户资产管理公司(既不是一个简单的软件公司,也不是一个简单的硬件公司),最终帮助 TCL 这个传统的优秀制造企业,真正地能够实现"智能＋互联网"战略转型,建立起"产品＋服务"的商业模式。①

2.2.2　创新思维促进传统产业转型升级

当今时代,传统创业转型升级成为新发展目标。融合已成为发展的主要趋势,与高技术服务业等新兴产业融合发展将是未来传统业突破自主创新瓶颈、实现转型升级的重要驱动力[55]。

不管是传统的制造企业还是传统模式的服务业、销售业,都需要结合时代发展要求,不断满足用户新需求。这就需要利用新技术,引入新要素,创新发展思维,促进企业转型升级。在转型路上,企业需要注意结合实际找到适合自身的发展道路,只有这样才能使创新思维效用最大化。

案例

蒙牛:从传统乳业制品企业转型为 O2O "互联网＋"的奶制品企业

蒙牛的"互联网＋"转型升级是通过跨界战略路线实现。在毒奶粉事件后,为保证产品的品质,蒙牛在质量与技术方面直接从国际合作伙伴处引进,整合和运用全球先进的技术、研发和管理经验。而蒙牛的营销手段也非常具有互联网思维,跨界与百度合作,通过二维码追溯牛奶产地"精选牧场",让客户清晰地了解到蒙牛的生产技术和管理体系。与滴滴战略合作,从线上扩展到线下,如送蒙牛红包,滴滴专车用户上车后有机会享受蒙牛牛

---

① https://wenku.baidu.com/view/2fc2f14a590216fc700abb68a98271fe910eafe5.html

奶。蒙牛更是与自行车品牌捷安特、NBA、上海迪士尼度假区等签订了品牌、渠道、资源等多方面的战略合作协议。蒙牛的转型带来的是更多跨界的合作，互联网思维下的营销使得蒙牛战略合作深入到品牌、渠道、资源甚至供应等方面，这是对蒙牛来说最好的转型方式。①

 案例

诚品书店：从传统书店转型为综合型一站式体验书店

在网络营销，电子图书冲击影响下，传统书店集体遇冷。要生存下去，就必须另辟蹊径。诚品书店也经历了从传统书店的经营模式到现在的体验式消费。它借鉴了快消行业的营销推广方式，客户引导、热点推荐、促销活动等。诚品书店不仅仅卖书，还会有自己的图章、本子、笔，甚至是挂饰、充电器等小物件。这些东西只能在诚品书店才能买到，这增加了诚品书店的附加值、纪念性，促进顾客对诚品书店文化的理解和融入。此外，还为读书人提供了一站式体验的服务，这里不仅仅是买书和看书的圣殿，同时还引入了符合读者品位的创意服务和餐饮服务，读书之余，品一杯咖啡，不失为惬意生活的一种方式。②

2.2.3　创新思维催生新产业

创新思维是不同于一般逻辑思维的一种思维形式，其目的就是要不断发现事物间新的逻辑关系。

近两三年来，严肃的博物馆们打起了"创意牌"，从衍生品设计、销售平台的改变、静态的文物被赋予了潮流的思维，"藏品"变成"商品"，以新零售的形式垂直链接客户端。感觉像是"忽如一夜春风来"，国内博物馆掀起一阵文创热，文创产业的发展也带动了上下游企业发展，势必带动上下游企业发展，形成新的经济增长点，带来良好的社会效益。

同时，在资金融通、交通出行、房屋住宿等领域，以闲置资源共享为核心理念的创新商业模式不断涌现，并逐步渗透、影响和改变着社会大众既有的生产、生活方式，也给社会发展带来利好消息。我国共享经济继续保持高速发展态势，新业态、新模式持续涌现，技术创新应用明显加速，在培育经济发展新动能、促进就业方面发挥了重要作用，国际影响力显著提升，成为新时期中国经济转型发展的突出亮点。中国共享经济领域的创新创业取得了巨大成就，成为全球共享经济创新者和引领者。截至 2017 年底，全球 224 家独角兽企业中中国企业有 60 家，其中，具有典型共享经济属性的中国企业 31 家，占中国独角兽企业总数的 51.7%。

---

① http://www.fromgeek.com/alibaba/139232.html
② http://www.sohu.com/a/252244069_100263587

不仅是"文创""共享经济",创新思维还催生了许多新的产业,这些新产业的出现有力地带动社会发展。

2.2.4　创新思维与教育发展

创新思维的产生需要人们自由发散的思考,善于体验和观察生活,敢于提出新看法、发表新意见。而这些都为教育提出了新的要求。当前我国高校教育普遍重理论而轻实践、课程内容与时代脱节并且课程缺乏融合性[54]。高校应在保证学生专业知识过硬基础上,结合时代要求,注重培育学生创新创业思维,鼓励学生积极进行社会实践。

双创教育的核心应该是培养学生的创新能力和创业能力。在"大众创业,万众创新"的浪潮下,许多高校积极响应政策和时代号召,设置创新创业必修课程、打造创业孵化基地,重视培养学生的创新思维。在授课上,越来越重视采用启发的授课方式,鼓励学生不断实践,勇于提问,大胆求证,同时为学生传递新的理念、新的技术以及新的方法,打造活跃开放的学习和创新氛围。

教育对创新思维培养的重视势必能够为社会发展提供更多创新型人才,为社会发展助力。

2.3　创新思维与创新因子

2.3.1　高智慧创造高价值、高效率

创新是人类智慧思维的本质特征,创新成果离不开创新思维的驱动,离不开人脑的"小宇宙"。动物是顺应环境的低等智能,动物中最聪明的黑猩猩即便有灵机一动的顿悟,那也只是偶然的、非自觉的行为。人类则不然,大脑的高容量、高综合功能使人能在总体上把握各种感觉、知觉、表象提供的信息,超脱感性和有限的动物悟性思维只能停留在反映事物的表面现象及其外部联系的局限,认识事物的全体和本质,实现从感性认识到理性认识的飞跃。同时,它还可以按照新的程序将感性认识提供的各种外界信息在脑内重新组合,自由想象,从而创造新的信息,设计新的事物蓝图。

人们更加便利地捕鱼和狩猎离不开弓箭、鱼叉的发明,农耕文明快速发展离不开耕作、畜养技术的进步,工业革命后的快速发展更离不开蒸汽机、发电机的发明,现在的线上购物和手机支付等等离不开计算机、互联网和大数据等高新技术的发展,这些技术创新的成果是高智慧的产物,高智慧带来了高价值与高效率。①

---

① https://www.zhihu.com/question/40448705

> **案例**

易果生鲜 DT 时代的生鲜全产业链创新

易果集团是中国最大的生鲜运营平台,服务超过 200 个城市地区的 2000 万用户,每天交易额逾 1000 万元,冷链物流运能每天近 20 万单,涵盖水果、蔬菜、水产、禽蛋、肉类、食品饮料、粮油和甜点等全品类,商品 SKU 数约 4000 个。金光磊是易果生鲜的联合创始人,对于数据处理技术(DT,Data Technology)时代生鲜全产业链创新,有着清晰的思路和执着的追求。IT 时代,信息系统为大企业所有,是集中控制;而 DT 时代(大数据时代),数据技术能力为众多企业赋能,是开放共享。DT 时代的生鲜产业,不是生鲜物流,是消费场景;不是千篇一律,是 C2B;不是数据孤岛,是数据流动;不是主观感受,是客观标准。目前的生鲜产业,物流导向明显,而对消费者与饮食、健康相关的生活场景考虑不足。智能保障产品按照约定保质保量的运输和配送,而没有服务于消费者"吃好"这一场景。一位用户早上花 7 分钟的时间,煎了一块来自易果生鲜的加拿大 250 克牛肉,味道不错,他的手艺还可以。但有一点非常纠结,250 克的牛排对他来说太大了一点,最合适他的应该在 200 克之内,剩下 50 克是扔了呢还是勉强吃下去?或者晚上再做运动把热量消化掉?需要让更多的数据从用户端走向生产端,让更多的生产的数据从生产端走向用户端。比如牛排是从一个不太规则的原材料上面切割下来的,它一刀切下来,如果它需要定镑,就必须调整它的厚度。

在 DT 时代,易果生鲜全力打造的生鲜新一代运营平台,需要把这两者数字关联起来。也就是当一片牛排从一个厂商那边从一块牛肉原材料切割下来的时候,它已经有它特定的客户。在数据库里、在信息流里,要非常清晰地知道在什么地方有多少客户,对多少克重的牛排或对什么样厚度的牛排有消费兴趣。在这样的场景下,上游生产所有原材料所有切割下来的牛排是没有一片浪费的。DT 时代,通过数据的流动和共享,将为生鲜全产业链迎来新的创新局面。[①]

2.3.2 从"用力工作"向"用脑工作"转型

前面我们提到,人脑的高智慧能够产生创新思维,推动创新成果出现。"用脑工作"则是善于运用创新思维解决"用力工作"达不到的目标。据说,埃及人在测量又高又陡的金字塔时遇到了困难,为此他们向古希腊著名哲学家泰勒斯求教,泰勒斯愉快地答应了。只见他让助手垂直立下一根标杆,不断地测量标杆影子的长度。开始时,

---

① http://www.sohu.com/a/252244069_100263587

影子很长很长,随着太阳渐渐升高,影子的长度越来越短,终于与标杆的长度相等了。泰勒斯急忙让助手测出金字塔影子的长度,然后告诉在场的人:这就是金字塔的高度。"用脑"会产生高于"用力工作"的效率,能提高工作能力,也是产生创新思维的驱动因子。①

 案例

石金博:造中国新型工业机器人

石金博曾就读于香港科技大学电子与计算机工程专业,师从全球运动控制领域知名学者李泽湘博士。李泽湘1999年就一手创办了目前国内最大的运动控制器公司固高科技,后作为联合创始人担任大疆创新董事长。2009年,石金博对比美国、日本的工业发展,研究中国经济在技术、人力成本、产业结构等方面的情况后得到一个结论:产业升级必然需要大量工业机器人参与其中,未来4~5年,中国工业机器人的发展会出现爆发期。2011年石金博和初创团队凑了第一笔启动资金,根据挪威数学家SoPhusLie创立的微分几何中的一个数学概念"李群",创办了李群自动化。李群自动化主打小型轻量级、高性能工业机器人,已经推出包括APollo系列并联机器人、Artemis系列和Athena系列SCARA机器人在内的多款产品,成为小轻量型工业机器人领域的知名创业项目。李群自动化的创新与发展空间很快受到资本关注,先后获得了明势资本、红杉资本等知名机构投资。2016年4月,李群自动化宣布完成赛富领投的数千万美元B轮融资,主要用于底层技术和全新机器人控制技术研发,丰富产品线和集成应用场景。

如今,李群自动化已经可以为用户提供月饼包装、物料分拣、冲压上下料等五种解决方案,并提供飞行拍摄、传送带管理等软件的安装应用。②

2.3.3 创建创新型团队是创新思维的关键

在知识经济时代,知识已经成为企业成长的关键性资源,知识的内容变得更加丰富,知识领域更加宽广,各种领域间的知识相互交融,界限日益模糊;面向问题或任务的团队工作形式也愈来愈被大多数企业采用,解决问题或完成任务更需要多元化知识的聚集[56]。创新型团队是一种典型的知识组织,团队成员之间的异质性知识互动会对团队结果带来重要影响,对于团队创造力而言尤其是有益的。

---

① https://www.zhihu.com/question/40448705
② http://www.sohu.com/a/252244069_100263587

案例

"迅雷"迅速之秘

2002年,迅雷的雏形诞生于美国硅谷。在短短的十几年内,迅雷发布的新产品,就像它的名字——"迅雷"一样,以迅雷不及掩耳之势,令消费者应接不暇,成为全球第一大下载引擎,服务全球193个国家、超过3.4亿网民。同时,他们也像刷新他们的产品下载速度一样,刷新着他们的企业成长速度。创新型团队构建正是让他们跑出了中国创新型企业的"迅雷速度"的秘诀之一。为了打造创新型团队,迅雷做了有益的尝试。迅雷方舟项目团队组建时,公司创新性地提出了"迅雷方舟产品经理内部竞聘机制"——从公司现有工程类人员中选拔一批具备创新思想和创新方案的人员,重点培养为产品经理,以促进产品经理队伍的整体战斗力提升。员工一旦竞聘成功,薪资直接上浮15%以上。这种创新性的竞聘机制打破了原有部门之间的界限,给员工一个能充分展示自己才华的舞台,最大潜力地激发员工的工作积极性和创新才能。除此之外,迅雷还建立了直属公司CEO领导的直属创新研发中心,专门用于未来互联网的技术应用和产品的研究。目前创新研发中心已经成立了5个创新实验室。

在打造创新型团队上,迅雷有"四板斧"。一是统一意识。把创新写进招聘和考核制度中,统一全员意识;二是武装知识。通过培训、经验交流、案例学习,让员工更新创新知识和工具;三是提升技能。通过创新竞赛、项目历练、导师的传帮带提升创新技能;四是氛围营造。通过文化宣传、奖励制度以及适合创新的人性化管理,营造创新氛围。也正是因为有一支强有力的创新型团队,迅雷才一次又一次刷新着他们的企业成长速度。①

2.3.4 把创新因子嵌入日常工作流程中

创新思维具有勇于探索、敢于超越、善于发散的思维品格,具有强弱互补、灵活变通的思维方法,具有标新立异、不同凡响的思维创意,然而这一切决不意味着它可以任性胡来,凭主观随意性空想、瞎想、乱想。恰恰相反,创新思维的运作必须始终以社会实践活动为基础。创新思维的来源、目标、动力、检验标准,归根到底都离不开实践。这就需要将创新因子嵌入到日常工作中,激发贴近实际的创新思维。

 案例

印奇:微软打造的 AI 尖兵

1998年软件业巨头微软成立了首个海外研究院——亚洲研究院(Microsoft Research Asia,简称MSRA)。连当时的微软决策者也无法预料,十几年后这家研发机构对中国信

---

① http://www.sohu.com/a/252244069_100263587

息技术界产生的深远影响,它为中国培养的领军人才在创业领域叱咤风云,为业界带来了远胜于带给微软自身的价值。李开复、张亚勤、王坚、张宏江、赵峰、芮勇等都是其中赫赫有名的高手,领国内信息技术界风气之先。印奇也是其中一员,他在2011年创立的旷视科技(Face++)已经走在中国人工智能研发的前列。从在清华大学读本科开始,他便在微软亚洲研究院(MSRA)开始了半工半读的历程,接触重大项目,参与研发了当时核心的人脸识别系统,后来被广泛应用在X-box和Bing等微软产品中。在微软研究院与人脸识别的结缘,是后来印奇创业之路的真正原点。

2016年12月,旷视科技完成了新一轮超过1亿美元的融资,投资者来自建银国际与富士康集团等,旷世也成为人工智能尤其是图像识别领域的代表性创新企业。Face++其实是旷世科技创立的一个技术服务平台,面向开发者和企业级用户提供一体化的人脸识别产品在智能监控等领域的解决方案及服务。面向人工智能的未来,印奇想做的还有很多。印奇与他的团队很早便制定了"三步走"的发展战略——第一步是搭建Face++的人脸识别云服务平台,目标是识人;第二步则是Image++,识别万物;最后则是实现"所见即所得"的机器之眼。①

2.3.5 组织机制和领导者的创新决定组织的创新成败

85%的创新障碍来自组织的机制束缚。组织是为了达到某些特定目标经由分工与合作及不同层次的权力和责任制度,而构成的人的集合。为了使组织内部成功遵守秩序和规则,就出现了与之匹配的管理机制。而管理机制对企业员工"无微不至"的"保护",使得员工工作过程中难以自由活跃的工作,阻碍了创新思维的产生。

领导就是管理者利用组织赋予的职权和个人具备的能力去指挥、命令和影响,引导员工为实现组织目标而努力工作的活动过程,具有指挥、协调和激励作用,提高领导效能,善用领导艺术,对于企业管理成功十分重要。不仅是管理,在企业创新上,领导者的创新思维先进与否也十分重要。企业的竞争本质上就是创新的竞争,领导者创新思维能力在某种意义上讲,关乎一个企业的成败。

拓展阅读

  案例

科大讯飞:熬了17年终于等来风口

1999年,26岁的中国科技大学博士二年级学生刘庆峰带领十几名同学创立科大讯飞。当时创业的初衷很简单,就是让机器设备像人一样能听会说。科大讯飞创业的第一

---

① http://www.sohu.com/a/252244069_100263587

年,几乎颗粒无收。团队中很多人提出了"我们到底要不要做语音"的疑问,有人说刘庆峰的团队不如做语音里面的服务器,甚至有人说不如做房地产。刘庆峰却非常固执,科大讯飞只做他们喜欢而且能做的事情——中国乃至全球语音产业的龙头。2008年,科大讯飞在深交所上市,成为中国在校大学生创业的第一家上市公司。如今,在中国移动语音领域,科大讯飞已经占据70%的市场份额,总市值超过360亿元,成为国内绝对的行业领头羊。面对外企和中国互联网企业的潜在竞争,科大讯飞也在积极寻求转型,在2B和2C中摸索前行。

目前,科大讯飞在教育、医疗、汽车、客服四个领域已经有不少积累和优势。刘庆峰认为,人工智能将不仅仅是替代简单重复的劳动,未来越来越多复杂的高级脑力活动可以被人工智能替代。

即练即测

领导者创新思维能力关乎企业和个人的长远发展,这就要求企业领导者要强化重视创新正确导向,奠定创新思维能力基础,增强创新思维内在动力,并在体制机制的设计上和运行上不断健全和完善以为企业领导者创新思维能力提升提供制度保障。①

 复习思考题

1. 创新思维对社会发展的推动作用体现在哪些方面?实现创新发展需要具备哪些创新因子?

2. 对文中 ofo 和 APUS 两个案例你还有哪些思考?如果你是 ofo 的管理者,你会怎么做?

3. 你还知道哪些从"用力工作"转向"用脑工作"的例子?试着举出一二。

---

① http://www.sohu.com/a/252244069_100263587

第 3 章

创新思维的效用：以批判性思维为例

本章要点

- 掌握批判性思维的意义、内涵和完成技巧；
- 理解批判性思维的双路径模型；
- 了解批判性思维的评估方法。

引导案例

批判性思维指导下居里夫人的科学研究

1896年，法国物理学家亨利·贝克勒尔发现了晶体射线，但是没有对其进行进一步研究。

当时的居里夫人还在巴黎大学读博士，机缘巧合，居里夫人以亨利的发现为论文研究基础进行深入的研究。刚开始的时候，她产生了测量射线力量强度的想法，但是实验没有任何进展，在接连挫败之后她并没有放弃实验，只是对问题的分析换了一种思维：矿物中的杂质会增强放射量。

由这个想法，她得到一个推论：将矿物的杂质混合就能够增加物体的放射量。为了证明这个推论，居里夫人把各种元素混合起来，测验射线的强度，然而结果并不是她想的那样。这个想法完全行不通，居里夫人又产生了第二个想法：强射线是由矿物中的元素释放出来的。所以她必须找到那种释放强射线的元素，这样的话就必须将其从矿物中提炼分离出来。几经波折，终于在1898年居里夫人发现了新的元素——镭。

许多研究者把批判性思维和创造力联系起来(Bailin，2002；Bonk和Smith，1998；Ennis，1985；Paul和Elder，2006；Thayer-Bacon，2000)。乍一看，批判性思维和创造力似乎没有什么共同点，甚至互相排斥。然而，Bailin(2002)指出，一定的批判性思维是创新所必需的。无论是创造力，还是批判性思维，其共同点都是"好"，都是有目标的思维的两个方面(Paul和Elder，2006)。批判性思维和创新思维就如同一枚硬币的两面。良好的思维需要产生智力产品的能力,与创造力有关。同时,良好的思维也需要个人意识到这些知识产品的质量,具有战略性和关键性。没有创造力的批判性思维会变成单纯的消极的怀疑,而没有批判性思维的创造力也会变成单纯的新奇。在实践中,这两个概念是密不可分且并行发展的(Lai E. R.,2011)[1]。本章将从批判性思维的内涵和意义入手,阐述其双路径模型,并对其技巧和评估方法进行介绍,以拓宽读者对创新思维的认识。

3.1 批判性思维的意义

我们不得不承认,我们的世界和我们的大脑都是不完美的,容易出现非理性、扭曲、偏见和认知偏差。维基百科曾列出了人类大脑的150多个认知偏见。一些最著名的偏见包括灾难性思维、确认偏见、对错过机会的恐惧和幸存者偏差等。利用而批判性思维可以很好地帮助我们摆脱这些偏差的困扰和非理性思维的局限。

在过去的几个世纪中,批判性思维受到广泛推崇。以希腊哲学家苏格拉底命名的方法"苏格拉底方法"是最早的批判性思维教学工具之一。几个世纪后,罗马教皇马库斯奥在冥想中警告众人说:"我们听到的一切都是一种见解,而不是事实;我们看到的一切都是一种视角,而不是事实。"后来的伽利略、阿尔伯特·爱因斯坦、伯特兰·罗素和马丁·路德·金等人,都相继颂扬了批判性思维的优点,可见批判性思维已经有数千年的历史了。

Music Firsthand的创始人兼首席执行官Kris Potrafka指出:"批判性思考的能力比以往任何时候都更加重要。"他解释说:"如果我们不学会批判性思考,一切都会面临风险。"如果人们不能批判性思考,他们不仅会降低各自行业攀登阶梯的前景,而且还容易受到各种事情的影响,比如欺诈和操纵。批判性思维被许多人作为重要的教育目标或理想来拥护(Siegel,1989[2];Bailin和Siegel,2002[3]),是因为这种思维方式具备一些突出的优点:

(1) 鼓励好奇心

由于批判性思想家对世界一直保持好奇心,因此他们每时每刻都有运用批判性思维技能的习惯,这也是他们能保持终身学习的原因之一。运用批判性思维,哪怕是最简单的问题,也能得到建设性的成果。比如,他们经常会问:发生了什么?我看到了什么?它为什么如此重要?谁受此影响?我想念什么?过程隐藏了什么?问题是从哪里来的?谁在说这个?我为什么要听这个人?他们可以教我什么?我还应该考虑什么?如果……为什么不?有效的批判性思想家永不停止提问,喜欢探索问题的各个方面以及隐藏在所有数据背后的更深层次的事实。

---

[1] Lai E R. Critical thinking:A literature review[J]. Pearson's Research Reports,2011.6:40-41.

[2] Siegel H. The rationality of science,critical thinking,and science education[J]. Synthese,1989,80(1):9-41.

[3] Bailin S,Siegel H. Critical thinking[J]. The Blackwell Guide to the Philosophy of Education,2002:181-193.

（2）增强创造力

有效的批判性思想家在很大程度上也是创造性的思想家。商业、营销和专业联盟中的批判性思维在很大程度上取决于一个人的创造力，当企业对产品及其广告方式产生新创意时，它们便会在全球市场上蓬勃发展。重视创造力的转变及其通过增强每个市场领域的产品价值回馈来增加收入的能力。有创造力的人一般会质疑关于许多事情的假设，但这种质疑并不是争论，而是通过提问的方式。

（3）增强解决问题的能力

培养孩子的批判性思维，可以使他们更有可能成为明天的领导者，他们将使用批判性思维能力设计富有想象力的解决方案，去迎接复杂的挑战。历史上最多产的批判思想家爱因斯坦曾经说过："不是我很聪明，而是我很会问问题。"如果别人花一个小时来解决问题，他可能只会花5分钟时间解决问题，而另外55分钟用于定义和研究问题。这种对于理解问题的耐心是批判思想的必要条件，其次，扎实的批判性思维能力对于有效地解决问题也至关重要。未来我们将要应对各种重大问题：全球暖化、人口过多、污染、卫生保健、水资源短缺、电子废物管理和能源危机等。随着这些挑战的不断变化和增长，解决这些挑战需要具备创造力和批判性思维的人，因此在教育领域拓展学生的批判性思维能力是非常重要的。

此外，批判性思维还能促进推理能力、分析思维、评估能力、逻辑思维、组织和计划技巧、语言能力、自反射能力、观察技巧、开放的思想、创意可视化技术、质疑能力以及决策能力。

（4）增加个体快乐体验

思维的质量决定个体幸福的可能。批判性思维是一种很好的工具，可以帮助个体更好地了解自己。我们可以使用批判性思维来摆脱认知偏见、消极思维和信念的束缚。批判性思维可以帮助我们评估自己的优点和缺点，以便让自己知道还有什么可以改进的地方，并且能够更好地表达自己的思想、观念和信念，从而促进与他人更好地沟通，减少挫败感，提升幸福感。

3.2　批判性思维的内涵

"批判性思维"一词起源于20世纪中叶。利用这种思维，人们会通过观察、经验和交流，主动且熟练地感知、分析、综合和评估所收集的信息，从而决定采取何种决策。学者们分别从三个视角对批判性思维概念进行了解读：哲学、心理学（Sternberg，1986）和教育学（Lai E R.，2011）[①]。

哲学视角主要侧重于思考者的品质和特点的描述，而非行为，这是一种较为理想的类型，专注于人们在最佳的状态下能够做什么。而心理学视角更倾向于现实情景下的批

---

① Lai E R. Critical thinking：A literature review[J]. Pearson's Research Reports，2011，6：40-41.

判性思维,而非理想状态下的思维。心理学视角不是定义思考者所需要具备的特征或标准,而是定义批判性思维需要具备的关键执行技能和程序,例如分析、解释和提出好问题等(Lewis 和 Smith,1993;Bailin,2002)。

教育学家们也参与了关于批判性思维的讨论。迈克尔·斯克里文(Michael Scriven)和理查德·保罗(Richard Paul)在 1987 年召开的第八届年度国际批判性思维与教育改革会议上对批判性思维下了这样的定义:批判性思维是基于知识和学科的基础,主动、熟练地概念化、应用、分析、综合和/或评估那些从观察、经验、思考、推理或交流中收集或生成的信息,以此作为信念和行动的指南。它以示例性形式建立在超越主题划分的普遍知识价值之上。清晰、准确、一致、相关、可靠的证据、充分的理由、深度、广度和公正性都是评估批判性思维的标准。

由此可见,批判性思维是对问题或情况以及与之相关的事实、数据或证据的分析。理想情况下,批判性思维是一种客观的思维,关注的是事实信息,不受个人感觉、观点或偏见的影响。它也是一种技巧,能够尽自己的能力做出合理和明智的决定。因此,批判性思维的关键内涵,目前理论界所倡导的主要包括以下三个方面的内容:①概念本质的规范性;②理性评估的技能或能力;③参与和遵循的评估原则。批判性思维的内涵理解起来较为抽象,Siegel(2010)[1]则在内涵的基础上,提出了批判性思维的典型而具体的表现特征:

- 在精确而有限的范围内提出相关且清晰的问题;
- 有条不紊地收集信息并对其进行准确评估;
- 得出有力的结论并根据证据进行评估;
- 意识到个体能力局限性,并接受自己认知以外的事物;
- 通过高效的方式与他人进行沟通,以期解决复杂的问题。

批判性思维需要检查所有推理中隐含的那些结构或思想要素,包括目的、问题或问题的实质、假设、概念和经验基础,从而得出结论的推理、影响和后果,提出异议以及参考框架。批判性思维不是一个单一和线性的思维过程,其中融合了一系列相互交织的思维方式,如科学思维、数学思维、历史思维、人类学思维、经济思维、道德思维和哲学思维等,这些思维之间相互影响,相互作用,从而达成一个较为理性思考的结果。

3.3 批判性思维的双路径模型

有学者指出,批判性思维通过两条路径完成,这两条路径分别是"洞察路径"和"分析路径",如图 3-1 所示(Gary Klein,2014)[2]。

---

[1] Siegel H. Critical thinking[M]//International encyclopedia of education. Elsevier Ltd.,2010:141-145.
[2] Klein G. Critical thoughts about critical thinking[J]. Theoretical Issues in Ergonomics Science.2011,12(3):210-224.

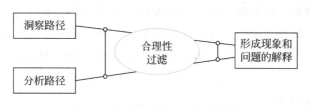

图 3-1　批判性思维的双路径模型

洞察路径源于经验丰富的人员模式,如情报分析员所学到的及他们了解关系的能力。洞察路径速度快,有时被用来描述一个熟练的指挥官如何判断情景,并迅速识别要做什么。在这个路径中,巧合是非常重要的,也很容易被忽视,因为巧合背后可能隐藏的就是规律。正因为这条路径的存在,人类才有了创新的可能。当然,在此过程中,也要避免错误的巧合,或者错误的洞察。

分析路径则对问题会有更好的研究和理解,它包括批判性思维和深思熟虑的策略。分析路径尽力寻求扩展可能的假设,而洞察路径则可能会限制假设。很多时候,有效的直觉让我们无须推理就找到解决方案,但是,这个直觉可能是创新也可能是错误,为了避免错误,就必须结合分析路径展开进一步的验证和评估,分析路径更多体现思维的严谨性、逻辑依据和循证思维。

3.4　批判性思维的技巧

批判性思维的完成,一般需要具备以下几个方面的技巧(Richard Paul 和 Linda Elder,2008)[①]：

(1) 能够清晰、准确地提出重要问题；

(2) 调整视角。收集和评估相关信息,使用抽象的方法有效地对信息进行解释,得出合理的结论和解决方案,并根据相关标准对其进行测试；

(3) 逆向思考。将自己认为的知识翻转过来。如果你认为 A 造成 B 的原因很明显,可以问自己"会不会存在 B 导致 A 的情况？"。或者换个思想体系进行开放性地思考,根据需要,认识和评估问题的假设是否合理,以及问题的影响和产生的实际后果；

(4) 在制定复杂问题的解决方案时,与他人进行有效的沟通。

总之,批判性思维倡导的是自我指导、自我约束、自我监控和自我纠正。它以严格的标准和注意事项为前提,同时还需要有效的沟通和解决问题的能力,并致力于克服个体思考过程中的自我中心主义和社会中心主义。具体在操作中,我们可以通过写作或者小组合作去实践批判性思维。

---

① Richard Paul and Linda Elder, The Miniature Guide to Critical Thinking Concepts and Tools[M]. Foundation for Critical Thinking Press, 2008

通过写作评估批判性思考。写作可以从被动学习者转变为主动学习者,并要求写作者识别问题并提出假设和论点。写作行为要求思考者在写作之前先搞清楚自己的想法,从而进行批判性思维的过程。写作要求作出重要的决定性选择并问自己以下这些问题(Gocsik,2002):

① 哪些信息最重要?
② 可能遗漏了什么?
③ 我对这个问题有什么看法?
④ 我如何得出我的想法?
⑤ 我的假设是什么?它们有效吗?
⑥ 为了说服他人,我该如何处理事实,观察结果等等?
⑦ 我还不了解什么?

通过小组合作进行批判性思考。小组合作的形式可能包括讨论、案例研究、与任务相关的小组工作、同行评审或辩论。小组合作可以有效促进批判性思维,因为:

拓展阅读

① 一个有效的团队比任何人都有可能产生更好的结果;
② 小组成员在阐明自己的想法时会面对不同的观点;
③ 在项目上进行协作或与小组一起学习以进行考试通常会激发兴趣,并增加对该主题的理解和知识。

3.5 批判性思维的评估

(1) 评估面临的挑战

对批判性思维的评估,曾经有人试图援引创造力的绩效评估来评价批判性思维,但发现这往往会引入主观性的错误(Santos 和 Silva,2008)。Norris(1989)认为,批判性思维所面临的经常是一个悬而未决的问题,问题的性质使得批判性思维的评估变得困难。现有关于批判性思维的评估方法已经有不少,如加州批判性思维技能测试(Facione,1990),康奈尔批判性思维测试(Ennis 和 Millman,2005)、Ennis-Weir 批判性思维论文测试(Ennis-Weir,1985)和沃森-格拉泽批判性思维评估(Watson 和 Glaser,1980)等。批判性思维的评估方法有了很大的发展,这些方法在评价目的和格式上存在较大差别,需要针对具体问题,作出具体选择。除此之外,以上评估方法存在一个共同的不足为缺乏同时考虑关键认知因素和激励因素的影响。因此,Ku(2009)提出了一个多维的评价方法,既考虑了认知的因素,又包含了动机因素,评估测试的答案设置也采取了开放式作答的形式。

(2) 评估方法

在批判性思维的评估方法建构中,需要注意几个关键要素。第一个是开放性问题。批判式思维的评估,可能更适合开放性问题,因为开放性问题对于批判性思维的反馈更加敏感,能够更准确地建构批判性思维。第二个是结构不良问题的纳入。评估方法最好含有结构不良的问题,这些问题应该有多个合理的解决方案。第三个是尽可能接近现实情况。评估方法必须能够反映问题的真实背景和绩效,这意味着,评估应尽量利用模拟算法接近现实情境。第四个是方法的多维性。评估需要综合考虑学者们的观点和方法,评估方法尽量要包含三个维度的量表:知识、动机和认知,从而达到跨情境一致性、清晰性、有效性和可靠性等标准。

跨情境一致性。人类的思维并非天生就是理性和富有逻辑的。双进程理论(Evans,2012;Stanovich 等,2013)假设:成年人在通常状态下,通过直观、快速和无意识的推断过程(系统 1),就足以完成日常任务。然而,人们也经常需要启用反射、元认知、合乎逻辑的和相对开放的思维(系统 2)才能更系统地解决问题。系统 1 和系统 2 并行运行,有时会产生冲突,这一事实可能解释为什么同一个人的推理在某些情况下看起来非常完美,但在其他情况下,又显得非常无能或非理性。许多研究人员认为,人们思考的默认模式是系统 1,那么在不同情境下,需要启用系统 2 去寻找情境线索并进一步思考。因此,在评价批判性思维时,跨情境一致性显得尤为重要(Byrnes 和 Dunbar,2014)[①]。

可靠性。如果一种方法,无论形式(并行形式可靠性)、无论项目性质(内部一致性)、无论测试人员(评分人员可靠性)以及无论测试对象的思维测量都是一致的。那么我们说该种方法是可靠的(David Hitchcock,2018)[②]。

准确性。透彻地解释证据、陈述、图表、问题和文献元素等。

清晰性。准确地分析和评估关键信息以及其他观点。

公正性。公正地检查信念、假设和观点,并将其与事实进行权衡。证明推理和观点是合理的。

合理性。认真地解决和评估主要的替代观点。

透彻性。彻底解释假设和原因。

需要注意的是,评估首先得先澄清标准,并让受评估者理解并获得反馈。除了对结果进行评估,还需要对过程采取同样的关注和评价。

即练即测

复习思考题

1. 批判性思维的内涵是什么?鼓励批判性思维有何意义?
2. 批判性思维的双路径模型由哪几部分组成?
3. 批判性思维有哪些应用技巧?

---

① Byrnes J P, Dunbar K N. The nature and development of critical-analytic thinking [J]. Educational Psychology Review,2014,26(4):477-493.

② David Hitchcock,2018. https://plato.stanford.edu/entries/critical-thinking/assessment.html

第 4 章

创新思维的科学基础

本章要点

- 掌握创新思维的四阶段理论；
- 明晰思维产生的心理基础及相关理论；
- 理解创新思维潜能认识和发掘的手段；
- 了解思维产生的脑神经基础、语言作为思维传播基础的证据以及语言对思维的作用。

引导案例

罗森塔尔实验

1968年的一天,美国心理学家罗森塔尔和助手们来到一所小学,说要进行7项实验。他们从一至六年级各选了3个班,对这18个班的学生进行了"未来发展趋势测验"。之后,罗森塔尔以赞许的口吻将一份"最有发展前途者"的名单交给了校长和相关老师,并叮嘱他们务必要保密,以免影响实验的正确性。其实,罗森塔尔撒了一个"权威性谎言",因为名单上的学生是随便挑选出来的。8个月后,罗森塔尔和助手们对那18个班级的学生进行复试,结果奇迹出现了:凡是上了名单的学生,个个成绩有了较大的进步,且性格活泼开朗,自信心强,求知欲旺盛,更乐于和别人打交道。

显然,罗森塔尔的"权威性谎言"发挥了作用。这个谎言对老师产生了暗示,左右了老师对名单上的学生的能力的评价,而老师又将自己的这一心理活动通过自己的情感、语言和行为传染给学生,使学生变得更加自尊、自爱、自信、自强,从而使各方面得到了异乎寻常的进步。后来,人们把像这种由他人(特别是像老师和家长这样的"权威他人")的期望和热爱,而使人们的行为发生与期望趋于一致的变化的情况,称之为"罗森塔尔效应"。

Heyes 和 Cecilia(2012)[①]在研究人类进化的过程中指出:"人类的非凡的认知能力

---

① Heyes, Cecilia. New thinking: the evolution of human cognition[J]. Philosophical Transactions of the Royal Society B-Biological Sciences, 2012: 2091-2096.

改变了我们生活的方方面面。与我们的黑猩猩表亲和石器时代祖先不同,我们是复杂的政治、经济、科学和艺术生物,生活在广阔的栖息地。"

古代,思维属于哲学的范畴,我们的祖先无法理解这个虚无缥缈的"思维",只能将它归为"灵魂"层面。随着学科的不断细分和专业化,人类对思维和认知的认识有了很大的进步。关于人类认知进化的研究在不断地探索"什么类型的思维使我们成为如此奇特的动物?",以及"思维和认知是如何通过进化过程生成的?"这些问题并没有看起来那么简单,需要多学科之间的协作,比如历史学、进化心理学、脑科学、神经科学、认知科学乃至物理学等。

科学发展至今,绝大多数人已经意识到,思维是一个信息处理和加工的过程,而这个过程是通过人类的大脑和神经系统实现的(唐孝威,2014)[①]。而心理学的研究又为我们揭开了思维和情绪的关系。这些伟大的研究使我们认识到,人类的思维和认知是有着多学科基础的,要想了解思维和创新思维,我们就必须了解其背后的科学基础,才能正确地激发创新思维的潜能。

本章将对创新思维产生的科学基础进行介绍,深入探究思维的脑神经基础、心理基础和传播基础,向读者揭开创新思维的科学"面纱"。

4.1 思维的脑神经基础:大脑皮层和神经元

4.1.1 认知神经科学的发展

20世纪30年代,北平协和医学院的冯德培教授,发现强直后增强作用,这标志着第一个细胞水平的神经可塑性的发现(饶毅,2015)[②]。1945年美国心理学家华莱士(J. Wallas)从心理学层次提出了四阶段创新思维模型。1988年,斯滕伯格(Robert J. Sternberg)又提出了"创造力三维模型理论"。20世纪70—80年代,以美国哥伦比亚大学的肯德尔(E. Kandel)为代表的科学家们,用低等动物海兔研究了一些简单行为的学习记忆过程,并找到了这些行为背后的神经环路,证明了第二信使cAMP的重要性。20世纪70年代,英国的布理斯(T. Bliss)和挪威的洛默(Lomo)发现长时程增强作用(LTP),被认为是神经可塑性的细胞机理,然后,LTP在脑内多个部位被观察到,并证明它与学习记忆的行为有关。20世纪80年代,以加州大学旧金山分校的尼科(R. Nicoll)和斯坦福大学的华裔科学家钱永佑为代表的科学家们对LTP开展了更为深入的研究。

20世纪90年代,以麻省理工学院利根川进(Susumu Tonegawa)和哥伦比亚大学的肯德尔为主的科学家们,结合了分子生物学和神经生物学方法,研究了高等动物学习记忆的分子机理,发现了一些与学习记忆相关的基因,也再次证实cAMP的重要性,并提示

---

① 唐孝威.脑、心智和意识[M].杭州:浙江大学出版社,2016.
② 饶毅.饶有趣味的大脑[M].北京:人民教育出版社,2015.

低等动物和高等动物的学习记忆原理有一部分相似性。20世纪后期西蒙(Simon)的物理符号理论和认知科学的诞生使思维研究进入信息加工层次,构建了用信息加工理论研究和解释思维的模型。我国著名科学家钱学森也提议用信息加工的范式来研究思维和创新思维,并提出要建立一门与国外认知科学不一样的"思维科学"。

进入21世纪,对于创造性问题解决模型的构建使创新思维的研究进入了激动人心的人工智能模拟新阶段,出现了创新思维问题解决中的表征转换理论、进程监控理论和多因素理论等。与此同时,脑功能性核磁共振图像研究和脑电位研究部分揭示了"顿悟"问题。2003年,克里克(Francis H.Crik)用动态神经细胞联合体假说解释了人的意识的产生,Gerald M. Edelman 提出神经达尔文主义模型,被认为是脑科学层次的意识与思维的权威模型。

4.1.2 新皮层的分区和地图

大脑是一种生理组织,而且是一种错综复杂的织物组织,与我们所知的宇宙中的其他任何事物都不同。但是,就像其他生理组织一样,它是由细胞构成的。确切地说,这些细胞是高度专业化的细胞,但控制它们的原理和控制其他所有细胞的原理是一样的。人们能够检测、记录和解释这些细胞的电学信号和化学信号,也能够识别它们的化学成分。同时,人们还能够描述构成大脑织物神经纤维网的关系。总之,人们能够研究大脑,就像研究肾脏一样。

——大卫·休伯尔

假设有一台机器,它的构造使它能够思考、感觉以及感知,把这台机器放大,但是仍然保持相同的比例,使得你可以进入其中,就像进入一间工厂。如果你可以在里面参观访问,你会发现什么呢?除了那些互相推动和移动的零部件以外,什么都没有,你永远都不会发现任何能够解释感知的东西。

——戈特弗里德·莱布尼茨

大脑皮层(cerebral cortex),又叫做大脑灰质的回旋表层,如图4-1所示。在进化时间上有老皮层和新皮层的分别,像海马等老皮质主要负责转化基本的记忆和技能学习等功能,高级思维主要和新皮层(neocortex)有关。位于大脑最外层的人类大脑新皮层,占据了整个脑容量的2/3左右,约有2~3毫米的厚度,高度折叠,覆盖回旋和沟。大脑皮层总面积为2200平方厘米,摊平大概相当于4张A4纸的大小。某些皮层区域的功能较为简单,称为初级皮质。这些区域包括直接接受感觉输入(视觉、听觉和躯体感觉)或直接参与肢体运动产生的区域。大脑皮层除了初级皮质,还有联想皮质和缔结皮质,这两个区域负责更重要的大脑功能,包括记忆、语言、抽象、创造力、判断力、情感和注意力。因此,人类大脑皮层比其他动物大得多,被认为是复杂思维的发生之地。

扫码看彩图

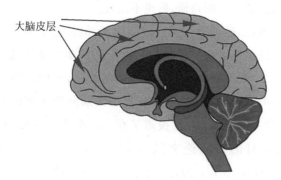

扫码看彩图

图 4-1　大脑皮层示意图

大脑新皮层也分为 6 层,由一系列重复模块构成,6 个皮层的神经元大概有 300 亿个,每个模块由大约 10 万个神经元组成,它们又组成了 3 亿个模式识别器,最终形成错综复杂的神经网络。

要了解人类大脑皮层的惊人复杂性,就需要有皮质区域地图的指引。神经科学家们都在不遗余力地制作准确的皮层平面地图。20 世纪初,德国神经解剖学家、神经生理学家科比尼安·布洛德曼(Korbinian Brodmann)在显微镜下观察大脑皮层区域之时,手绘了大脑图谱的简单样本,如图 4-2 所示。布洛德曼将大脑皮层分为 52 个区,如运动区、感觉区和语言区等。

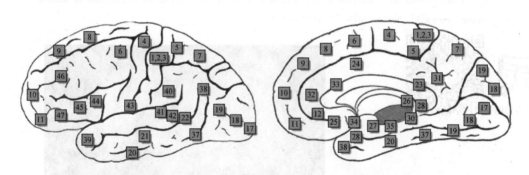

布洛德曼分区(背外侧面,52区)　　　　布洛德曼分区(内侧面,52区)

图 4-2　科比尼安·布洛德曼手绘的大脑 52 分区模型解剖示意图

资料来源:www.cnblogs.com.

图 4-2 中,1、2、3 和 4 是初级躯体感觉运动区;6 包括初级躯体感觉运动区和前运动区;5、7 接受来自皮肤、肌肉和关节的各种感觉并进行高级整合,产生运动方向和肢体空间位置等空间定位感觉;17 为初级视觉皮层,18 和 19 是视觉联络区,用于感知和整合视觉信息;41 是初级听觉皮层;42 是听觉联络皮层;22 是高级听觉联络皮层;39 和 40 被称为优势半球,是感觉语言区,如果这个区受损,将导致感觉性失语——不理解词语、答非所问、不识字、不会写,不会算;43 是味觉高级皮层;左半球的 44 区是 Broca 运动语言

区,如果这个区受损,将导致表达性失语——听得懂,但说不出来。

布洛德曼手绘的图,对于描述语言、运动等行为已经够用了,但是用于描述人类的思维和记忆等"高级皮层功能"时,显得粗糙了些。于是,2016年9月,美国圣路易斯华盛顿大学的Glasser小组集聚了神经学家团队和计算机专家团队的智慧,利用机器学习算法绘制出了迄今为止最全面、最精确的人类大脑图谱,并计算了大脑灰质褶皱的厚度和数量以及不同区域执行不同活动时的相关反应,首次报道了在360个皮层区域中有97个新大脑皮层的结果。这项引人注目的研究论文以 *A multi-modal Parcellation of Human Cerebral cortex* 为题发表在了2016年的 *Nature* 杂志上,如图4-3所示。此后,Coalson团队又在前人的基础上完善了皮层图的绘制,相关结果发表在2018年的 *Science* 期刊上,如图4-4所示。

扫码看彩图

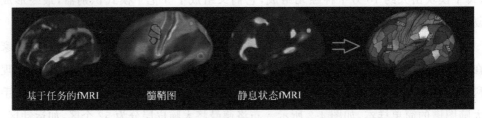

图4-3 机器学习算法构建全新大脑分区模型

资料来源:Glasser M F,Coalson T S,Robinson E C,et al. A multi-modal parcellation of human cerebral cortex[J]. Nature,2016,536(7615):171.

扫码看彩图

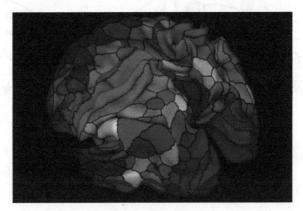

图4-4 大脑图谱

资料来源:Coalson T S,Van Essen D C,Glasser M F. The impact of traditional neuroimaging methods on the spatial localization of cortical areas[J]. Proceedings of the National Academy of Sciences,2018,115(27):E6356-E6365.

4.1.3 新皮层中的神经元

大多数大脑皮层是新皮层。但是,在系统发育上皮层有较旧的区域,这个区域称为分配层。分配层位于内侧颞叶,负责嗅觉和生存功能,例如内脏和情绪反应。反过来,分配层由古皮质和原皮质两个部分组成。古皮质包括专门用于嗅觉的梨状叶和内嗅皮层。原皮质由海马体组成,负责编码声明性记忆和空间功能。

大脑皮层中有很多高度分化的神经元细胞,神经元是神经系统的基本结构和功能单位之一,它具有感受刺激和传导兴奋的功能。人类中枢神经系统大概含有 1000 亿个神经元,而大脑皮层中大概就有 140 亿个神经元。皮层在垂直方向上,按照神经元的形状、大小和密度等特征,可以分为六层,如图 4-5 所示:第一层是分子层,它包含很少的神经元。第二层是外部颗粒层;第三层是外部锥体层;第四层是内部颗粒层;第五层是内部锥体层;第六层是复合形式或梭形形式。

第一层(Ⅰ)分子层(molecular layer)。这是皮层内部神经元投射信息交汇的地方。该层的神经元体积小数量少,除了水平细胞和星形细胞构成主体外,还有一些与皮质表面平行的神经纤维。第二层、第三层和第五层的锥体细胞投射上来,在第一层进行交汇,这里的神经元细胞很少,其中大部分也都是抑制性的,这是第一层区别于其他层的特性。抑制性神经元发出神经冲动的时候,通过突触连接,抑制连接的神经元活动。抑制性的神经元起着重要的调节作用。抑制性神经元的总个数虽然不多,但种类非常多,大约有一百多种,在种类上远远超过兴奋性神经元。

第二层(Ⅱ)外颗粒层(external granular layer):主要由大量的星形细胞和少量的小型锥体细胞构成。

第三层(Ⅲ)外锥体细胞层(external pyramidal layer):这个层具有较厚的厚度,主要由中小型锥体细胞和星形细胞构成。

这里首先需要说明,大脑皮层的第二和第三层是可以区分的,这两层有各种神经元,主要由小椎体细胞构建皮层内的局部回路,这些锥体细胞主要连接皮层内部,但也有连到胼胝体的。这部分细胞主要有枝形吊灯细胞,负责调节椎体细胞的电冲动,以及篮状细胞,通过突触连接到椎体细胞的胞体,调控神经兴奋。第二和第三层内部的神经元还表达很多转录因子 Cux2,用以控制树突分叉和突触形成。

第四层(Ⅳ)内颗粒层(internal granular layer):该层主要有颗粒性细胞,胞体小而密集,大部分为星形细胞,负责接收丘脑传递的感觉信号。在感觉皮层中,第四层占主导,而传出信号的运动皮层则没有第四层或者很薄。

第五层(Ⅴ)内锥体细胞层(internal pyramidal layer):该层主要由大中型锥体细胞组成。在中央前回运动区,此层有巨大的锥体细胞,胞体高 $120\mu m$,宽 $80\mu m$,其顶树突伸到分子层,轴突下行到脑干和脊髓。主要负责信号输出,包含了最大的椎体细胞,将轴突投射到其他不同的脑区。

第六层（Ⅵ）多形细胞层（polymorphic layer）：该层以梭形细胞为主，还包括锥体细胞和颗粒细胞。和第五层类似，第六层也负责信号输出，同时接收丘脑传入的反馈信号。该层神经元的形态非常多样，横平竖直的都有。

图 4-5　大脑新皮层的分层结构和神经元形态示意图
资料来源：芮德源，朱雨岚，陈立杰．临床神经解剖学［M］．北京：人民卫生出版社，2015．

4.1.4　神经递质对思维的作用

（1）神经递质的作用和类型

神经递质是神经元在突触传递（神经传递）过程中用于彼此交流的物质。神经递质在神经末梢中合成并从神经末梢释放到突触间隙中。从那里，神经递质与靶组织细胞膜中的受体蛋白结合。目标组织被激发、抑制或以其他方式进行功能修改。

神经递质也被称为大脑的化学信使，主要在中枢神经系统中发挥作用，促进人体腺体、器官和肌肉之间的交流。神经递质与大脑中的受体共同作用，以影响和调节各种过程，例如心理表现、情绪、疼痛反应和能量水平。大量临床研究表明，神经递质功能不足对整体健康和思维具有重要影响。

（2）神经递质类型

人类神经系统中有 40 多种神经递质。其中最重要的是乙酰胆碱、去甲肾上腺素、多巴胺、γ-氨基丁酸（GABA）、谷氨酸、5-羟色胺和组胺。神经递质主要可以分为以下四种类型，如表 4-1 所示：

表 4-1　神经递质的分类和代表物质

递质类型	代 表
兴奋性神经递质	谷氨酸(Glu)；乙酰胆碱(ACh)；组胺；多巴胺(DA)；去甲肾上腺素(NE)；肾上腺素(EPi)
抑制性神经递质	γ-氨基丁酸(GABA)；血清素(5-HT)；多巴胺(DA)
神经调节剂	多巴胺(DA)；5-羟色胺(5-HT)；乙酰胆碱(ACh)；组胺；去甲肾上腺素(NE)
神经激素	下丘脑；催产素(Oxt)；加压素释放激素；抗利尿激素(ADH)

兴奋性神经递质意味着对大脑活动产生刺激作用，抑制性神经递质意味着对思维产生镇定作用。下文我们将介绍六种和思维重要相关的神经递质。它们正常运行时，神经传递系统会以兴奋性和抑制性神经递质的形式对大脑活动和思维进行检查和平衡。

第一种是血清素(5-羟色胺)。5-羟色胺参与调节睡眠、食欲和攻击性。5-羟色胺失衡是造成情绪问题的常见原因，改变5-羟色胺水平的药物是治疗焦虑和抑郁的最常用药物。压力过大、营养不足、荷尔蒙波动以及使用刺激性药物或咖啡因都会随着时间的流逝而导致血清素的消耗。当5-羟色胺超出正常范围时，可能会导致抑郁、焦虑、忧虑的思想和行为以及对碳水化合物的渴望、难以控制的疼痛以及睡眠周期障碍，从而影响正常的思维。

第二种是加巴(γ-氨基丁酸，GABA)。GABA是一种抑制性神经递质，广泛分布在皮层神经元中。GABA控制运动、视觉和许多其他皮质功能，还可以调节焦虑。高水平的GABA可能导致精力不振、镇静感和思维模糊。GABA水平低与肾上腺应激反应失调有关。如果没有GABA的抑制功能，我们将不能很好地控制冲动的行为，将导致一系列焦虑症状，甚至癫痫发作。酒精以及苯二氮卓类药物都作用于GABA受体并模仿GABA的作用。

第三种是多巴胺。多巴胺主要负责调节愉悦、记忆和运动。咖啡因和其他一些刺激物通常会通过增加多巴胺的释放来改善注意力。多巴胺水平过低会表现出以下症状：失去运动控制、强迫和成瘾行为。但多巴胺水平过高也可能会导致过度活跃或焦虑，被认为可能与自闭症、情绪波动、精神病和注意力障碍有关。

第四种是去甲肾上腺素。去甲肾上腺素属于兴奋性神经递质和应激激素。去甲肾上腺素参与调节注意力、心率、血流和炎症。高水平的去甲肾上腺素通常与焦虑、压力、血压升高和过度活跃有关，而低水平的去甲肾上腺素则与缺乏精力、注意力和动力有关。

第五种是上皮肾上腺素。上皮肾上腺素通常又称为肾上腺素，是从去甲肾上腺素合成的。就像去甲肾上腺素一样，这种兴奋性神经递质有助于调节肌肉收缩、心率、糖原分解、血压等，并大量参与应激反应。肾上腺素水平升高通常与过度活跃、注意力缺陷、多动症、焦虑症、睡眠问题和肾上腺功能低下有关。随着时间的流逝，慢性压力和刺激会耗尽肾上腺素，导致注意力难以集中、疲劳、沮丧、皮质醇产生不足、慢性压力、疾病恢复能力差、头昏眼花等。

第六种是谷氨酸盐。谷氨酸盐属于兴奋性神经递质,被认为是神经系统中最丰富的神经递质。谷氨酸盐参与正常脑功能,包括认知、记忆和学习,尽管高水平的谷氨酸盐可引起过度刺激而损害神经细胞。谷氨酸盐水平升高通常与惊恐发作、焦虑、注意力不集中、强迫症和抑郁有关,而谷氨酸盐水平低可能导致躁动、记忆力减退、失眠、低能量和抑郁。

我们来举几个例子说明神经递质的影响作用:

假设你看到一盒珠宝。如果你认为那盒宝物是假的,那么你可能会不为所动,但是,如果你认为珠宝是真的,并且可能全是黄金,那么你身体内的多巴胺可能会释放出来,这会使你更有可能记住它的位置,而表现得更加机敏。

同样,如果你看到的是一头狮子,就会立刻产生"战斗或逃跑"的反应,这是因为去甲肾上腺素的释放,使你产生恐惧感。

其他神经递质的工作方式略有不同,效果也不同。例如,腺苷虽是一种神经递质,它是大脑活动的废物,并在一天当中不断积累。然后,这会使你感到疲倦并引起脑雾,并最终使你入睡。同样,褪黑激素也会使你感到疲倦,并受到光线的调节。天黑时,大脑会释放褪黑激素,从而抑制大脑活动。GABA 是主要的"抑制性"神经递质,通常会降低整个大脑的活动,从而再次帮助你入睡并具有镇静作用。

血清素和催产素等其他神经递质则使我们感到爱和欣喜。其他的生长激素释放激素使我们感到饥饿。它们全部由大脑释放,附着在受体上,并改变我们对正在接受/经历的刺激的感知。

4.1.5 创新性思维的四阶段理论

创造性思维有着较为丰富的理论基础,其中较为经典的是英国心理学家华莱士(Wallas,1926)提出的创新性思维四阶段理论:准备阶段(preparation)、酝酿阶段(incubation)、豁朗阶段(illumination)和验证阶段(verification),如图 4-6 所示。

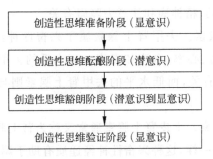

图 4-6 创新性思维过程四阶段模型示意图

在第一阶段准备阶段的信息处理主要在显意识中进行,在第二阶段酝酿阶段和第三阶段豁朗前大多在潜意识中进行,豁朗期指突然恍然大悟,问题突然得到解决,豁朗后和问题解决的验证阶段在显意识中进行。最具神秘感的是酝酿阶段和豁朗之前。图 4-7 展示了创新思维四阶段的神经基础,具体如下。

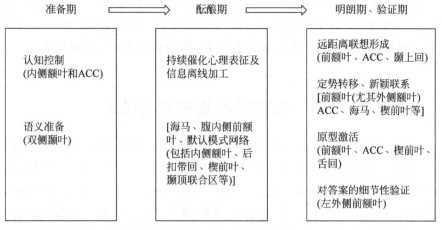

图 4-7　创新思维四阶段神经基础

资料来源:詹慧佳,刘昌,沈汪兵.创新思维四阶段的神经基础[J].心理科学进展,2015,23(2):213-224.

(1) 准备期的神经活动基础

准备阶段是为大脑开始创造新事物作准备。在这个阶段,通过阅读、讨论和实验等行为收集尽可能多的信息,学习尽可能多的知识,以达到创新事物的目的。准备阶段,是智力资源的积累,是完全有意识的,需要计划,需要将注意力集中于各个要素上。相关神经机制研究表明,准备期起关键作用的脑区包括内侧额叶、ACC 和颞叶,其中,内侧额叶和 ACC 负责认知控制,提前抑制无关思维活动,颞叶负责语义激活准备。目前解析大脑状态的研究主要集中于言语创造任务,未来研究可加强对不同类型创造性问题解决的准备期的研究。

(2) 酝酿期的神经活动基础

在为创造做好准备之后,思维进入了酝酿阶段或孵化阶段。在此,我们将停止所有准备活动,因为我们需要把时间用在孵化上。对于期限紧迫的创作,睡眠可能是完成孵化阶段的最佳方法,这使得我们的身体将有机会为创作充电。这一阶段涉及左右脑的共同参与,海马和腹内侧前额叶等脑区在酝酿过程中起重要作用。作为酝酿期一个重要特征的思维僵局会引起右半球信息保持增强,并且这一右侧优势有利于产生顿悟(詹慧佳等,2015)[①]。

(3) 豁朗期的神经活动基础

当我们体会到 a-ha 时刻时,我们将脱离孵化阶段。这个新阶段被称为豁朗阶段。在此阶段,思维找到推动创作的催化剂。颞上回是负责远距离联想的关键脑区,海马参与打破定势思维,与创造性相联系,外侧额叶是定势转移的关键脑区(詹慧佳等,2015)。

---

① 詹慧佳,刘昌,沈汪兵.创造性思维四阶段的神经基础[J].心理科学进展,2015,23(2):213-224.

（4）验证期的神经活动基础

豁朗阶段帮助我们将创作扩大到可见的范围,接着,思维进入验证阶段,在此阶段主要目标是改善创作。我们可以与自己和他人进行交流。当我们发现无法重新进入准备阶段就无法改善创作的程度时,说明我们的创作已完成。研究表明:前额叶、扣带回、颞上回、海马、楔叶、楔前叶、舌回和小脑为主的脑区构成验证期神经活动基础。

4.2 思维的心理基础:情绪

认知心理学(Cognitive Psychology)大约在 20 世纪 50 年代前后迅速崛起,而同时代神经科学的发展又为认知科学提供了一个坚实的基础。20 世纪 70 年代末,当代认知心理学之父米勒(G. Miller)和脑科学家加扎尼加(M. S. Gazzaniga)率先提出,有必要将认知科学(尤其是认知心理学)与神经科学的研究结合起来,建立一门交叉学科,称为认知神经科学。

人类的思维过程不仅仅包含认知成分,还包含人类的复杂情感和情绪成分。比如人们有时会基于情绪来对事物进行分类(如将"祖国"和"母亲"归为一类)就说明了这一点。情绪与人的思维密切相关(汤慈美,2001；张明岛、陈国福,1998)。

在心理学中,情感通常被定义为一种复杂的感觉状态,会影响思想和行为的生理和心理变化。情绪与一系列心理现象有关,包括气质、性格、情绪和动机。根据大卫·迈耶斯(David G. Meyers)的说法,人类情感涉及"生理唤醒、表现行为和意识体验"。

思维的情感动机理论主要可以从三个视角去理解:生理学,神经学和认知学。①生理学理论表明,身体内部的反应是情绪的原因。②神经学理论认为,大脑内的活动会导致情绪反应。③认知理论认为,思想和其他心理活动在形成情感方面起着至关重要的作用。

情绪对人类的行为和思维施加了不可思议的强大力量。强烈的情绪可能会导致我们采取可控范围之外的行动。为什么我们会有情感？是什么使我们有这些感觉？以下理论可以帮助我们理解人类情感背后的原因和方式。

最近的行为、神经心理学、神经解剖学和神经影像学研究表明,情绪与大脑中的认知相互作用。杏仁核通常被认为是大脑的最重要的情感区域,但 Pessoa(2013)[①]发现,杏仁核的许多功能有助于注意力和决策,这是认知功能的关键组成部分。Pessoa 引用了关于奖励和动机的研究,并提出了双重竞争模型,从情感和动机过程对知觉和执行功能两个层面上的竞争过程的影响来解释情感和动机过程。他考虑了结构功能映射的广泛问题,并研究了经常与情感处理相关的几个区域的解剖特征,突出了它们的连通性。Pessoa 总结说,随着分布式处理的新理论框架的发展,将出现一种真正的大脑动态网络视图,其中"情感"和"认知"可以用作某些行为背景下的标签,但不能清晰地映射到大脑的各个部分。

---

① Pessoa L. The cognitive-emotional brain: From interactions to integration[M]. MIT Press,2013.

4.2.1 詹姆斯-兰格(James-Lange)理论

最早有关情绪生理机制的理论是由美国著名心理学家詹姆斯(W. James, 1884)和丹麦心理学家兰格(C. Lange, 1887)提出的,故称为詹姆斯-兰格情绪理论(James-Lange theory of emotion)。这一理论认为,情绪体验是由来自身体的内部状态和当时发生的行为反应信号反馈到大脑后产生的,如图4-8所示。例如,我们在森林里遇见了熊会害怕,这种体验是因为我们感受到了身体的内部状态(如发抖、出汗)和当时的行为(逃跑)。詹姆斯认为,大脑皮层首先对情绪刺激进行加工,然后组织发动了相应的行为和身体内部反应,它们反馈到大脑皮层后引起了我们的情绪体验。

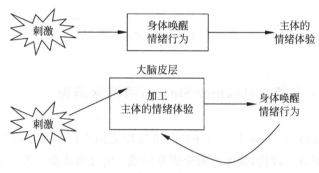

图4-8 詹姆斯-兰格情绪理论示意图

学者们对詹姆斯的理论也存在一些质疑,这些质疑主要表现在:

首先,许多因素会影响我们的生理状态,但不会产生情绪反应。例如,发烧、低血糖或在寒冷的天气中会产生与情绪相同的身体变化(例如,心跳加快)。但是,这些类型的场景通常不会产生强烈的情绪。坎农建议,如果我们的生理系统可以在不感觉到情绪的情况下被激活,那么当我们感觉到情绪时,除了生理激活之外还会发生其他反应。

其次,我们的情绪反应可能会相对较快地发生(即使在感知到某种情绪上的一秒钟之内)。但是,身体变化的发生通常要比这慢得多。这些质疑衍生出了后来的坎农-巴德情绪理论。

4.2.2 坎农-巴德(Cannon-Bard)理论

这一理论由哈佛大学的生理学家坎农(W. B. Cannon, 1927)和他的研究生巴德(P. Bard, 1929)共同提出,因而得名坎农-巴德理论(Cannon-Bard theory of emotion)。该理论指出,感觉是刺激事件的生理反应的结果。他们批评詹姆斯-兰德的理论,认为情感发生如此之快,不可能完全是身体反应的作用所致。他们提出,情绪袭击首先传到丘脑,随机激活大脑皮层和下丘脑。也就是说,情绪加工从丘脑开始存在两条并行路径:一条通路到达大脑皮层，负责决定产生何种情绪体验；另一条通路到达下丘脑，激起外周的唤醒和行为反应。坎农认为，下丘脑引发的自主神经反应是所有情绪产生的非特异性表现，因此其信号上传至皮层时只能调节情绪体验的强度，而并不影响情绪体验的性质，如图4-9所示。

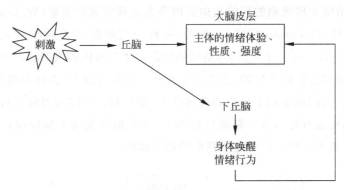

图4-9　坎农-巴德理论示意图

4.2.3　沙赫特-辛格（Schachter-Singer）两因素理论

心理学家沙赫特（S/Schachter,1964）对情绪理论的不同看法是，同时考虑了生理唤醒和情绪体验。根据该理论，情绪由两个因素组成：生理和认知。换句话说，生理唤醒是为产生情感体验。例如，蛇会引起交感神经系统激活，标记恐惧的经验印记，从而生理唤醒，如图4-10所示。Schachter和Singer认为，在我们经历的不同类型的情绪中，生理唤醒非常相似，因此，对这种情况的认知评估至关重要（Schachter&Singer,1962）。

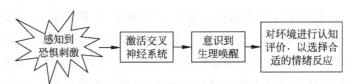

图4-10　沙赫特-辛格理论示意图

4.2.4　理查德·拉扎鲁斯（Richard Lazarus）评估理论

理查德·拉扎鲁斯（Richard Lazarus）是情感领域的先驱。根据理查德的理论，思考必须首先发生在经历情感之前。首先发生刺激，接着产生思想，然后导致生理反应和情绪的同时发生。例如，如果你在树林里遇到一只熊，你可能会立即开始认为自己处于巨大危险，这会导致恐惧的情感体验以及与战斗或逃跑反应相关的身体反应。

认知评估分两个阶段进行：初步评估和二级评估。初步评估是对相遇是否无关、良性、正面或压力的初步评估。二级评估是指个人对资源和可用选项的后续评估。

二级评估的应对措施可以分为两种,即以情绪为重点的应对方式和以问题为重点的应对方式。在以情绪为中心的应对中,个人尝试通过使用各种防御机制来处理所产生的情绪状态。在以问题为中心的应对中,当情况多变时,更可能试图改变引起困扰的问题,而不是简单地应对压力本身。

拉扎鲁斯的这一早期理论在强调认知评估过程的重要性方面是最有影响力的理论之一。但是,它的弱点在于这样一个事实,即该理论通常只关注压力,而不是一种情绪本身的理论。Lazarus(1991,2001)对他的评估理论进行了实质性修改,以使其成为一种情感理论,而不是一种普通的压力理论。拉撒路(1991)将他的新理论称为"认知-动机-关系"理论。主要建议是,每种情感都有特定的关系含义或所谓的"核心关系主题"。也就是说,对特定的人与环境关系的评估对于每种情感都是唯一的。并在此基础上修改了三种主要评估类型:第一,目标相关性,这是对与个人目标相关的环境的评估;第二,目标一致性,即对目标实现与否的评估;第三,自我参与的类型;即事件对自尊、道德价值观、人生目标等产生影响的程度。

4.2.5 查尔斯·达尔文(Charles Darwin)面部表情反馈理论

查尔斯·达尔文(Charles Darwin)和威廉·詹姆斯(William James)都在早期提到,面部表情与情绪有关。有时生理反应通常会直接影响情绪,而不仅仅是情绪的结果。这一理论的支持者认为,情绪与面部肌肉的变化直接相关。例如,皱着眉头或表现出更中性的面部表情,那些被迫在社交功能上愉悦地微笑的人在活动中会有更好的思维。

4.2.6 思维大脑和情感大脑

尽管有许多因素导致焦虑,但情绪大脑通常被认为是对压力做出大量反应的原因。这就是为什么抗击焦虑需要先学习如何控制情绪。由于新皮层的进化,人类具有比其他动物更高的思维力。新皮层是负责解决问题,有意识的思维和语言的大脑区域。但是在大脑的这一区域发展起来之前,人类就像其他所有类型的动物一样:主要是根据本能来行动,而不是依据逻辑,这部分称为大脑的哺乳动物部分,这部分大脑作用于情感、感觉和本能,被称为"情感大脑"。情感大脑使得人类不再严格按照本能行事,经常比计算机更快地权衡利弊,并作出决定。

举个例子,人们可以在一大群人面前讲话并没有什么进化上的理由,每个人在做演讲之前都会感到有些紧张。但是,有一些演讲者能够利用自己的思维力量克服这种紧张情绪。他们认为,无论他们的直觉是什么,进行演讲都符合他们的最大利益,让他们从该决定中受益。这就是情感克服本能的例子。

我们的思想和决定可以控制我们的很多感觉。但是它不能总是控制所有这些感觉。有时候,情绪大脑变得过于强大,这就是导致诸如愤怒、暴力和焦虑之类的状态。当你患有焦虑症时,实质上是你的情感大脑战胜了你的理性大脑。这可能与新皮层的应对能力不足有关,此时,你的大脑必须学习一种叫"应对"的技能。

4.3 思维的传播基础:语言

4.3.1 人类语言独特性的证据

人类大脑皮层与语言相关的区域在形态学上是左右不对称的。由于大脑皮层重要的沟回常常在颅骨内侧面留下压迹,因此,在颅骨内侧面可以找到大脑皮层左右不对称的痕迹。LeMay 搜寻了这种不对称性的化石记载,发现这种不对称性存在于 Neanderthal(距今 3 万至 5 万年前)和北京人(距今 30 万至 50 万年前)。科学家们用磁共振成像技术对 20 只黑猩猩、5 只倭黑猩猩和 2 只大猩猩的脑部进行了扫描,结果表明所有这 3 个物种的左半脑 Brodmann 44 区都比较大。

由此可见,在动物身上,言语和思维发生的根源并不相同,各自的发展路线也不相同。这一事实也得到科勒(W. Kowhler)和耶基斯(R. Yerkes)等关于类人猿的研究的证实。科勒指出,在动物身上出现的初期智力——即严格意义上的思维,与语言完全没有关系。类人猿会制造和使用工具,也会迂回找到解决问题的方法。科勒还认为,黑猩猩有着与人类同样类型的智力行为的起源。由于类人猿没有语言"这个极其有价值的技术助手",缺乏意象(images)"这个最重要的智力材料",所以它和最为原始的人类之间才有明显的区别。

4.3.2 人类语言基因的发现

人类语言基因的发现,可以解释为什么我们发展了语言,而我们的近亲黑猩猩却没有。这个让人类区别于黑猩猩的语言基因叫做 FOXP2(如图 4-11 所示),它是一个转录因子,意味着它调节其他基因。研究表明,该基因在哺乳动物进化过程中一直保持稳定,直到人类和黑猩猩分道扬镳为止。大约 20 万年前,当现代人类出现在现场时,科学家认为 FOXP2 中的两个氨基酸(蛋白质的构建基团)发生了变化。

但是,这种氨基酸修饰对我们是否有任何实际影响尚不清楚。科学家们通过 DNA 分析发现,在黑猩猩和人类本身不表达该基因的神经元细胞中或者制造出能够执行该基因表达的蛋白质。他们发现了 116 种与黑猩猩相比在人类中表达不同的基因,这表明 FOXP2 是造成这些差异的原因。

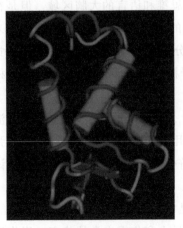

图 4-11 FOXP2 基因

为什么一个基因中的单一变异会有如此广泛的影响呢？那是因为FOXP2的基因能够制造可以操纵细胞高层控制系统的转录因子。这些因子与DNA结合控制其他基因的活动。FOXP2在胎儿大脑特定的部分发育时很活跃，其产生的蛋白转录因子使得大脑的这些部分为语言能力做好准备。

扫码看彩图

在语言的进化过程中，人类的语言能力呈现较大差异。我们知道基因有时候会发生突变，当语言基因突变造成改善语言能力的结果，这种结果更容易让它的携带者繁衍更多的后代，即更有利于生存和发展。因此，当人类基因组携带的语言基因演变成FOXP2，并让整个古人类都携带上这种基因时，人类现代语言的能力便应运而生。

4.3.3 语言和思维的关系

人类早期的演化，有很多意义重大的标志性事件，如制造工具、火的利用。特别是对于火的掌控，至今仍旧是其他物种难以逾越的事情，极大地扩展了人类的生存能力与生存空间。但是，这些仍然无法与语言的重要性相提并论。语言的产生，被科学家们认为是人类智力的第一次觉醒（张文涛，2017）。英国《自然》杂志前副主编尼古拉斯·韦德和以色列历史学家尤瓦尔·赫拉利认为，语言革命可能是我们的祖先在与同类的竞争中胜出的决定性因素。

有了语言能力，人类就获得了一种讲故事的本领，社会组织动员能力由此逐步变得强大；也正是由于语言，人们的经验性知识和价值观得以传承与累积，成为子孙后代可以继承的财富。这些能力，使得人类走出非洲。此外，人类社会秩序也需要借助语言形成故事来讲述和维系。

4.4 创新思维潜能的认识和挖掘

4.4.1 把握神经发育的关键时期

了解大脑皮层的组织仍然是神经科学的重点。人类大脑皮层的大多数地图都根据组织学特征来进行划分，例如细胞体或髓磷脂的分布以及分子标记（von Economo 和 Koskinas，1925；Ongur 等，2003；Zilles 等，2004）。

P. Shaw 等人（2008）[1]的研究发现大脑各皮层的复杂程度各异，这与大脑皮层的结构图非常吻合。具有简单层流结构的皮质区域，如大多数边缘区域，主要表现出更简单的

---

[1] Shaw P, Kabani N J, Lerch J P, et al. Neurodevelopmental trajectories of the human cerebral cortex[J]. Journal of Neuroscience, 2008, 28(14): 3586-3594.

生长轨迹。这些区域已在所有哺乳动物脑中清楚地鉴定出同源物,因此可能在早期哺乳动物中也同样存在。相反,皮质的多感官和高阶缔合区域,就其层状结构而言,是最复杂的区域,也具有最复杂的发展轨迹。这些领域中有一些是灵长类独有的,或者在灵长类中有显著的扩展,这个发现为进化提供了证据,也为不同种类的皮质在儿童和青春期的生长轨迹中显示出不同程度的复杂性提供了证据。

Sowell 等人(2007)使用计算神经解剖学,在 375 名健康儿童和青少年中定义了整个大脑中 40000 点以上的皮质厚度。研究表明,在大多数额叶外侧、颞叶外侧、顶叶和枕叶等皮质中,发育轨迹是立方体的,皮质厚度在童年时期呈现上升趋势,而从青春期开始则呈现下降趋势,直至成年期趋于稳定,如图 4-12 所示。

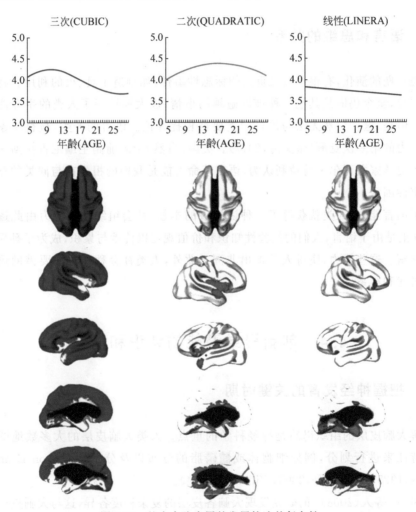

图 4-12　整个大脑皮层的发展轨迹的复杂性

注:脑图显示了具有三次,二次或线性发育轨迹的顶点。

资料来源:Shaw P,Kabani N J,Lerch J P,et al. Neurodevelopmental trajectories of the human cerebral cortex[J]. Journal of Neuroscience,2008,28(14):3586-3594.

相比之下，儿童中期(约 6 岁或 7 岁)是某些视觉功能(例如，字母敏锐度和整体运动能力)发育的关键时期。而视觉皮层的皮层厚度也将在儿童时期的 7~8 岁左右结束。因此，对于儿童发育关键时期的把握，将有助于其创造力的培养。

扫码看彩图

4.4.2 平衡神经递质，保持大脑健康

从本章的第一节中提到，神经递质的失衡将导致思维的异常，那么万一我们发现体内神经递质失衡了，也可以通过外界干预的手段进行调节。比如可以通过补充营养保健品(医疗级补充剂)和 BHRT(生物等效激素替代品)，以及调整饮食和生活方式的改变来纠正体内的神经递质失衡。下文将具体探讨这几种调节方式。

(1) 饮食

维持神经递质的健康平衡需要健康的饮食，包括：足够的能量(例如，适量的碳水化合物和脂肪有助于形成能量的 ATP 分子)，氨基酸以及作为酶促途径的辅助因子的各种维生素和矿物质。尽管许多神经递质不能轻易穿过血脑屏障，但在某些情况下，它们的氨基酸前体是可以通过的，这也为我们调节大脑神经递质拓展了潜在途径。

(2) 药物和药品

药物和药品可以改变大脑的神经递质平衡，这种作用既可以治病，也可以致病。如果因为大脑神经递质不平衡影响了正常思维，使用药物进行调节可以改变思维的不利状态。但是，因为治疗其他疾病摄入体内的药物，也可能会对另外的神经递质平衡产生破坏，这个时候就需要考虑两害相权取其轻了。对大脑神经递质产生影响的药物主要可以分为以下三类：以模仿神经递质作用的药物(例如，对儿茶酚胺受体起作用的苯丙胺)；以增强神经递质作用的药物(例如，苯二氮卓增强 GABA 受体的作用)；或者以减弱神经递质作用的药物(如可卡因、儿茶酚胺、百忧解和 5-羟色胺等)。

(3) 慢性压力

人体的生理应激反应部分由甾体激素皮质醇介导，甾体激素皮质醇是由于激活称为下丘脑-垂体-肾上腺轴的脑体途径而释放的。尽管通常认为少量压力是提高注意力的一种有效方法，但始终感到压力(即所谓的慢性压力)会在无形中深刻地破坏人体的神经化学平衡。受压力影响最显著的一种神经递质是谷氨酸，它是大脑的主要兴奋性神经递质。长期处于紧张状态会导致谷氨酸在正常的大脑前额叶区域(涉及高阶思维)和海马区(与记忆有关的区域)的突触中释放出比正常水平更多的谷氨酸，谷氨酸过多释放会导致认知障碍，尤其是与学习和记忆相关的障碍。慢性压力还会降低大脑中 5-羟色胺的分泌水平，这可能也是长期压力导致抑郁症的原因之一。因此，我们要学会调节压力，以保护我们的认知能力。

(4) 锻炼

通过运动可以改变 5-羟色胺、多巴胺和去甲肾上腺素等单胺神经递质的水平，从而

影响大脑神经化学平衡。5-羟色胺和某种程度上的多巴胺参与"中央疲劳",即在剧烈或长时间运动后大脑感到疲劳的过程。进行高强度运动可增加脑部色氨酸的利用率,并促进血清素的合成,而血清素与其他单胺神经递质相结合,可介导疲劳的行为感觉以及情绪的积极变化。因此,多加强体育锻炼,有益于大脑健康,可以改善思维方式。

(5)睡眠

人们每天晚上最多需要两个小时的深度、非快速眼动睡眠,大脑才能恢复到适当的血清素水平,睡眠中断以及酒精和咖啡因的摄入会减少这种深度睡眠,从而影响创造力。

(6)血清素(5-羟色胺)

人体内的血清素水平通常在早晨最高,可以使人保持较为清醒的思维,所以如果要安排头脑风暴会议,可以选在早晨。为了充分利用早晨 5-羟色胺水平的升高,科学家建议使用碳水化合物来代替高蛋白早餐,从体内产生的蛋白质被转化为令人垂涎的 5-羟色胺和多巴胺。也可以喝杯咖啡,因为咖啡因可以起到"生理唤醒剂"的作用。

4.4.3 结合情感进行理性思考

一般我们将思维方式分为理性思维和情感思维两种。

理性思维。理性思维是个人以逻辑上一致的方式进行思考。通常,偏向理性思维的人将世界视为难题或机器,他们试图以自己的行为改变环境并最终改变结果。值得注意的是,这种思维方式可以以 A+B=C 的公式表示。理性是指思考原因、输入、输出、动作和反应,并具有从"A"点开始的逻辑推理的能力,尽管许多人会在任何给定的时间点尝试

拓展阅读

变得理性,但理性思考也带来一些副作用:这些人通常以一种冷漠或无情的方式思考,在思考人类情绪时,理性思维并不能很好地发挥作用,因为情绪反应可能没有理性的结果,缺乏同理心是理性思维的弱点。

即练即测

情感思维。倾向情感思维的人通常通过与他人取得共情而让他人感受世界,从而,具有情感思维习惯的人更具社交性,更热情以及更大胆。这些人一般还具有较高的审美能力,更能理解音乐和艺术的价值。但是,情感思维也可能使人目光短浅,过度关注眼下的情绪。因此,我们要将理性思维和情感思维结合起来,以达到思维的最佳状态。

复习思考题

1. 思维的脑神经基础是大脑的哪个部分?
2. 创造性思维的四阶段理论是哪四个阶段?
3. 如何较好地平衡思维大脑和情感大脑?
4. 人类语言基因是如何发现的?

第二篇

战略引领思维

　　战略，是一种从全局考虑谋划实现全局目标的规划。创新活动不仅是面对短期的问题求解，更要有长远的思考，创新思维和战略思维逐渐趋同。本篇将先从战略思维的核心——右脑思考出发，揭示战略思维的微观基础，然后以战略思维的若干工具以及应用实例来揭示揭开战略引领思维(主要是右脑思维)在产生创新中的重要作用。

第二篇

战略与战略思维

第 5 章

右脑思考的潜能

本章要点

- 掌握右脑潜能开发的内涵和方法；
- 明晰左右脑的联系和区别；
- 理解右脑的功能以及右脑在创新思维产生过程中的重要作用。

引导案例

右脑思考下的灵感迸发

IBM 的数学家 B.B. 曼德勃罗创造出的新的数学理论"分形几何学"中，所谓的"分形"是指具有不规则的碎片图形。这是一个对纷繁变化的自然界形态进行解释说明的法则性理论。它最早出现在 B.B. 曼德勃罗的想象中，然后曼德勃罗把这一理论的内容再用左脑的语言能力将其表述和说明出来，于是就诞生了"分形几何学"。

爱因斯坦的相对论，最初也是出现在他的想象之中。这个超越物理学的新理论就是在想象的梦中展开后，深受感触的爱因斯坦才在黑板前将感受到的幻象进行表现、整理，将其形式化、体系化后，终于成就了泽被后世的物理学理论。

两位科学家的经历正表明了，右脑不但有高速信息处理能力，还会让人突然爆发出一种幻想、一项创新、一项发明等。

人脑，这一结构极其复杂、功能高度完善的物质，自古以来，就吸引着无数的科学工作者去探究它的奥秘。目前，人脑的研究，已成为科学研究中最复杂、最尖端的课题之一。在第四章，我们已经深入了解到创新思维与产生于人脑的功能息息相关，为了更好地探究创新思维的产生，对人类的左右脑功能运用的思考必不可少。本章将基于左右脑理论，介绍右脑的功能、重要作用以及开发右脑潜能的方式。

5.1 左脑右脑论

大量的科学事实表明,人脑分为结构上几乎完全相同的左右两半球,其间由两亿条神经纤维组成的"束"——胼胝体,连结沟通。胼胝体以每秒四十亿个神经冲动的速度将信息传递于两半球之间,从而使得两半球息息相通,并保证了它们在功能上的高度统一。

诺贝尔奖获得者、美国的罗杰·斯佩曾把人类大脑中间,连接左脑右脑的神经纤维胼胝体(CorPus Callosom)切开以进行研究。其研究程序虽富戏剧化,研究结果却举世闻名。罗杰·斯佩发现大脑原来是由两个可自司其职的左脑和右脑所组成。其研究结果除了使他获得1981年诺贝尔生理学与医学奖,还促使了左脑右脑论(Split Brain Theory)的建立:左脑专司语言、分析、逻辑、集中和理性等精细的思考;右脑控制非语言图像、直觉、空间、想象力等思考能力。[1]

5.2 右脑的功能[2]

创新思维活动以右脑为主。研究表明,人类许多较高级的认识功能都来自于右脑,因此相较于人的左脑,右脑在创新思维中发挥着更大的作用,有更为重要的地位,右脑在人的心理活动中具有以下三大功能。

一是理解和体验功能。人们不仅通过逻辑思维来进行理解,而且需要通过想象来进行形象思维。通过形象思维,人们可以超越视听能力的局限性,达到"思接千载,视通万里"(刘勰《文心雕龙·神思篇》)的境界。

二是资料库的功能。右脑的记忆容量比左脑大得多,如果打个比方的话,右脑相当于电脑的存储器,左脑相当于电脑的运算器,思考时,左脑首先要从右脑中提取资料,然后才能进行思维加工。资料不足,往往会给思维造成困难。如果右脑开发不好,不能提供足够数量的资料,左脑再好,也无法高效率地进行思考。

三是创造性想象的功能。人的创造性活动是大脑两半球协同活动的结果,在许多情况下,大脑右半球通过想象提出假设(模型),大脑左半球则通过逻辑分析对假设进行检验、筛选和整合,如此循环反复而产生创造成果,没有右脑参与,人的创造活动是难以完成的。在罗杰·斯佩里等人理论的指导下,许多学者进行了通过右脑开发提高学习效果的研究和实验。其中影响最大的是保加利亚心理学家洛扎诺夫进行的"启发式外语教学

---

[1] 蔡炎标. 左脑、右脑论与大马华人语言的学习与思考倾向[C]. Intelligent Information Technology Application Association. Proceedings of 2011 International Conference on Applied Social Science(ICASS 2011 V4). Intelligent Information Technology Application Association:智能信息技术应用学会,2011:553-557.

[2] 天璋. 对右脑开发热的冷思考[J]. 河南教育学院学报(哲学社会科学版),2007(05):40-42.

法"的研究和实验,他通过布置和谐的学习环境及其音响色彩的变化来激发右脑活动,对左脑进行良性诱导,大大提高了学习效率。在我国,则有上海胡蝶芳进行的"用音乐伴奏进行外语教学"的实验、常州中学宋方进行的"暗示教学法"实验、浙江慈溪市的徐思众和王卫达进行的"珠心算教学的实验"。在河南省则有开封张兆瑞进行的"用音乐开发儿童智力"的实验。这些研究和实验都取得了良好的效果。

5.3 左脑和右脑在创新思维活动中的重要作用

长期以来,人们根据左脑是言语的中枢,而言语又同人类思维等高级机能密切相连这一事实,一直认为左半球是大脑中占支配、统治地位的优势半球,而右脑则被认为是缺乏较高级的认识功能而处于从属地位的劣势半球。然而,许多脑科学研究结果证明,右半球在许多方面明显优于左半球,许多高级的认识功能,如具体思维能力、直觉思维能力、对空间的认识能力以及对复杂关系的理解能力等,都集中在右半球。更为重要的是,右脑在创新思维活动中起着极其重要的作用。

创造性活动是提供新颖、独特、有一定社会意义的产物的活动。在这一活动中,创新思维起着十分重要的作用。对于探索未知的创新思维过程来说,仅仅继承前人的已有成果是不够的,也不是靠机械地运算、推导或模仿所能奏效的。在这里,不存在一种可供人刻板地加以套用的公式,需要创造性地、灵活地运用多种方法进行探索和研究工作,才能达到目的。

创新思维活动的过程是复杂多样的,它因创造课题的性质和类型、创造者的主客观条件的不同而有所不同,在第一章我们已经详细介绍过其一般过程,即准备、酝酿、豁朗和验证四个阶段。

四个阶段各有特点:准备阶段主要是收集有关资料,并通过严密的系统思考来处理资料,以寻找问题的症结所在和最佳的突破口,选择易研究的方法;酝酿阶段,主体经过不断的反复探索,但仍不能解决问题,从而出现一种百思不解的停滞状态;在豁朗阶段,新的观念、新的想法或经过有意识的努力逐渐形成或在根本意想不到的时刻,以"顿悟"的形式突如其来,使问题迎刃而解,这实际上乃是前两个阶段思维活动的结果;验证阶段,新的思想火花的闪现,仅仅使创造初露端倪,但并不是完整的创造,它还需要加以验证、修正与提高,直至形成较完美的观念或物质形态的创造性产品。

从上面创新思维活动过程的四个阶段的特点我们可以看出,左脑和右脑对于创新思维来说都是必不可少的,但是,它们在创新过程的各阶段中所起的作用却有所不同。

在创造过程的第一和第四阶段(即准备期和验证期),左脑起着主导的作用。因为在这两个阶段,人们更多的是发挥左脑的言语和逻辑思维功能,运用各种逻辑方法(如外推、类比、比较、归纳和演绎、分析和综合等),去分析资料,研究前人成果,寻找问题的症结,确定研究工作的出发点和检验假设、形成概念,最后将研究结果系统化,形成逻辑严密的科学知识体系。

在创造过程的第二和第三阶段(即酝酿期和豁朗期),右脑则起主导作用。这两个阶段是新思想、新观念产生的时期,因而也是创新思维过程中最关键的时期。由于新思想的产生是没有固定的逻辑通道的,为此,就需要充分发挥右脑的想象、直觉、灵感等非逻辑思维功能。

5.4 开发右脑潜能

人脑各种思维形式的创造性功能,最终形成了创新思维,因此对于人脑功能的开发和利用十分重要。关于脑部倾向的研究,罗杰·斯佩宣称多数人都以右手作业,因此多数人倾向以左脑思考。我们今天的学校教育,对学生大脑左右两半球功能的开发和利用状况也常常"重左轻右",致使学生左脑用得多,右脑用得少,大脑两半球得不到和谐的发展和合理的运用,妨碍了他们智力的全面发展和创造思维能力的提高,以至于他们工作后也常用左脑思维,难以充分激发右脑潜能从而产生创新思维。要充分挖掘大脑的潜力,培养创造思维能力,就必须注意右脑的开发与训练。[①]

(1) 内涵

右脑开发就是使用各种适合右脑工作的方法来激活右脑,使右脑的巨大潜能得到发挥。开发右脑中隐藏的丰富想象力、无穷的创造力、高速的右脑记忆能力、快速的理解力、正确的直觉能力。

所谓开发右脑,就是运用人为的方法,使得一个人的90%未使用的脑区潜能得到开发,右脑功能大大加强。大部分人的左脑发达,右脑开发不足。然而右脑记忆的能力数倍于左脑,右脑主管形象思维,具有音乐绘画、空间几何、想象、综合等功能,右脑最重要的贡献是创新思维。

拓展阅读

(2) 开发方法

1) 生活行为

日常生活中可以有意识地使用左手,包括左手写字、画画;左手吃饭、刷牙、梳头。还可以使用左手玩一些游戏,如左手接抛球、左手打乒乓球和左脚踢足球等。

即练即测

2) 特色课程

右脑开发特色课程主要是通过右脑开发系统课程来迅速唤醒大脑中独具创造性的思维空间,激发大脑全部思维,刺激大脑视觉中枢,使右脑"路径"积极与左脑联系在一起,从而使整个大脑能够共同和谐的工作。左右脑完全结合,将大大加速宝宝的学习进程和效率。

---

① 董奇.右脑功能与创造性思维[J].北京师范大学学报,1986(01):10-17+34.

复习思考题

1. 左脑右脑论的具体内容是什么？谁提出的？
2. 右脑在人的心理活动中具有哪些功能？
3. 右脑在创新思维活动中的作用是什么？
4. 开发右脑潜能的内涵是什么？怎样开发？

第 6 章

战略引领思维的工具以及应用实例

本章要点

- 掌握设计思维的特点、方法、阶段模型和对政策决策的影响;
- 掌握模糊前端的界定和特征、目的和要素;
- 明晰技术预见的界定、特征、背景、目的、基本要素以及基本流程和方法;
- 了解情景分析和头脑风暴的概念及操作流程。

引导案例

右脑思考的成功应用

在如今的很多社会创新项目中,设计者与服务对象往往忽视右脑思考的重要作用,缺乏对服务对象的需求、所处环境、限制因素等的理解,极易造成因个人的主观判断和一腔热情而导致产品或服务无法"接地气"。

自 21 世纪初以来,在斯坦福大学、IDEO 及其非营利机构 IDEO.org、全球知名影响力投资机构聪明人基金会(Acumen Fund)等各方组织的大力推动之下,基于右脑思考的设计创新在社会创新领域被逐渐推广,带领社会创新者跳出思维框架,以更加系统化的创新方法解决人类社会面临的紧迫的社会问题。达能为南非贫困儿童设计酸奶饮品就是一个好的案例。

据联合国统计,每年有将近 300 万儿童因为营养不良而死亡。2003 年,达能南非公司开始开发针对贫困儿童的酸奶。与大部分商业机构将廉价产品倾销到贫困地区的分销渠道不同,达能希望通过提供符合南非儿童口味和营养需求、易于贮存、方便购买的酸奶产品,解决南非儿童营养不良问题。

达能对当地儿童营养需求、生活环境、购买习惯等进行了全方位研究。首先,通过产品研发攻坚,克服了营养元素铁氧化和锌苦涩味道的问题。由于目标客户没有冰箱,达能大胆摒弃制作冷藏酸奶的惯常,创新研发常温贮存酸奶。同时,为了方便儿童购买,达能通过精细的分量调整将产品定价为 1 兰特(约相当于 0.6 元人民币),并且打破商店销售的常规，培训本地经销商以街边摊的形式进行销售。达能以人为本的设计方式大获成功，成为大公司在低端市场发展的样板。

战略引领思维是个体挣脱"有限理性"限制，拓展思维空间，寻找"满意"战略目标及行动方案的思维过程。在创新思维科学基础和右脑思考的潜能两章的内容中，我们已知人脑尤其是右脑的重要作用。本章将继续突出右脑思考下战略引领思维的重要作用，主要介绍设计思维、模糊前端、技术预见、情景分析和头脑风暴五种基于右脑思考工具与方法在应用过程中的"衍生态"，同时讲每一小节都会通过比较详尽的案例进一步说明，突出战略引领思维在创新活动中的重要意义。

6.1 设计思维与新问题产生

设计思维是一种针对新问题的创新思维，右脑思考的核心方法是设计思维。《哈佛商业评论》在 2015 年刊登了 Jon Kolko 的文章"设计思维时代已经到来"。文章指出：大型组织正在发生一种转变，这种转变使设计更接近企业中心。这种转变与美学无关，而是将设计原则应用于人们的工作方式。

设计思维已在商业媒体中引起了广泛关注，并被誉为一种新颖的解决问题的方法，有助于企业应对在创新发展过程中的种种挑战。

6.1.1 设计思维：针对新问题的创新思维

"纯粹以技术为中心的创新观念现在比以往任何时候都难以持续，而且仅基于现有战略选择的管理理念可能会被国内外的新发展所淹没。我们需要的是新的选择——平衡个人和整个社会需求的新产品；应对健康、贫困和教育等全球挑战的新思路；导致重要差异的新策略和使受其影响的每个人参与的目的感。很难想象，我们所面临的挑战远远超过了我们所承担的创造性资源。"

——IDEO 首席执行官蒂姆·布朗(Tim Brown)

与我们过去几十年所面临的挑战相比，设计师、企业家和工程师如今面临的问题才是全新的。在一个高度全球化的世界，经济和自然资源变化带来的挑战与人类系统高度交织。为了解决当今和未来面临的新一波问题，我们需要一种新的思维方式，一种创新的新方法。设计思维就属于这种新的创新方法，它允许人员、团队和组织从以人为本的视角和基于科学的方法来解决问题。设计思维最适合解决多个领域在企业与社会，逻辑与情感，理性与创造力，人类需求与经济需求以及系统与个人之间相互碰撞的问题。

6.1.2　设计思维的特点

（1）以人为本的创新

循规蹈矩、受控、技术或线性的方法不再能够应对现代社会复杂而敏感的需求,以人为本的创新则一般始于意图、愿望、需要或渴望,我们没有办法知道这仅仅是梦想还是可行之路,至少设计思维为我们提供了探索可能的工具。

设计思维关注的是人类而不仅仅是用户,社会信息过载达到了空前的程度,人们越来越多地寻找对他们有意义的产品、服务和组织。许多人正在选择能够直接满足其人类需求和经验的服务和产品,这推动了以人为本的设计和设计思维。近几年,各种类型的设计思维方法迅速兴起,通过将人类需求和经验作为主要推动因素,商业界正在寻求新的增值替代方案,以跟上人力资源、能源、可持续性、教育、经济约束、政治动荡带来的巨大冲击,此时,设计思维方法将脱颖而出。

（2）快速迭代

设计思维需要经历多个阶段和多次迭代,一般使用以下策略：依靠快速的原型/草稿来交流思想,创建易于调整的原型/草稿以及在几轮低分辨率原型制作之后才生产高分辨率原型。

（3）强调协作

如果要创建真正满足观众需求的产品,避免个人偏见,那么采纳意见是至关重要的一环。但是,如何判断你的想法是否会是一个好的解决方案？设计思想家通常通过以下几种方式来检查自己是否存在个人偏见：①寻求并吸收利益相关者的反馈；②寻求专家的意见并纳入他们的建议；③设计师团队集思广益,提出适当的解决方案。

（4）基于信任的团队文化

基于信任的团队文化主要表现为：依靠跨学科和跨层级的参与,平衡每个参与者的贡献,以便平等地权衡所有想法,支持互相分歧的和具备特质的想法。

在设计思维过程中,团队成员使用便笺写下他们的想法,每个人的想法都是平等的。当写着各自想法的便笺贴到展示墙上时,墙上的每一个想法都具有同等的分量,请注意,这些便笺是匿名的。这样的做法,无论对性格内向还是性格外向的人都是友好的,同样,对于老板和下属也一视同仁。接下来,团队对想法进行民主评估。团队成员默默地阅读别人的建议,而不是被别人的想法说服或影响。然后,参与者在最能引起他们共鸣的想法附近贴上贴纸并投票,获得最多选票的解决方案得到拥戴。这个决策过程是公开的,并且基于多数投票而不是任何个人的意见。在此过程中,展示墙也成为有价值的有形人工制品,记录了团队的历史和过程。任何人都可以浏览展示墙,并了解团队共同达成的共识。

6.1.3 设计思维的方法

(1) 设计思维的适用性

设计思维依赖于人类的直觉、识别模式、情感和其他一些能力。设计思维的要素结合在一起,形成了一种迭代的方法:即,你尝试一种方法并进行调整以适合你的需求。正如 IDEO 创始人 David Kelley 所说的那样:"设计思维并不是线性的路径,这是在过程中循环回到不同节点的大量工作。"并且,如图 6-1 所示,创新思维可以作为企业的一种战略,目的是创造可持续的竞争优势。

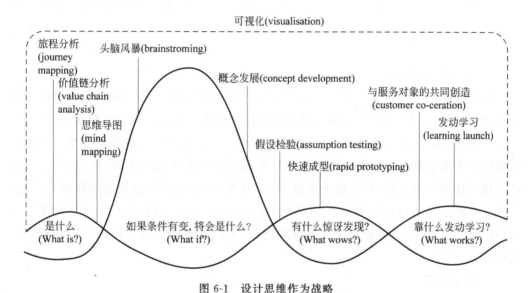

图 6-1　设计思维作为战略

资料来源:Matthews J H, Wrigley C. Design and design thinking in business and management education and development[J]. New Zealand:Australian and New Zealand Academy of Management,2011. p.1-19.

既然设计思维这么强大,那么它究竟最适合解决什么样的问题?事实上,设计思维适合于应对各种挑战,当然,最适合解决以下情况下的问题,并实现创新(Dam 和 Siang,2019):重新定义价值、以人为本的创新、生活质量的提升、人口多样性问题和复杂系统问题的解决、快速变化的社会或市场问题的应对、企业文化和商业模式的重塑、新技术的应用、人类未来社会挑战的预见,以及跨学科合作的场景、创业倡议、教育进步、医疗突破、需要灵感和数据无法解决的问题等等。

(2) 设计思维正确的方式

在设计思维应用过程中,需要树立正确的心态、选择合适的团队以及建立鼓励创新发生的环境是在公司、组织和整个社会内促进成功创新的三个基本方面。

① 形成正确的创新心态

逻辑将带您从 A 到 B。想象力将带您到任何地方。

——阿尔伯特·爱因斯坦

人们越来越相信可以通过提升创造力和横向思维,结合适当的流程和思维方式来解决一些复杂的或棘手的问题。但是我们也发现,大多数组织和机构常常倾向于扼杀创造力。因为,创新思维与逻辑思维之间的斗争是一种古老的斗争,即使在神经科学和认知科学领域取得了科学突破后,这一冲突仍未得到充分理解。人们普遍认为,本质上倾向于分析性、逻辑性和理性思维的人总是更加依赖大脑的左侧;而更具创造力、表现力和情感性的人们则更多地依赖右侧。事实上,有研究表明两个大脑的两侧都参与了各种工作的创造性思考和逻辑思维过程。我们需要开发更多开放的、协作的和探索性的文化和思维方式,将逻辑和想象力结合在一起,以创建新的创新解决方案,这就是设计思维的方式。

② 建立跨学科团队

组织通常会采用一个萝卜一个坑的方式来安排员工的工作,例如,在图形设计师中鼓励创造力,而在营销、业务和运营相关工作中则更注重分析技能。但是,过度地注重分析技能会限制个人的创造力,很难涌现创意。由于创新思维和逻辑思维方式之间的健康合作对于理解和解决新型多维问题所需的整体思维至关重要,那么,跨学科团队可能是比较好的选择,具备各种思维方式、背景、专业知识和经验的团队聚在一起,能够比专注于单一目标的专业人士单独工作更有效、更有创意地开发解决方案。在"设计思维"过程中,为了促进设计思维和创新,组织需要考虑真正的跨部门和跨学科的协作。

③ 容忍失败

除了建立跨学科团队,组织还需要培育适宜创新思维的文化氛围。设计过程是需要多次迭代的,很少能在第一次就把事情做好,如果组织不鼓励失败,设计思维基本不可能生存。GE Software 的首席经验官 Greg Petroff 解释了 GE 的迭代过程是如何工作的:"GE 正在摆脱详尽的产品需求模型,团队在执行、迭代和调整过程中不断学习要做的事情。"企业员工必须明白,提出不成熟的想法并不丢脸,也不会遭受惩罚(J. Kolko,2015)①。

对于设计思维方法的成效如何衡量这一问题,2015 年 Has Plattner 编著出版的《衡量设计思维的影响》已经关注到这个评价问题,其中提出了用于构建衡量设计思维框架的标准。这些标准维度包括:

A. 客户反馈维度。消费者在使用产品或服务后确定满意程度的反馈。

B. 设计思维活动维度。设计思维过程的数量和员工参与度。

---

① Kolko,Jon. Design thinking comes of age.[J] Harvard Business Revies,2015:66-71.

C. 传统的 KPI 绩效维度。如财务业绩、市场的成功等。

D. 调查构成维度。从业者、员工和消费者完成问卷和调查的情况。

E. 工作文化维度。通过动机、团队协作和敬业度等因素来衡量组织内部设计思想的影响。

6.1.4 设计思维的阶段模型

组织的价值创造通常来自设计师,因为他们天生就喜欢创造性思维,并且受过方法和工具方面的培训,可以创造新的价值。但是,设计师创造的价值有时也显得模棱两可或者不确定,因为这个价值的预测可能并不是及时而具体准确的。对于组织而言,很多高管最初无法理解创意的本质,而且设计师的创作过程和思维方式经常表现得模棱两可和不遵守章程,无法嵌入企业的组织过程,因此,设计思维的阶段模型应运而生。

那么,设计思维过程可以分为几个阶段呢?这个问题可以说是仁者见仁,智者见智。1969 年,诺贝尔奖获得者赫伯特·西蒙(Herbert Simon)在"人工科学"著作中概述了设计思维过程的第一个正式模型——Simon 模型。Simon 模型由 7 个主要阶段组成,该模型对于后续的模型具有很大的影响力。西蒙模型从定义问题开始,然后根据问题(谁、什么、为什么、什么地方和什么时候)进行研究,接着产生可能可以解决方案的想法(原型)。对这些想法逐一尝试,然后选择最优方案,并将其付诸实施,给予评估。如果实践证明该解决方案失败了,那这个过程也会成为一次有意义的学习的经历。西蒙模型中的这些步骤是非线性的,可以同时发生并且可以重复。

近年,罗杰·马丁(Roger Martin,2009)[①]也提出了一个三阶段模型。他指出,设计思维围绕三个关键阶段完成:灵感、构想和实施。在这些阶段中,对问题进行框架设计,提出问题以及构建想法和方案。和西蒙的模型一样,这个三阶段模型也不是线性的,它们可以同时进行,也可以重复循环,是一个连续的过程。

此外,斯坦福大学的哈索·普拉特纳设计学院提出了五阶段设计思维模型。这五个阶段分别为:移情、定义、构思、原型和测试,如图 6-2 所示。

(1) 移情

第一阶段是移情阶段。移情是对要解决的问题有一个共鸣的理解。这需要通过咨询专家、观察、参与以及与用户共情,以了解用户的经历和动机,并对所涉及的问题有深入的理解。我们知道,设计思维的宗旨是以人为本,那么移情就是实现这个宗旨的核心要素。移情要求设计者暂时搁置自己对世界先入为主的认知和假设,以便更好地站在用

---

① Martin R,Martin R L. The design of business:Why design thinking is the next competitive advantage[M]. Harvard Business Press,2009.

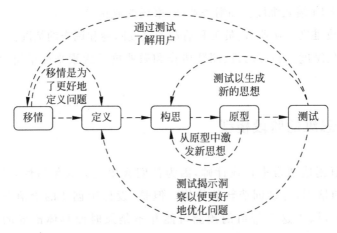

图 6-2　设计思维的五个阶段

资料来源：Rikke Dam 和 Teo Siang，2019，https://www.interaction-design.org/literature/article/5-stages-in-the-design-thinking-process

户的角度深入了解用户的状态和需求。在移情阶段需要收集大量信息，以供下一阶段使用。

（2）定义

第二个阶段是定义阶段，这个阶段将把"移情"阶段创建和收集到的信息汇总和分析，以确定核心问题。请注意，在确定核心问题的过程中，一定要以"以人为本"为宗旨，即以用户的需求为导向，而不是设计者的意愿或者公司的要求。

（3）构思

第三阶段是构思阶段。在设计思维过程的第三阶段，设计人员开始酝酿想法。通过第一阶段的移情了解到用户的需求，在第二阶段分析综合观察结果，并在"以人为中心"的指引下对问题进行陈述。在前两个阶段的基础上，设计团队成员必须跳出固定思维模式，以找到针对问题的新的解决方案，并且准备替代方法。这个过程可以采用头脑风暴、最坏可能的想法和 SCAMPER 等构思技术。头脑风暴和最坏可能的想法通常用于激发自由思考并扩大问题空间。获得尽可能多的问题解决方案是这个阶段的关键。在构思阶段临近结束时，必须采用其他构想技术，对获得的构想进行测试和检验。

（4）原型

第四阶段是原型阶段。原型可以在团队内部、其他部门或设计团队之外的一小群人中共享和测试。这是一个实验阶段，目的是为前三个阶段中发现的每个问题确定最佳解决方案。在阶段三中获得的解决方案在原型中实施，并且会根据用户的体验逐一进行分析、改进和重新检查或排除。到本阶段结束时，设计团队将对产品和问题有一个更好的了解，降低开发解决方案的风险。原型的优点主要表现在以下几点：

① 快速反馈。根据定义，原型比完整的解决方案更便宜且运转速度更快。这样可以更快地从用户和客户那里获得反馈。

② 降低风险。原型可以降低技术风险。

③ 知识产权/专利申请。原型可用于在开发过程中尽早满足管理知识产权的战略要求。

④ 需求模型。原型可以比文档页面更加清晰地说明所需功能或解决方案的要求。

（5）测试

第五阶段是测试阶段。测试解决方案，反思结果，优化解决方案，然后重复该过程。设计人员或评估人员使用在原型开发阶段确定的最佳解决方案来严格测试完整的产品。这是五阶段模型的最后阶段，由于这是一个迭代的过程，测试阶段产生的结果通常用于重新回到前面的阶段定义问题，并帮助用户理解和使用。重要的是，即使在模型的最后阶段，也要对方案进行更改和完善，以排除问题，并尽可能接近用户的需求。

以上叙述可能会让我们产生错觉：设计思维过程是一个直接且线性的过程，其中一个阶段似乎直接引发下一个阶段，并在用户测试中得出结论。但是，实际上，该过程以更灵活和非线性的方式进行。例如，设计团队中的不同小组可以同时参与多个阶段，或者设计者可以在整个项目过程中收集信息和原型，以使他们能够实现自己的想法或者使问题解决方案可视化等。同样，测试阶段的结果可能会揭示用户的更深层次的需求，从而又可能导致另一次集思广益的会议（想法）或开发新原型。五阶段模型除了非线性的特点，还有一个特点是这五个阶段并不总是顺序发生的，即它们不必遵循任何特定的顺序，它们之间也可以并行发生，也可以迭代地重复。因此，阶段应理解为对项目有贡献的不同模式，而不是一种按时间排序的步骤。但是，五阶段设计思维模型的神奇之处在于，它可以系统化地确定我们希望在设计项目以及任何创新的解决问题项目中执行的 5 个阶段。每个项目都将涉及所开发产品的特定活动，但是每个阶段背后的中心思想都相同。

因此，设计思维不应被视为一种具体而僵化的设计方法。图 6-3 中所示的各个阶段可作为活动指南。前文已明确指出，这些阶段可以扩展，可以同时进行和重复执行。五阶段模型的主要优点之一是在后期阶段获得的知识可以反馈到早期阶段中去。不断使用信息来告知对问题和解决方案空间的理解，并重新定义问题。这形成了一个永久的循环，在该循环中，设计人员继续获得新的见解，开发新产品和新方法。

综上所述，设计思维是一种设计方法，通过理解人类需求，以"以人为本"的方式重新构想问题，在集思广益的会议上提出多种想法和方案，对于解决不确定性或未知的复杂问题非常有用。理解设计思维的阶段模型将有利于我们运用设计思维方法来解决我们身边的复杂问题。

64 创新思维

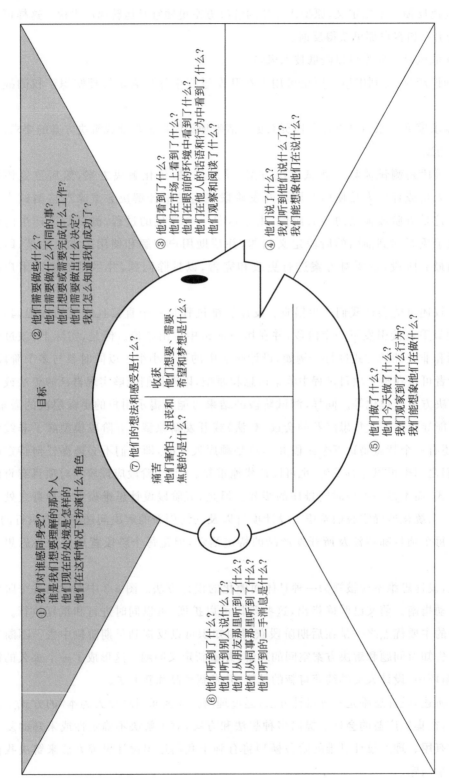

图 6-3 移情图画布

资料来源：https://v5preview.scaledagileframework.com/design-thinking/

案例

设计思维案例[①]

公司：XYZ电力公司

目标：停止对XYZ电力公司停运的负面报道。

第1步（赋权）：我们决定与每位对社交媒体上的电源实用程序发表过评论的客户进行接触和采访。在回顾了客户访谈之后，很明显，负面评论的增加是对近期暴风雪后停电的直接反应。对气象学家和我们的电气工程师的其他采访显示，两场暴风雪都破坏了一些农村地区的电力线。

第2步（定义）：小组同意，该问题确实与媒体甚至社交媒体无关。我们已经重新定义了这个问题：弄清楚如何防止湿雪在农村地区压低电源线。

第3步（建议）：我们将邀请公司内多个部门的客户、工程师、气象学家、营销人员和员工代表参加全天工作坊，讨论有关如何防止大雪压倒电源线的所有想法。

在这个全日研讨会期间，产生了许多想法，包括以下三个想法。第二个想法受到第一个想法的启发，并引发了第三个想法。第一个想法，将手机连接到每条电源线上，并将手机设置为振动。下雪时，请反复拨打电话，以便手机振动时，雪不会落在电源线上。第二个想法，训练小鸟坐在电源线上，下雪时拍打翅膀。鸟类的运动将使积雪从电线上滑落。第三个想法，在电源线上低空飞行直升机。直升机桨叶产生的冲洗将使积雪从电源线坠落。

第4步（原型）：小组决定将精力集中在为第三个想法（直升机飞行）创建原型上。原型只是一个大图，说明了此想法的工作原理。

第5步（测试）：将原型提交给利益相关者，并征求反馈。经过大量讨论，利益相关者同意，在电源线上驾驶直升机击落积雪是可行的解决方案。飞行过程还可以检查线路是否有磨损或损坏的设备，并确定可能在将来中断服务的植被危害。

6.1.5 设计思维对政策决策的影响

传统上，政策制定被认为是一个有计划的理性过程，涉及从问题定义到选项分析和政策解决方案开发的线性路径。由于公共部门固有的内在复杂性，这种观点越来越受到争议。在复杂的系统中，意料之外的干预措施通常会产生意想不到的后果（Shergold，2015）。这种情况下，设计思维因其突出的创造性而受到关注。对于政府部门而言，设计

[①] https://whatis.techtarget.com/definition/design-thinking

思想提供了一种解决这种复杂性的有效方法。设计思维过程的核心是与政府服务人员产生同理心。这将要求决策者清楚地了解政府工作人员的意图和实际政策对不同人群的影响。不幸的是,过去,决策者常常采用官僚主义的方法,将大问题分解为小问题以最终解决复杂问题的方法极少被运用。

设计思想有望帮助决策者制定干预措施和服务,以改善用户体验并提高公共价值,但它不是万能药,且无法取代现有的决策形式。设计思维的成功取决于特定项目中需要的技能和能力的多样性,尤其需要好奇心和开放性。在某些情况下,传统的公共政策设计和实施方法是必要且可取的(Rhodes,2015;Tiernan,2015)。

设计思想突出了利益相关者早期参与的价值。各种学者和公众评论家都强调了使用设计思维作为初始问题定义的一种方法(Buchanan,1992;Dorst 和 Cross,2001;Liedtka,2013;Rowe,1998),可能会弥补当前主流决策方式存在的缺陷。在组织形式上,设计思维建议跳出层级制和官僚制的框架,鼓励组织和程序孤岛的存在,从而避免权力管辖对设计思维的过度干涉(Mintrom M,Luetjens J,2016)[①]。

从新加坡政府实施设计思想到芬兰的国家智囊团锡特拉已经实施了战略设计实践(赫尔辛基设计实验室),以期对健康、教育和衰老等问题进行长期规划。丹麦的MindLab(跨政府创新部门)与公民和企业合作,以便为公共部门开发新的解决方案。英国内阁办公室目前正在寻求建立政策实验室,处理实时问题,并使用设计思想和以用户为中心的设计作为快速制定政策原型的方法。在政府公共政策上应用设计思维成为了一种新兴的全球趋势,虽然处于早期阶段,但仍有许多的可能性和机遇。

6.2　新产品开发与模糊前端(FFE)

由于生命周期的变短,技术、竞争环境以及顾客需求的快速变化,企业需要进行创新过程的最优化管理。在这个产品开发过程中,创意的产生是新产品开发项目的最初动力,因此,以创意产生阶段为标志的模糊前端将会逐渐凸现其重要性。

6.2.1　模糊前端的界定和特征

一般来说,研究将产品创新过程分成三个阶段:模糊前端阶段(Fuzzy Front End,FFE),新产品开发阶段(New Product Development,NPD)以及商业化阶段(Commercialization),如图6-4所示。模糊前端概念最早出现于1985年,在20世纪90年代早期被推广而成为许多学者研究的对象,模糊前端概念的内涵等相关界定也逐渐清晰。美国学者科恩

---

① Mintrom M, Luetjens J. Design thinking in policy making processes: Opportunities and challenges[J]. Australian Journal of Public Administration,2016,75(3):391-402.

(Koen)对 FFE 的定义是这样的：产品创新过程中，在正式的和结构化的新产品开发(NPD)过程之前的活动。在模糊前端阶段，一个组织形成了一个产品概念并决定是否投入资源用以开发这个概念，在此阶段，产品战略形成并在业务单元内展开交流，机会得以识别和评估，并进行概念生成、产品定义、项目计划和最初的执行研究。这些活动都处于详细设计和新产品开发之前，并以企业决定是否在一个概念上进行投资，在开发阶段并引进该项目而结束。

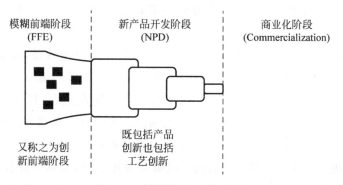

图 6-4　产品创新过程模式图

资料来源：Koen et al. Understanding the Front End: A Common Language and Structured Picture, Working Paper：2004.

在这个阶段充满着种种模糊不清的现象，如果不一一地加以克服，企业很难冲破产品创新的迷雾，这些令人疑虑的现象包括：

- 具有高获利性的构想来源并不明确。口耳相传的轶事很多，事实的个案研究相当少；构想形成的环境不能确定。
- 欠缺高获利性的构想。需要有不凡的构想，才能填补营收差距，更又效的阶段分界可增加产能。
- 前置作业的难解谜团。责任归属与职权界定不清楚，阶段分界的流程导向不清楚。
- 成功率低。许多好机会遭到扼杀，许多有害无益的机会却保留下来。

6.2.2　FFE 管理的目的

(1) 模糊前端对新产品开发有重要作用

对新产品开发的研究表明，模糊前端产生的 3000 个产品创意只有 14 个能够进入开发阶段，最终能够商业化而取得成功的只有 1 个而已，也就是说，新产品开发从最初的创意产生到真正开发成功的过程中，从创意的产生到产品实现开发的概率只有 0.47%，而产品一旦进入研究开发，其从开发到开发成功直至商业化成功的概率就有 7.14%。由此可见，一方面，现阶段新产品开发的成功率是极其低下的；另一方面，产品开发失败的真正关键还是在于从创意产生到产品开发这一过程。

这一结论也刚好符合许多学者和企业家在对新产品开发详细研究后提出的观点：许多项目并不是在开发过程中失败的，而是在一开始就注定将会是失败的。也就是说许多项目即使在产品开发阶段花费了很大的力气，如果在最初阶段的判断或者是研究存在不正确性，最终都是会以失败告终的。所以，新产品开发的关键还是要把握住模糊前端这一关。研究表明：成功者和失败者的最大区别在于开发前阶段的执行效果，即模糊前端的执行效果。因此，现在普遍认为应该重新进行审视新产品开发模糊前端的重要性。

具体而言，前端活动的改善比直接改善开发过程更能带来效益，而新产品开发绩效可以通过对模糊前端进行有效的管理得到改善。有效地执行前端的活动能够对新产品开发的成功带来直接的影响，这也是新产品开发模糊前端的重要性所在。

更详细的研究也表明，新产品开发模糊前端的有效管理不仅能够提高新产品开发的绩效，也能节省30%的新产品开发时间，也就是说在新产品开发模糊前端阶段投入精力能够带来事半功倍的效果。但与此结论形成鲜明对比的是，实际统计数据表明，在模糊前端投入的时间量仅为开发阶段和商业化阶段的16%，而投入资金量更是只有前两者的6%。可见，现阶段对于新产品开发模糊前端阶段并没有实现真正意义上的有效管理。因而，模糊前端被认为是可以带来时间节约的一种未被使用的资源。同时也可以看出，对于模糊前端的研究实际上并没有达到应有的重视程度，因此，模糊前端的研究还是一个亟待解决的问题。而科恩提出的前端创新管理更是对这个问题的方法研究的重点之一。

（2）压缩模糊前端的时间能够赢得速度

波士顿咨询公司副总裁霍特和斯托克曾指出，进入20世纪90年代后，企业间的竞争是基于时间的竞争（time-based competition），时间成为了主导新产品开发战略的关键要素。也正因为此，大都企业都在寻求快速产品开发的方法。

而加速FFE对于新产品开发阶段则有提高速度的好处，如图6-5所示。

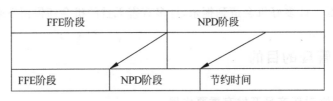

图6-5　加速FFE阶段结果图

如图6-5所示，通过模糊前端阶段的加速，可以更早地进行产品开发，同样地也会促使产品快速地进入市场。而这种快速的周期还可能创造更多的战略灵活性。这种优势可以为"市场领先者"，"快速跟随者"甚至是"追随者"带来不可估算的利润。对于"市场领先者"来讲，节约模糊前端阶段的时间可以增加先行优势。另一方面，当对手的新产品出现而带来竞争威胁而不能及时作出反应的时候,就会导致进入市场晚点情况的产生,同样也会造成永久性的市场份额的丧失以及利润的消失。模糊前端阶段的时长可以为几个星期,也可以是几年,这些都取决于项目的特征,开发者的技能,技术的储备以及其他环境的影响。但是,节约几个星期的时间是很关键的。在竞争高度激烈的市场环境下,比竞争对手更早地进入市场是很重要的,因此,必须考虑模糊前端阶段的时间节约。即使是节省少量的时间对于企业来讲也能获得更多的竞争优势,对前端管理方法的研究也就更加重要了。

6.2.3　FFE 基本要素

对模糊前端阶段的要素研究本书主要列举两种。一种是认为新产品开发模糊前端内容概括成四个主要部分:

(1) 项目启动

研究并确定一个程序用以引入和开始新产品开发。通过企业市场地位分析、技术分析和整体竞争地位的分析来引入新产品,使得引进的产品符合公司的战略需要。

(2) 机会识别

一旦新产品的战略需要被确定,就要识别符合这些需要的市场条件。这个步骤包括以顾客需求为基础的市场调查定量研究和现有竞争产品的详细分析。

(3) 可行性研究

在新产品模糊前端必须进行关于商业和技术要求等方面的可行性评估。在最初的产品开发计划中,必须确定新产品开发的经济可能性。技术可能性研究则是用来决定现有技术能力能否在项目的时间限定内凭借资源条件,将识别的市场机会转化成一种新产品。

(4) 新产品定义

模糊前端过程与后续过程的衔接要求必须有一个符合市场需求的关于技术要求的详细说明,在该说明能够论证现有技术能力能满足产品开发的条件下,新产品则可以正式予以开发。

另外一种是科恩等人在众人研究成果基础上,基于前端创新管理概念,在其提出的新概念开发模型(new concept development, NCD)(见图 6-6)中指出的模糊前端,包括机会识别,机会分析,创意的产生和丰富,创意的选择以及概念和技术发展。该模型图示含义如下:

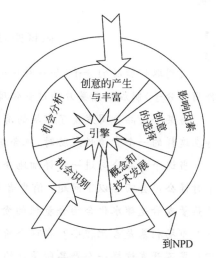

图 6-6　NCD 模型

资料来源:科恩等人. Providing clarity and a common language to the "Fuzzy Front End", Research Technology Management 2001; Page 47.

- 靶心部分包含了组织上的领导关系、文化氛围及经营战略，是企业实现五要素控制的驱动力量，也是整个模型的引擎。
- 内部轮辐域则定义了模糊前端阶段的 5 个可控的活动要素(机会识别、机会分析、创意的产生和丰富、创意的选择、概念和技术发展)，从而对竞争威胁做出反应或者是解决相应的问题；
- 影响因素有组织能力、外部环境(分销渠道、法律法规、政府政策、顾客、竞争对手、政治与经济气候)、开放内外部科学背景等。这些影响因素通向商业化的全部创新过程，而且是企业所无法控制的。
- 指向模型的箭头表示起点，即项目从机会识别或创意生成与扩放开始。离开箭头表示如何从概念阶段进入产品开发阶段或技术阶段的流程。
- 循环箭头表示 5 个关键要素活动中间的反复过程。

在科恩的新概念开发模型中，还为新产品开发模糊前端的一些通用术语进行了界定，分别为：
- 创意：一个新产品、新服务或者是预想的解决方案的最初萌芽；
- 机会：为了获取竞争优势，企业或者是个人对商业或者是技术需要的认识；
- 概念：具有一种确定的形式(如书面的和视频的)的特征，并在广泛了解技术需求的基础上符合顾客利益。

NCD 模型中的 5 个活动要素也是前端创新管理中的主要程序。

案例

市场驱动下脱脂薯片的出现

使用取代脂肪的分子(如一种味道跟脂肪一样的被身体所吸收而且不会产生任何副作用的分子)制成脱脂薯片的过程体现了通过市场驱动的 FFE。

当某个食品公司发现了市场的消费者兴起了对低脂食品的需求的趋势，或者市场上存在这样的一个竞争性威胁时，机会识别阶段就出现了。

当这个食品公司进一步详细地分析这个市场上的趋势时，机会分析也就发生了。这个时候公司会回答以下问题：消费者是否真的是需要低脂食品呢？还是他们其实是需要低热量或者是碳水化合物含量低的食品呢？有多少消费者愿意因此而放弃对味道的要求？市场利基是否比较小？在这个阶段公司还会分析公司这样投入努力的价值以及他们如果不开发这样一个产品所导致的竞争性威胁。

在创意的产生和丰富阶段，几个有关开发脱脂薯片的创意产生了。一些创意是要减少脂肪的总量，而其他的创意则是开发可以取代脂肪的分子。

在创意选择阶段中，公司会通过更加详细的分析来选择这些创意。

在最后一个阶段,概念和技术开发中,一个科学性的项目会开展起来以支持开发可以取代脂肪的分子。

案例

技术驱下 3M 便利贴条的出现

斯潘塞·西尔弗发明了一种"不寻常的"胶水,这种胶水比一般的黏性要更好,这就是机会识别。

当西尔弗尝试为这个非寻常的黏附性寻找一个商机的时候,这就是机会分析的阶段。西尔弗拜访了 3M 公司的每一个部门,希望能为这个新技术找到商机。

创意的产生和丰富随之出现,可黏附的公告板和 3M 便利贴条的创意出现了,然后只有便利贴条得到了继续发展,这就是创意选择的阶段,也体现了技术驱动的 FFE。

最后,一个完整的生产流程被开发出来,以用于生产一种可以很好地粘附在纸上但不会死死粘牢的材料,这就是概念和技术开发阶段。

6.3 政策研究与技术预见

6.3.1 技术预见的界定及特征

技术预见的英文为 Technology Foresight。最常见的有关技术预见的定义来自于英国技术预见专家马丁(B. Martin),他在 1995 年给技术预见下了这样的定义:所谓技术预见就是要对未来较长时期内的科学、技术、经济和社会发展进行系统研究,其目标就是要确定具有战略性的研究领域,以及选择那些对经济和社会利益具有最大化贡献的通用技术。

从此定义出发,"技术预见"活动具有五个特点:

(1) 它对未来的探索过程必须是系统的;

(2) 预见着眼于远期未来,时间范围一般为 5 至 30 年;

(3) 预见不仅关注未来科技的推动因素(science/technology push),而且着眼于市场的拉动作用(market pull),也就是说,预见既包括对科学技术机会的选择,也包括对经济、社会相关需求的识别;

(4) 预见的主要对象是"通用新技术",即处在竞争前(pre-competitive)阶段的技术;

(5) 技术预见必须关注未来技术可能产生的社会效益(包括它对环境的影响),而不仅仅着眼于其经济影响。

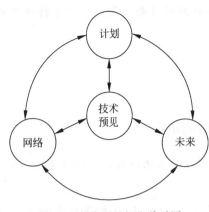

图 6-7 技术预见概念关系图

近年来,技术预见的概念又有了进一步的发展,如图 6-7 所示。图中处于中心位置的环节即为技术预见,在其外围还有三个环节:计划、未来和网络。这里的"计划"指的是和技术预见相关的战略计划;"未来"在传统上指未来学家(future researcher)给大众所描绘的愿景,但是在这里,我们所说的"未来"中还必须加入社会的需求因素,也就是说,这个"未来"包含了两层含义:未来会是怎样的和我们希望未来是怎样的;"网络"则指参加技术预见活动的专家和"利益相关者"(Stakeholder)彼此之间所形成的关系网络和知识收集网络。

技术预见通常涉及政府层面,是政府用来整合、吸收社会各方面意见,形成对未来长期的战略技术的一种方法,而技术预见的成果会影响政府战略的制定。技术预见将和技术创新相关的各个主体,如政府、研究机构、高校、企业等等联系在一起,并对资源在这些主体间的分配产生影响。因此技术预见的内在逻辑事实上已经是基于国家创新系统的了。

参照国外关于情景分析的专业研究结论,本章对情景分析做如下界定:

所谓技术预见就是利用系统化的知识网络,在国家创新体系框架内对未来较长时期内的科学、技术、经济和社会发展进行系统研究,其目标就是要确定具有战略性的研究领域,选择那些对经济和社会利益具有最大化贡献的通用技术,使技术的发展和经济社会需求相符合。

在"技术预见"中,强调的是我们对于技术走向的控制,认为技术本身并不是单独发展的,而是受到各种外在因素的引向,我们要做的,就是对于技术的发展施加正确的影响,使之能符合社会的利益。

6.3.2 技术预见的应用背景和目的

20 世纪 80 年代以来,技术预见已经成为世界潮流。日本、德国、英国等发达国家和亚非拉一些发展中国家均开展了基于德尔菲调查的国家技术预见活动。日本继 1971 年完成第一次大规模技术预见活动之后,每五年组织一次,至今已经完成了七次大型德尔菲调查。荷兰率先在欧洲实施国家技术预见行动计划,其后德国于 1993 年效法日本组织了第一次技术预见,英国、西班牙、法国、瑞典、爱尔兰等国继之而动。此外,澳大利亚、新西兰、韩国、印度、新加坡、泰国、土耳其及南非等大洋洲、亚洲和非洲国家也纷纷开展了预见活动。虽然美国没有开展基于大规模德尔菲调查的技术预见,但白宫科技政策办公室自 1991 年以来每隔两年发布一份《国家关键技术报告》,对未来需要重点发展的技术领域进行预测和选择。

技术预见主要从宏观角度出发,以人们的创新思维为基础,通过集成各方面专家意见,全面展望未来,所涉及的范围超越了技术本身,还要分析与估量技术未来发展的背景及其可能的效应,涉及科学、技术、经济、社会和政治等多个领域,适用于政府和大型企业制定科技计划时使用。

技术预见的作用和目的可以从以下几个方面来理解:
- 提高国家的工业和经济方面的竞争力;
- 对政府的财政支出形成影响,使得政府将更多的资金投入到有重大意义的技术领域;
- 改变知识网络的结构,增加知识储备。通过技术预见活动,不同领域的专家和人士彼此交流,使得整个社会的知识网络结构发生了改变。而不同领域之间的相互影响也使得整个社会的知识贮备增加。

6.3.3 技术预见的基本要素

技术预见包含以下5个基本要素。

(1) 系统预测

技术预见必须系统考虑长期的社会、经济和技术发展的各方面需求。

(2) 交互与参与

技术预见需要广泛的参与性。各类技术预见方法都强调参与者之间要充分讨论和交流,认为这对于产生一个好的预见结果有决定性的影响。

(3) 网络

技术预见强调的是将整个社会的知识组织成为一个网络体系,然后基于这个知识网络来产生预见。在这个知识网络中,参与者(包括专家和利益相关人)彼此间的争论、分析和研究都是技术预见的一部分,而这些交互本身也增加了整个网络中的知识储备。

(4) 战略愿景

技术预见的一个后果是整个社会都能分享一个战略愿景。在实施中,技术预见以知识网络为载体,使得参与者能充分了解相关主题,并达成共识。这个共识就是战略愿景。

(5) 行动

通过技术预见所形成的愿景,最终可以借助政府的资源分配之手来得到实施。缺少行动阶段,整个技术预见就失去了意义。

6.3.4 技术预见实施的基本流程

技术预见的实施是个性化的,每个国家或组织都会根据自身的特点来选择适合自己的方法。但是在这些不同的方法中也可以归纳出一些共性,本部分将先给出一个关于技术预见基本操作流程的介绍。

技术预测往往是由政府主导的一项活动,目的是找出对经济和社会利益具有最大化贡献的通用技术。对技术预见而言,虽然目的明确,但是目标空间却是非常广大的,这和技术预测就形成了很大的区别。在技术预测中,流程是和技术领域密切相关的,不同的技术领域会导致不同的团队构成和不同方法论组合。而在技术预见中,其组织和方法论组合是和具体技术领域无关的,技术领域本身就是预见的一种输出。因此可以如下描述技术预见实施的基本流程。

如图 6-8 所示,技术预见的动力来自于政府或者其他组织的上层,前期的准备工作事实上是政府部门内部交流,就实施技术预见达成共识的阶段。当政府部门决心实施技术预见之后,则有必要组织一个预见计划推动小组来全面负责预见相关事宜。该小组的成员应该包括预见专家和政府成员,特别是相关政府部门的负责人最好作为该小组的组长,另设常务组长负责日常事务,这样能较好地推动预见活动进展。

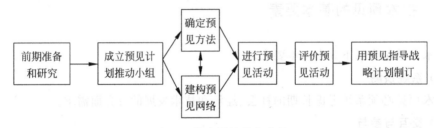

图 6-8 技术预见基本流程

小组成立后,确定预见方法和构建预见网络两项工作可以同步进行,这两项工作也是相互影响的。对于部门性的技术预见,主要是基于该部门内部及相关人员;而对于国家级别的预见,通常知识网络包括整个社会的代表在内,并且会将德尔菲法和专家小组法两种方法结合起来。

接下来就是按照预定方法来进行技术预见。在这当中预见计划推动小组需要控制好整个预测活动的走向。因为预见涉及的专家和相关人员很多,容易失控。

在预见结果得出之后,要对活动进行评价。评价的方式也很多,但是主要应该把握住以下几个准则:①预见活动实施中的有效性,如政府当局的关注度、专家的参与程度等等;②预见结果是否有较大的影响力,假如该结果在社会上无影响,那么预见的塑造社会共同愿景的功能就没能实现;③预算多少也是另一个评价预见活动的标准。假如预见得到了较好的评价,则进入下一阶段,预见结果会影响到政府战略计划的制订、宏观政策的选定和关键资源的分配。

6.3.5 技术预见方法

技术预见包含着许多种类的方法。根据 Ian Miles 和 Michael Keenan 的分类,可以将现有的技术预见方法分为四类,如表 6-1 所示。

表 6-1 技术预见方法组合表

分　　类	技术预见方法
确定预见主题的方法	环境扫描法（Environmental Scanning）
	SWOT 分析法（SWOT Analysis）
	观点调查法（Issue Surveys）
探索性方法	趋势外推法（Trend Extrapolation）
	类推法（Simulation Modeling）
	天才预见（Genius Forecasting）
	德尔菲法（Delphi）
创造性方法	头脑风暴（Brainstorming）
	专家小组（Expert Panels）
	交叉影响分析法（Cross-Impact Analysis）
	情景分析法（Scenarios）
优先级别法	关键技术法（Critical or Key Technologies）
	技术路径法（Technology Roadmapping）

预见是一项依赖于社会知识网络综合性的活动，良好的预见过程和结论有助于塑造社会战略愿景，对未来进行良好的计划。同时我们可以看到，技术预见实质上的大背景是英国对于国家创新体系的建构。从传统上而言，技术的发展是企业和市场行为，政府并不起决定作用。而政府部门不惜动用大量社会资源来进行技术预见，充分说明其对于技术和其他各项社会因素主动把握的态度。

案例讨论

6.4　风险管理与情景分析

6.4.1　情景分析简介

当前，几乎所有企业组织都意识到本组织可能遇到非连续性的巨大环境变革，比如新市场的出现、新技术的产生等等。这些非连续性变革的可预测性很低、战略影响巨大，企业组织的高层管理普遍采用各种各样的应对方法，然而，这些应对方法主要是基于历史数据的预测，潜在地固化了企业战略所面临的风险，而没有从理念和方法上引入真正意义的风险管理。因此，许多企业组织都面临着风险危机，这种危机主要来自环境演化背离战略范围导致企业组织毫无战略准备。情景分析是一种真正的风险管理方法，通过对可知和不可知未来的预期，情景分析可以将关键的未来反映到战略规划中，从而为企业从容面对环境变革奠定基础。

（1）情景分析的界定及特征

同其他著名的经营管理方法一样，情景分析方法诞生于优秀实践。最早的情景分析源于基于情景的规划,可以追溯到 1950 年的赫门·卡恩(Herman Kahn)及 RAND 公司。赫门·卡恩(Herman Kahn)引入好莱坞弃用的"场景(scenario)"概念,为美国政府军队进行战略研究,随后,他将该方法扩展到其他领域,并通过各种研究和著作积极地推动了情景分析的流传。在 20 世纪 70 年代,一些国际公司特别是皇家壳牌以及一些咨询机构,如 SRI 国际,采纳情景分析构建战略库,从而有力地推动了情景分析的发展。

然而,目前关于情景分析的界定并没有一致的认同,不同的研究人员和机构对情景分析做出不同的界定(见表 6-2)。

表 6-2 对情景分析的不同界定

代 表 人 物	年份	界　　定
Michael Porter	1985	一个内部一致的观点,描绘了可能出现的未来
Peter Schwartz	1991	用来排列各种可替代未来方案的方法,以支持决策
Gill Ringland	1998	战略规划的一部分,用以管理未来不确定性的方法和技术
Paul Shoemaker	1995	一种严格的方法,用以构想组织决策的可能未来

由上述不同界定可见,情景分析有别于预测和愿景,情景分析实际上是要回答一系列问题,比如"环境可能怎样发展"、"如果……,会发生怎样的变化"等,通过基于情景的学习过程和规划过程,情景分析方法实现真正的风险管理。

参照国外关于情景分析的专业研究结论,本节对情景分析做如下界定:

情景分析是一种方法论组合,通过整合情景构建和战略规划两个过程,帮助组织理解和管理未来,并指导组织当前的市场竞争。

情景分析是对未来可行性的生动描述,有别于预测和愿景。在稳定的环境中,组织需要降低风险和确定的答案,因此预测在战略规划中起到关键的作用。但是,在展望更加长期未来时,组织面临的是更加复杂的系统,情景分析就更加具有针对性。愿景同预测一样,具有风险规避的特征,愿景一般是描述一个组织要共同实现的未来。总的来说,在情景分析中,预测可以作为一个输入,而愿景经常作为一个输出。它们之间的区别如表 6-3 所示。

表 6-3 情景、愿景、预测之间的区别

情　　景	预　　测	愿　　景
• 可行的未来	• 可能的未来	• 期望的未来
• 基于不确定性	• 基于确定的关系	• 基于价值
• 诠释风险	• 隐藏风险	• 隐藏风险
• 定性、定量	• 定量	• 通常定性
• 需要指导组织决策什么	• 需要决策的勇气	• 激发(energizing)
• 很少使用	• 日常使用	• 较经常使用
• 中长期、高不确定性	• 短期、低不确定性	• 用来激发自愿性变革

情景分析作为一种对未来的规划,在当前更加关注中长期问题和高不确定性问题的时代下,对传统的战略规划具有很强的替代作用(Minzb,1994)。表 6-4 展示了传统规划与情景规划的特征对比,从中也可以看出,相较于传统规划,情景规划能提供更好的效果。情景分析既是一个规划方法,又是有效的学习方法,情景思考有助于组织理解发展逻辑、对发展动力进行分类,同时理解发展的关键要素和环境的关键参与者,从而在明确各方优劣势的基础上,有效施加对环境的影响,创造理想的未来环境。

表 6-4 情景分析和传统规划的特征对比

	传 统 规 划	情 景 分 析
观点	片面、一切平等	全面、不存在平等
变量	定量、客观、已知	定性不一定定量、主观、已知或潜在
关系阐述	统计性,稳定结构	动态性,凸现性结构
未来描绘	简单、确定的决定论,定量模型(经济的或数学的)	多样不确定性 意图分析,定性和随机模型 (交叉影响和系统分析)
未来导向	被动性、适应性	积极性、创造性

情景分析是建立在情景设计和发展的基础上,一般意义上来说,情景是指对各种可能性未来的可行性描述,情景分析中的情景是一个组合,包含可以相互替代的多个情景。一个成功的情景应该包括下列 7 个特征。

- 决策支持。情景组合作为情景分析的基础,是一个整体概念,必须具有明确的目的性,即便是一些一般性的行业情景组合也必须有明确的决策支持性,必须有利于决策问题的解决。
- 可行性。情景是在未来事件的范围之内的一种描述,这种描述具有现实的可能性。
- 替代性。每一个情景都具有一定的可能性,从概率上讲,情景分析中最原始的假定是各种情景具有几乎相等的可能性(后续的决策制定中会有所选择),所以完整的情景组合几乎可以涵盖全部不确定性(理论意义上)。每一个情景在可能性的前提下具备了相互替代的特征。
- 内部一致性。情景描述必须具有内部逻辑,以具备可信性。
- 差异化。情景分析过程中,必须从结构上形成各种情景之间的差异化,不能单纯从某一个纬度上形成差异,更不能是一个基础情景的扩展。
- 可记忆。情景应该易于记忆,所以在实际操作中,情景组合中最好浓缩到 3 到 5 个情景,并选择生动形象的情景名称。
- 挑战性。情景必须对组织现有的未来观念作出挑战。

成功的情景设计和发展是情景分析顺利开展的基石,具备这个基础情景分析可以按照两种基本的方式展开。

第一种基本方法是前推法，又称作演绎法或自上而下法。利用这种方法，组织首先确定未来的几个重要状态（依需要而定），进而发现通向各未来状态的路径。这种方法有利于组织在掌握较少信息时采用。比如，某电信运营商发现他的一些客户开始采用网络来替代其他沟通方式同顾客进行沟通，这是一个信息。他便考虑"当我大多数现实和潜在客户都采用网络方式同他们的顾客进行沟通时会发生什么事情？"。因为这样的信息保护的环境变化可以对电信运营商的未来造成决定性的影响，因此他开始着手考虑未来，进而确定通向所选未来之路。

第二种方法是后推法，又称作诱导法或归纳法。主要是通过分析现实中存在的各种影响因素及它们的演变趋势，发现可行的未来方案。运用后推法，组织通常以面临的具体的战略或决策替代方案为出发点，以组织所在竞争领域的事件和竞争状况以及宏观环境为分析基础，选择最重要的信息分析组织当前和未来的使命、资源、能力、机会和威胁。竞争环境通常包括顾客变化的需求和偏好以及其他组织如竞争对手、供应商、市场渠道、政府等的决策和行动。

当然，上述两种方式是从本质上进行划分的，在现实操作中，情景分析可以通过各种各样生动的形式进行。

(2) 情景分析的应用背景和目的

作为一个功能强大的学习和规划方法，情景分析具有广泛的应用目的。第一，借助情景分析，决策制定者可以加深和扩展对未来的理解，各层管理者通过对比不同的未来状态和决策意义，他们的脑力模型（特别是对未来的观念和对行业、技术和经济的潜在假设等）必然受到挑战并得到很大程度的提升；第二，借助情景分析，决策制订者会考虑一些从未考虑的问题和方案，从而创造出新的决策；第三，借助情景分析，组织对现有的决策进行周密的评估和权衡，从而更新决策体系；第四，借助情景分析，决策制订者能更有效地发现并形成重要的关键决策，当预期的未来变成现实时，这些决策能指导组织成功发展。

尽管情景分析具有广泛的应用目的，但是情景分析更加适合于新旧范式的交接阶段，即范式转移阶段或者是非线性变革发生期。在该时期，组织决策面临巨大的不确定性。这个阶段或者时期，传统的线性规划失效，情景分析联合其他非线性分析方法成为规划的主导方法。

根据情景分析不同的应用目的和应用焦点，情景分析的应用领域如图6-9所示。

第一，情景分析具有很强的创新功能，可以作为开发新业务的基本方法。在开发新业务的过程中，常常导致组织内部新思维的形成和范式的转变。

第二，情景分析能有效支持组织学习的开展，通过组织情景学习，为组织变革奠定基础，在很大程度上培养组织成员的风险意识。

第三，情景分析有很强的评估功效，借助情景分析对组织原有业务进行基于现状和历史的未来发展评估，可以极大地推动组织发展和战略更新。同时，在评估的过程中，往往蕴藏并发动组织革新。

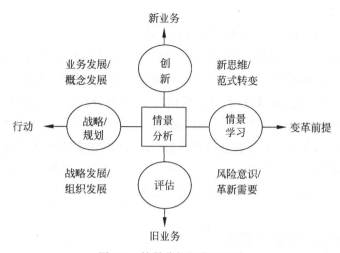

图 6-9　情景分析的应用领域

第四,情景分析是战略规划的基本方法,在情景分析的基础上,可以制订可行性高、时序强的行动计划。

（3）情景分析的基本要素

不同的组织依据自己的需求,在实施情景分析的过程中往往会选择不同的方法或途径,但迄今为止,情景分析作为一个方法组合,一般包括四个基本要素。

1）驱动力量

情景分析不是单纯用作创造一个文本,而是建立在实践意义很强的驱动力量组合的基础上。情景分析的驱动力量是指推动事件(第三个基本要素)发生的力量组合。尽管可能影响事件的单体驱动力量数不胜数,但是基本上可以将驱动力量划分为两组,即环境力量和组织行为力量。环境力量主要包括经济、社会、文化、生态、技术、趋势发展等各方面的力量组合。组织行为力量包括许多不同类型的商业组织、政治团体、政府机构、地区或国际实体等组织行为产生的影响。

2）逻辑

情景分析中的逻辑构成事件的推理基础,逻辑主要解决情景分析过程中各种事件发生模式的内在原因,解释为什么特殊的行为主体表现出那样的行为,如为什么美国医药联合会强烈支持某法律条例的立项？为什么某组织推动事件朝这个方向发展而不是那个方向？为什么一组驱动力量以这种方式相互影响？等等。例如,保健市场管制加强作为一个事件,那么该事件的逻辑不仅要识别导致该事件演变的驱动力量,还要解释各驱动力量的作用机制。总的来说,如果没有理解情景分析中的情景逻辑,决策制定者就不可能对情景的可行性作出评估。

3）事件

终端事件(第四个基本要素)是由一个或几个具体的事件导致的结果。每个事件都对现状到未来作出独特的描述,解释某个未来出现的前提。

4）终端状态

终端状态描述在特定的未来时点上会发生什么。只有具备终端状态的完整描述，一个情景才可能具体和边界清晰。基于不同的情景目标，终端状态可以很详细也可以很简略，如一个传递给决策者关于 5 年后多媒体行业竞争的复杂性和动荡性的终端状态可能包括：不同竞争对手的行动描述、行业进出的比率、顾客分类、顾客购买和使用方式、顾客选择某个方案的原因、竞争的内部动力机制等。而一个简单的描述会很直接，如"2006年，互联网终端接口在服务和零售业将很普遍"等。终端状态的描述必须注意两个问题：第一，严格避免将终端状态作为一种预测；第二，严格界定未来的动态性，即实现终端状态的途径，相比之下，100%的精确率是没有必要的。

6.4.2　情景分析的操作流程

情景分析本身作为一种分析方法和管理方法，只有应用于具体的管理任务才能充分实现其价值。战略规划作为情景分析应用的主要领域，本身蕴含了情景分析的内在操作逻辑，但战略规划又不同于情景分析，它是以情景分析结果为基础的具体运用。情景分析在嵌入战略规划过程的同时，本身具有完整的操作流程，主要体现在情景的构建方面。

（1）基于情景分析的战略规划模型——TAIDA 模型

基于情景分析的战略规划过程从内在逻辑上说同人的大脑活动具有一致性的特征，作为企业管理不确定性、探视未来的有效方法，基于情景分析的战略规划主要是通过追踪（tracking）、分析（analyzing）、构思（imaging）、决策（deciding）、实施（acting）五个过程对不确定性和未来进行管理的，这五个过程构成战略规划的 TAIDA 模型。

1）追踪（tracking）

追踪是指组织检视并重视外部机会和威胁发出的信号。同任何生物体一样，组织必须及时地观测周围环境中的重要信号，并从这些信号中识别重要的信号从而给予足够的注意力。组织所面临的环境主要包含机会和威胁两种信号，蕴含了机会和威胁两种意义，但是这些信号往往是隐性的，难以察觉。组织真正的危险存在于组织能力的缺乏，以致不能发现一些意料之外的趋势，从而产生视觉盲点。

2）分析（analyzing）

追踪的主要目的是获得变革的趋势、模式以及机会和威胁，而分析则是发现当前变革以及各种趋势之间互动的未来结果。分析是追踪的深层次延伸，致力于发现什么将是真正的趋势。当然，分析也可以是创造性的，通过情景、模型和愿景等的构建，分析的结果将有助于组织确定下列问题的应对方案，如"某趋势的实现需要什么样的必要条件？""组织选择商业模式的优劣处何在"等。

3）构思（imaging）

通过分析对变革及各变革互动作用获得深入理解并形成初步的商业模式或系统联

系之后，构思在组织情感投入和理性理解的基础上，创造出变革应对的方案，即战略选择。构思的过程不仅是建立在分析基础上的理性过程，更是组织树立信心和愿景的过程，通过理性和感性的结合，组织通过构思最终设计出一组可行的战略备选方案。

4）决策（deciding）

在组织进行构思的过程中，基于组织情感投入和理性分析建立起的组织愿景成为组织致力的目标，而这一目标成为组织衡量信息、识别各种战略方案的标准。继目标建立之后，组织通过决策确定战略并演化为实施框架。愿景和决策都属于精神行为，所不同的是愿景发展途径更加多样化和非正式化，而决策制定过程则更加正式和规范；愿景表达了组织的期望和努力的方向，而决策是愿景的具体化，经过严格的评估和测试。

5）实施（acting）

实施是组织设立短期目标并按部就班执行决策的过程。同目标和愿景一样，实施是组织重要的学习过程，是组织获得竞争优势的重要手段，实施成功的关键一方面在于组织的每一个成员能够预见到下一步并执行到位；另一方面是围绕愿景和决策开展活动。

(2) 情景构建流程

基于情景分析的战略规划要取得成功必须具有四到五个深具吸引力和说服力的情景，这些情景主要与组织成功的未来方案密切相关联。情景构建可分为两个主要过程。首先，必须确定情景描述的内在逻辑；最后，根据确定的情景逻辑，描述情景组合。

组织面临的内外环境因素千变万化，由此可能推导出的组织未来（情景）更是多种多样，情景逻辑的确定过程能够将各种各样的可能性未来描述成三到四个可以管理的情景，从而使组织能够更有效地管理关键的环境变革。情景逻辑可以通过一个为期二天的讨论会确定下来，讨论会的组织基础就是组建一个高度互动和创造能力强的团队。

1）团队构成

情景逻辑构建团队在甄选成员时，必须保证两个方面的完善性。第一，知识的完善性。团队成员结构必须具有完整的组织知识，包括来自不同职能领域的成员和熟悉组织竞争环境以及关键问题的成员。第二，层次的完善性。团队成员应该包括不同管理层次的代表。总的来说，经历的多样性是团队成功运作的关键因素。

2）决策的焦点

团队组建完毕之后，第一步是识别、讨论组织面临的关键决策，并就关键决策的关键问题组合达成一致。在确定关键问题之后，团队第二步任务是确定情景的时间跨度，情景的时间跨度，比如到2010年还是2015年将直接决定情景的内容范围。值得注意的是，组织决策所面临的关键问题可能会随着时间的推移而发生变化，团队必须时刻注意关键问题的真实性。

3）关键因素的确定——头脑风暴

在确定关键问题和情景的范围之后，团队应该通过头脑风暴来确定关键因素，在头脑风暴的过程中,团队最佳的方式是由组织外部专家来主持,以创造性为准则进行组织。

4）驱动力量

在团队讨论的第一天,头脑风暴是主要的组织形式,中心放置在驱动理论和主要趋势的识别上。驱动力量是外部环境的主要因素,影响情景的内在逻辑和结果。组织必须对五类力量给予关注,即社会、技术、经济、环境和政治。虽然每个组织都有各自不同的驱动力量,但在同一行业中,各企业所面临的驱动力量组合基本上是有一致性的。

在确定了驱动力量之后,团队必须区分确定性因素和不确定性因素,并将各种驱动力量和相关的环境因素联合起来考虑两个问题。其一,哪些力量具有预先确定性和不可避免性。这些因素构成不变的趋势,因此在各个情景的描述中,必须得到反映和遵循。其二,哪些力量最可能形成或变革情景的方向和性质。对这些驱动力的甄别主要通过"不确定性"和"重要性"两个维度进行评估而定的。

5）情景逻辑的识别

情景逻辑主要有两种识别方法,即归纳法(inductive)和演绎法(deductive)。归纳法的结构性较差,主要依赖于团队成员的耐性来推动不断的讨论直至达成一致意见。演绎法则使用简单的排序法,以两个最关键不确定性为坐标建立情景矩阵,进而对比得出答案。值得注意的是,不同组织由于其文化特征、所具备的条件不同、所处的行业不同,会采用不同的情景逻辑识别方法。

(3) 情景分析流程

情景分析是一个严格的方法论体系,其本身包括从决策识别、关键决策因素识别、情景逻辑到情景构建等完整过程。

尽管情景分析本身具有明显的系统特征,但是情景分析过程可以通过一个直接的六步过程来实现。值得注意的是,下文的情景分析六步过程(如图 6-10 所示)有两个前提：其一,情景的建立是以决策、战略或计划为中心的；其二,情景本身以逻辑规则而建,具备内部一致性。从这两个假设出发,情景分析可以有多种应用,并可实现同其他预测和规划方法匹配使用。

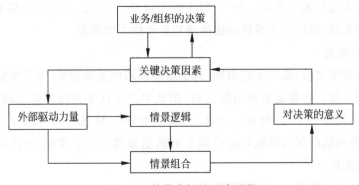

图 6-10　情景分析的六步过程

第一步：识别并分析组织问题以确定决策焦点

第一步有利于管理团队就什么样的战略决策应该成为情景分析的中心达成一致，从而明确了情景分析是决策制定的支持方法，而非其他。通过确定制定什么样的决策，将情景分析和具体的规划需要联系起来，从而避免情景分析的过渡宽泛化。

一般来说，情景分析所基于的决策焦点是战略性而非战术性的，这是因为情景往往有较长的时间跨度(5 到 10 年)，情景分析针对的是趋势和不确定性而不是短期的发展。

在第一步中，管理团队必须注意，尽管必须首先明确决策的焦点，但这并不意味着要明确战略，也就是情景分析第一步中明确决策焦点并不是说组织可以在这一步谈论战略化了。这需要决策制定者特别是高层管理者要对必要的分析过程给予充分的耐性。

第二步：确定关键决策因素

确定关键的决策因素就是要明确未来制定决策我们必须知道未来的哪些特殊的关键点。比如对于一个制造企业来说，决策因素可能包括：市场规模、增长率和变化率；源于新技术的竞争产品和替代产品；长期的经济状况和物价趋势；政府规制变化；资本市场和成本变化；技术变化情况等。

决策因素同外部性不可控环境密切相关。当然组织内部因素如组织优势和劣势、文化和组织结构等也是决策因素的重要来源。但是因为这些内部因素都是组织可以控制的，因此，这些因素更适合在规划的战略化阶段进行考虑，而不是在情景分析的阶段进行考虑。所有在确定关键决策因素时，管理团队要以外部不可控因素为主，只有在情景分析结束之后，组织明确决策执行之后的结果时，管理团队的工作重点才应该转移到内部因素的管理上，即通过内部因素的管理设计行动计划。

第三步：识别和分析关键的环境力量

在情景逻辑的识别过程中，我们已经清楚管理团队要对哪些环境(驱动)力量重点进行思考。识别和分析关键的环境力量，其目的是建立一个良好的环境概念模型，以系统思考可能的重要的趋势以及各环境力量之间的因果联系。在实践操作中，关键环境力量的识别和分析不需要复杂的方法，重点是确定少数最重要的力量。一个简单的可行方法是通过矩阵排序法。图例如图 6-11 所示。

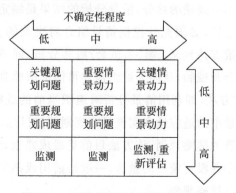

图 6-11　环境力量的矩阵排序分析法

通过矩阵分析进行排序后，管理团队可以将注意力重点放在高影响/低不确定性的环境力量上，这些力量是针对当前规划的。而高影响/低确定性的环境力量则是未来的潜在牵制力量，是组织长期规划必须考虑的。

第四步：情景逻辑的识别与建立

情景逻辑的识别与建立是情景分析的核心过程，在这个过程中，直觉、洞察力、创造力发挥关键的作用。情景逻辑的识别与建立方法上文已有所陈述，这里主要对逻辑进行严格界定，已进一步理解情景逻辑的内在含义。情景逻辑实际上是情景构建的组织规则，情景逻辑以关键的外部不确定性为中心，多方面阐述了环境运行的各种方式。

第五步：选择并详细陈述情景组合

在情景选择的过程中，管理团队应谨守简单原则，务求以最小的情景数量来涵盖关键的不确定性，通常情景组合中只包括三到四个情景。因此情景的选择直接关系到情景分析结果的可操作性，情景的选择标准主要有五点。第一，可行性标准，即情景必须在设想中会发生。第二，差异化标准，即所选择的情景之间必须具有明显的结构性差异。第三，内部一致性标准，即情景逻辑的合理性。第四，决策制定支持性原则，即每一个情景都应该最大限度地支持决策的制定。第五，挑战性标准，即所选情景应该对组织传统的未来经验具备挑战性。

情景组合选定之后，管理团队必须形成详细的陈述报告，形成情景组合描述报告必须遵循下列三点。首先，一个高度描述性的题目。情景描述报告的题目应该尽可能简单以能够让人简单地记住，同时还必须传达情景的本质内容，尽量选择能唤起阅读人对情景针对未来幻想的题目，避免非描述性字眼如"最好"等。其次，有说服力的描述性语句。情景不是仅对终端状态的一种描述，情景的重点在于描述中间状态是如何展开和演化的。最后，多用对比性形描述的表格形式。一般而言，将第三步识别的关键环境力量都涵盖在表格当中，以为决策者提供框架性提示。

第六步：解释情景的决策支持意义

制定有效的战略规划不仅仅是构建情景组合，战略使命、目标体系、竞争分析、核心能力评价等是战略规划不可或缺的部分，情景分析的结果是制定战略规划的起点而非终点，因此，情景分析结束之后，必须充分挖掘情景组合对决策的支持意义。一般来说，有三个途径解释情景的决策支持意义：第一，机会/威胁分析，即通过详细分析情景确定环境变革给组织造成的机会和威胁，从而为组织描述可能的战略选择方案以作进一步的严格分析；第二，"实验室"方法，即利用情景分析对组织当前的战略进行评价，通过分析组织现行战略在每一个情景中的适应性来实现战略规划调整目标；第三，战略发展法，即在情景的框架内形成组织新的战略规划，该方法目前是最成熟也是最难的。在组织利用情景框架发展战略的过程中并没有统一的做法，一般是借用成熟的组织适应的战略制定框架利用情景分析结果进行战略规划。

(4) 情景分析的系统动态发展

现实世界是永续变化的,尤其是进入21世纪以来,企业组织所面临的外部环境呈现越来越复杂的环境变化特征,环境变革的速度也呈现前所未有的发展趋势。在这样的环境下,从复杂性和动态性来研究组织的运营管理成为当今世界的主流。情景分析作为一种分析未来,管理不确定性的方法,通过基于情景的战略规划和组织学习在很大程度上可以降低组织所面临的复杂性和不确定性,而其本身的运作特征也蕴含动态发展的思想。

复杂性主要是指事物的多面性以及事物之间联系的多样性,动态性是指可能发生的变革的类型和速度。情景分析过程实际上是一种组织学习过程,在该过程中,是将组织看作是一个动态复杂性系统的,基于组织动态复杂性的系统特征展开情景分析、管理未来,就可能实现所谓的动态情景分析过程。为此,我们建议组织在运用情景分析时应该注意以下三个方面的问题,以积极应该环境的复杂性特征和动态发展性特征。

第一,情景分析必须建立在动态复杂性组织系统结构上进行。一方面情景分析团队的构成要涵盖所需的各种成员,另一方面,在情景分析过程中,必须充分组织系统的每一个元素、每一种联系。

第二,情景分析必须同组织学习过程结合起来。管理团队在进行情景分析时,要充分发挥情景分析的学习效应,力争通过观念、经验的不断更新推动企业的变革和发展。

第三,情景分析过程结束之后,必须时时加以审视。管理团队在运用情景分析制订战略计划之后,要根据推进情况和环境变化情况对战略计划进行适当的调整,必要时重新组织情景分析过程。

6.4.3 情景分析的管理启示

基于情景分析的技术规划是基于情景分析的战略规划在技术创新管理中的具体应用,基于情景分析的战略规划的指导框架和规则体系在技术创新管理中同样具有管理指导意义,所不同的是,因为技术发展的特殊性,组织需要对基于情景分析的技术规划进一步界定。

一组技术专家一般是通过技术的独特性、业绩增长潜力、当前市场竞争来评价一项技术,这种评价往往使组织忽视潜在的威胁特别是一些非传统性的新生威胁。这些威胁发生的最大原因就在于组织在进行技术规划时,过分依赖技术专家对技术的预测,而忽视相应的市场预测。基于情景分析的技术规划能够很好地整合技术和市场两个维度的未来知识,从而保证组织的长期技术发展和绩效增长。

技术是组织长期发展的最佳资源之一,组织在运用情景分析进行技术规划的过程中,首先需要全面地描述决策的关键驱动力量,进而在设定一个较长的情景分析时间框架(通常要长于现在的研发周期)之后,开展后续的规划工作。运用情景分析进行技术规划同基于情景分析的战略规划一样,要经过团队组建到情景构建再到规划的过程,该过程的注意事项在前文已有所描述,这里我们将着重从技术规划的特征出发,介绍情景分析在技术规划中应用的几个独特特征。

(1) 基于情景分析的技术规划的两个途径

基于情景分析的技术规划有两条截然不同的途径。两条途径都是将规划团队划分成小组对每个情景中的顾客需求产品进行调查。

第一条途径强调,所有情景中凸现的产品都进行技术联系审查,目的是识别发展所有产品的核心技术组合。这个方法,从过程和结果上来看是综合性最高的,同时也是资源需求最大的。这个方法最大的缺点是不能提供技术选择的支持性信息。

第二条途径更为常用。首先是各情景中可能的产品需求被识别出来,进而运用识别的产品需求对当前的技术组合进行评价,其目的是选择一组核心技术对各种可能未来下的顾客需求进行支持。这个方法最大的好处是可以对技术和公司战略发展方向进行评估和优先度排序。其运作逻辑如图 6-12 所示,可以首先识别出未来可能的情景组合、市场以及针对每个市场的产品,再分析出适应所有场景的产品,分析技术投资差距,最后产生技术专长。

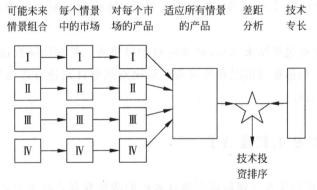

图 6-12　未来产品的技术需求规划

(2) 技术决策中的情景分析过程

情景分析可用于多种技术相关的决策制定过程,我们将以案例分析为主要手段,简要探讨情景分析在技术相关决策制定过程中的应用。

知识银行(TKB)是一家信息服务公司,在 1980 年之前,基本上没有任何现实和潜在的竞争对手。TKB 的竞争优势建立在将政府数据转换成完善的信息,并加以出版、扩散和营销的专长的基础上。一项新技术的出现使 TKB 原本的发展步伐受到了威胁,因此在新任总裁和技术总监上任之后,一个情景分析项目被任命并推广。该项目的最初目的是对技术市场进行扫描,扫描的结果证实了 TKB 所面临的威胁,信息处理硬件、出版和分析软件、电信编码技术的极大发展将带来一场行业变革,技术变革的最大影响是行业壁垒的崩溃和竞争对手的出现。

TKB 最初的技术扫描没有提供有关技术发展趋势的预测,相反,为 TKB 造成巨大的不确定性,因为各项技术扫描所显示的技术方向是多种多样的,甚至是相互矛盾的。在这种情况下,TKB 的领导层无法选择合适的技术发展趋势,无法作出投资决策,更无法确定未来市场如何变化。

经过反复讨论,TKB 领导层决定采用基于情景分析的规划来支持公司的决策制定并对各种技术的相关性进行测评。在构建情景组合之后,TKB 针对每个情景设计了战略方案,并将所有结果整合成一个新的战略,基于此战略 TKB 领导层创造了一种新的商业模式。

通过顾客需求的情景分析,TKB 发现信息产品的智力密集性分析部分至少在未来 10 年内不会发生转移,所以 TKB 的领导层决定不对其竞争优势的核心来源进行变动。相反,TKB 通过内部数据编码、索引、分析流程的电子化网络化变革对该竞争优势进行了加强。TKB 的上述过程是逐步推行的,一方面是因为内部员工在接受变革的过程中还有一定的不确定性因素,另一方面,通过情景分析和顾客访谈,TKB 清楚顾客的变革过程也是缓慢进行的。

而 TKB 关于市场的洞察也促使他们形成另外一个战略,即他们同顾客一起开发了电子产品分销渠道,同时还建立相应的教育培训系统来使顾客更好地使用该电子渠道。情景分析在分析未来商业环境的基础上使 TKB 最终建立了前景良好的技术投入战略。

TKB 建立的系统是简单而完善的,一方面,该系统使 TKB 可以持续地在情景的背景下对技术进行思考,另一方面,该系统极大地加强了公司战略和技术的联系。

综上所述,基于情景分析做出的技术规划不仅仅是为组织做出了技术选择,更重要的是阐明了在组织使命、新的市场区域、长期的融资技术、新的竞争环境中,企业技术发展和战略发展的密切联系。

6.5　头脑风暴与创造力激发

6.5.1　头脑风暴概述

头脑风暴法以及由此而发展出的一些变形方法是最常见的用来激发创新思维的方法。头脑风暴法是由奥斯本(Osborn)提出的,他在其处女作《您的创造力》一书及其后的其他著作如《应用想象力》(1957 年和 1963 年)中对头脑风暴法进行了描述。头脑风暴法的主旨在于把一群试图解决某一特定问题的人集中起来,鼓励由他们所产生的任何想法

(即使其中某些想法看起来明显异想天开)。这种方法通过这一群人的交互作用来激发新思想的产生,所有的参与者的任何想法都应该受到鼓励,而不被批评或者得到负面的评价。

头脑风暴法的主要目的是积累最大数量的想法,不论这些想法是多么的异想天开或离实际有关问题有多远。在头脑风暴过程中,想法是自发产生的,在方式上,除了有一个主席或主持者控制全局以外,也是不拘形式的。主持者的任务包括:

- 在确认问题阶段,引导小组就议题的一个可接受的解释达成一致的意见。
- 在产生想法阶段——这一阶段中,实行头脑风暴法的传统是:禁止批评,想法越异想天开越好,数量越多越好;鼓励把他人的想法进行改进或结合起来。主持者可以插话,提出一些引导意见:如"我们能否把最初的想法颠倒过来、重新整理、扩大、缩小、取而代之",等等。
- 在求解阶段,根据记录,对各种想法按类分组,进行判断与评价,以便把众多的想法减少到值得作更深入分析的数目。

在求解阶段之前,主持者必须努力避免批评以及过早作出判断。而在求解阶段,经过一两个小时的头脑风暴过程而产生的数以百计的大量想法,通常会被删减到只有原先总数的百分之五到百分之十,这些剩下的方法对需要解决的问题有建设性的作用。总体而言,头脑风暴的过程是基于直觉的,除了需要遵循上述三个阶段以及会议主持者需要使用一些激发想法的方法以外,相对来说是无定式的。

头脑风暴法应遵循如下原则:

① 庭外判决原则(延迟评判原则)。对各种意见、方案的评判必须放到最后阶段,此前不能对别人的意见提出批评和评价。认真对待任何一种设想,而不管其是否适当和可行。

② 自由畅想原则。欢迎各抒己见,自由鸣放,创造一种自由、活跃的气氛,激发参加者提出各种荒诞的想法,使与会者思想放松,这是智力激励法的关键。

③ 以量求质原则。追求数量,意见越多,产生好意见的可能性越大,这是获得高质量创造性设想的条件。

④ 综合改善原则。探索取长补短和改进办法。除提出自己的意见外,鼓励参加者对他人已经提出的设想进行补充、改进和综合,强调相互启发、相互补充和相互完善,这是智力激励法能否成功的标准。

6.5.2 需要注意的问题

关于头脑风暴法,有以下几个问题需要引起重视。

第一,正在解决的那个问题是否真的就是需要解决的问题?

很多时候,头脑风暴法被滥用在一些并不重要、和当前事物关联性不大的事物上,这样实质上是浪费了参与者和组织者的精力。因此,在头脑风暴召开的最初阶段,要让所有参与者明白他们所要解决的到底是怎样一个问题,并且对解决这个问题的必要性都有充分的认同。

第二,在头脑风暴过程中,参与者如何打破固有的逻辑思维方式?

关于这一点,有两个方向可以努力。一方面需要主持者调动参与者想象力的经验;另一方面,很多时候参与者会存在思维中的盲区,如何将这些盲区挖掘出来,有一些方法可以对此提供帮助,如系统化检查表法、形态分析法等,要在头脑风暴的过程中结合使用这些方法。

头脑风暴过程中,为了让参与者酝酿各种不同的想法,要有时间等待这些想法的成熟。最初的"加温"阶段不仅是需要的,而且几乎是关键性的。

第三,参与者如何接受新的想法,而非习惯性地去否定新想法?

对新观点提出反对是很容易的。如果最初就让批评盛行,现代一些最重要的项目就会很容易地受到阻挠——这只要看一下静电复印系统、偏振照相机、气垫船等就可以明白了。培养自由思维并使之发挥作用,避免犯"此处无发明"的毛病,这是克服障碍、鼓励创造性思想所必需的一些做法。在想法的搜集已经完成,评价过程可以开始以前,要阻止批评。

第四,在头脑风暴中,怎样的人员组成能发挥较大的作用?

在头脑风暴过程中,由各部门各学科的代表人员组成的团体,其协同作用远远超过各成员单独发挥作用的总和,具有不同经历的人们在同一实验环境中工作时,每个人的特点就可以得到充分的发挥。

参与者应由一个主席或领导者和至少 5 个其他成员组成。这样,可以把主要人物的影响减小到最低程度。在多数情况下,小组成员达十人之多,有时更多一些。假如超出十人以上,对于整个过程的记录就会比较复杂,而且最后也较难得出一致性的结论,因此由五到十人组成一个小组,每个人代表不同的专业学科背景,是比

拓展阅读

较合理的。假如参与者以前没有头脑风暴的讲演,那么给予某种简要说明是需要的。而当一个企业首次正式试用这种方法前,组织一两次试验也是有必要的,这有助于从组织者到参与者对于头脑风暴法的了解。

虽然在头脑风暴过程中涌现出来的许多想法也可能用更具分析性和结构性的方法得到,但经验证明,有些结果是全新的,不能通过其他方法显示出来。头脑风暴法还有这样一个优点:在积极思维过程的判断阶段,很多想法被提出来并作了评价,虽然它们对最初问题的解决或许不是直接可用的,但仍可能包含了某些有用的实质性东西。

头脑风暴法可用于经营和技术领域中广泛涌现出来的许多问题。它最适合于为以下一些典型问题提供答案:

- 怎样得到关于新产品、新工艺或新服务的想法?
- 怎样得到关于新用途、新销路或新市场的想法?怎样解决生产中的问题?

案例讨论

案例讨论

即练即测

- 对这种或那种解决问题的措施,有哪些可供选择的方案?

但是,对于那些可能的答案单一且复杂的问题,头脑风暴法的适用性就要差一些,在需要高度专业化知识的场合中,这一方法应避免使用,除非能组成一个能代表这一专门领域各方面的专门小组。

值得注意的是,在一个机构中重复进行头脑风暴,被经验证明是非常有效的,这样做将丰富小组成员的经验,激发他们的兴趣,并将导致使用结构更完善的方法。同时,当作为技术变革信号的新技术的发展被注意到后,重复活动就能有效地被组织起来。

 复习思考题

1. 设计思维有哪些特点?可以解决哪些问题?如何正确地运用设计思维?
2. 设计思维模型分为几个阶段?每个阶段的主要任务是什么?
3. 请简述模糊前端的定义及其对新产品开发的重要作用。
4. "技术预见"活动具有哪些特点?实施的基本流程是什么?
5. 简要回答情景分析的基本构成要素及其运作流程?

第三篇

逻辑寻优思维

　　逻辑思维指导人们认识世界的活动,通过利用逻辑思维,使实践活动有规律可循,有所凭借与依据。没有逻辑思维作为前提,非逻辑思维就缺少有条理、系统的思维方式来保证其规范性。人们在思考问题时需要保持头脑清晰、思维有条理,逻辑思维就为人们在认识事物的过程中重整信息,产生新的信息与思路提供可能。本篇将从逻辑思维和发明问题解决理论两部分展开,使读者充分理解逻辑思维及其主要方法。

第三篇

数理统计与概率论

第 7 章

逻 辑 思 维

🎯 **本章要点**

- 掌握逻辑思维的概念和特点；
- 明晰逻辑思维的规范性；
- 理解逻辑思维的作用。

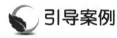 引导案例

化学家李比希与神奇的大铁锅

德国化学家李比希有一次到生产柏林蓝的化工厂参观。跨进车间，他便发现工人们围着一口巨大的铁锅，用铁棒贴着锅底拼命地搅拌着，铁棒与锅底相互摩擦发出极大的噪声。

李比希感到奇怪，他知道生产柏林蓝的过程中只需要轻轻搅拌，不粘锅底就行了，他弄不懂为什么这些工人要这样用力。通过询问，工人们告诉他：“这是一口神奇的大铁锅，搅拌的声响越大，柏林蓝的质量就越好。”李比希更觉得奇怪，声音居然和颜料的生产质量有关。这简直有点荒唐，他决心揭开这个谜底。

回到家后他一直在思考这个问题，并且亲自动手做了模拟实验，最后终于找到了原因。原来用铁棒在铁锅底用力搅拌，会磨下一些铁屑，铁屑与溶液发生化学反应，会提高柏林蓝的质量。于是李比希写信告诉那家工厂，只要他们在溶液中加入一些含铁的化合物，就不必像原先那样用力磨铁锅，柏林蓝的质量同样会得到保证。李比希的信不仅揭开了大铁锅之谜，也大大减轻了工人们的劳动强度。也展现了他善于使用逻辑推理的创新思维方法解决问题的优势。

李比希在研究这个问题时经过的逻辑推理过程是：首先从化学的角度来看，声音与原料的生产质量之间不可能有因果关系。所以，用力搅拌会使柏林蓝生产质量提高一定另有其他原因。然后分析用力搅拌铁锅除了能发出巨大的响声外还会产生什么结果？通过实验发现还会磨下许多的铁屑；最后，进行实验证明铁屑和溶液发生化学反应，会提高柏林蓝的生产质量。

创新思维的发生及运行是逻辑思维和非逻辑思维统一的过程,即运用非逻辑思维进行想象、联想、直觉、灵感获取大量信息材料(这里的非逻辑思维也对应着我们在前面所提到的右脑思考),又是运用逻辑思维进行检验、论证的过程,并在逻辑思维与非逻辑思维的相互联系、相互渗透、相互作用中进行的。同时,想象、直觉和灵感,都不可能离开逻辑思维而凭空诞生。正如苏联学者鲁扎文曾说,如果认为没有思维在事先作精心准备,没有对各种猜想、揣测和假说的评判性参照,新观念都可以产生出来是难以置信的,而在上面这些活动中,逻辑起着举足轻重的作用。

7.1 逻辑思维概述

依据第五章的内容可知,左脑能使人们根据已有的知识和经验产生符合逻辑的思维,即逻辑思维(logical thinking),指人们在认识事物的过程中借助于概念、判断、推理等思维形式能动地反映客观现实的理性认识过程,又称抽象思维。它是作为对认识者的思维及其结构以及起作用的规律的分析而产生和发展起来的。只有经过逻辑思维,人们对事物的认识才能达到对具体对象本质规律的把握,进而认识客观世界。它是人的认识的高级阶段,即理性认识阶段。

逻辑思维要遵循逻辑规律,具体包括形式逻辑的同一律、矛盾律、排中律、辩证逻辑的对立统一、质量互变、否定之否定等规律,违背这些规律,思维就会发生偷换概念、偷换论题、自相矛盾、形而上学等逻辑错误,认识就是混乱和错误的。我们所说的逻辑思维主要指遵循传统形式逻辑规则的思维方式,常称它为"抽象思维"或"闭上眼睛的思维"。一方面,它是人脑的一种自发活动,思维主体把感性认识阶段获得的对于事物认识的信息材料抽象成概念,运用概念进行判断,并按一定逻辑关系进行推理,从而产生新的认识;另一方面,它是分析性的,每一步必须准确无误,否则无法得出正确的结论。

逻辑思维具有规范、严密、确定和可重复的特点。一般有经验型与理论型两种类型。前者是在实践活动中的基础上,以实际经验为依据形成概念,进行判断和推理,如工人、农民运用生产经验解决生产中的问题,多属于这种类型。后者是以理论为依据,运用科学的概念、原理、定律、公式等进行判断和推理。科学家和理论工作者的思维多属于理论类型。经验型的思维由于常常局限于狭隘的经验,因而其抽象水平较低。

7.2 逻辑思维的规范性[①]

逻辑思维指导人们认识世界的活动,通过利用逻辑思维,使实践活动有规律可循,有所凭借与依据。人类社会的文明进程就是运用创新思维、获取实践创新成果的过程,是

---

① 赵迪. 创新思维:科学知识增长的灵魂[D].吉林大学,2018.

对生产工具、生活方式等方面的创新,创新思维和实践创新活动存在于社会的进步与发展的始终。

没有逻辑思维作为前提,非逻辑思维就缺少有条理、系统的思维方式来保证其规范性。人们在思考问题时需要保持头脑清晰、思维有条理,逻辑思维就为人们在认识事物的过程中重整信息,产生新的信息与思路提供可能。列宁说"人的实践经过亿万次的重复,在人的意识中以逻辑的形式固定下来。这些正是(而且只是)由于亿万次的重复才有着先入之见的巩固性和公理的性质。"人们在认识世界过程中不断总结、提炼、完善的思维方式就是逻辑思维,它是有规律的,是确保思维发生及运行的稳定基础。

逻辑思维有规范性、严密性、确定性和可重复性的特点,这些特点又是保证人们思维稳定运行的基础,同时意味着逻辑思维概念的内涵和外延、判断的含义和结构、推理的过程都是规范的、严密的和确定的,而且可重复整个思维过程。

逻辑思维是创新思维发生及运行的保障。逻辑思维的稳定性是保障创新思维平稳运行的基础。创新思维的发生及运行需要思维的扩展性、发散性,利用非线性的思维方式打破固有思维来激发思路,获取灵感,从而提出新的想法和观点。但是,思维发散必须是有限度的行为,只有无边无际的发散而没有收敛,就不能保证所获得的思路、想法的可取性与实际性。逻辑思维是一种线性的思维方式,运用它的规范性特点能够帮助思维在发散后又可以按照一定规律将思维收敛,排除那些不符合逻辑,不符合客观实际、规律的新思路、想法与观点,以优化收敛的方式将使用非线性、发散性思考方式提出的新思路、想法与观点进行筛选,这个过程是保证了创新思维的过程及结果既是灵活、多样的,同时又是符合人们普遍思维规律的。在一定程度上,由此取得的创新思维的成果更有利于扩展思维,提高人们的认知水平,培养人们的创新思维能力,以及实践创新能力。稳定性与规范性是思维收敛时的重要依据,在对结果进行优化选择时,归纳、推理、判断的方式依然能够作为其运用的方式帮助创新思维取得最优的结果。"严谨的思维、严密的推理和严格的限定,构成了逻辑思维的理性框架。"因此,逻辑思维的稳定性能够保障创新思维的规范运行及创新思维成果的取得。

逻辑思维的确定性是明确问题意识的关键。问题引发思考,有明确的问题,及有与该问题相关的目的性与意识性都是解决问题的重要因素。逻辑思维恰恰能够在解决问题时提供确定性的指向,创新思维的发生及运行要求思维具有更多的灵活性、发散性,但在面对所解决的问题时要找到其关键点,有明确的目的性、问题意识驱动创新思维活动是逻辑思维确定性特点能够给予创新思维所必需的环节与步骤。

逻辑思维的可重复性保证创新思维有规律可循。创新成果的取得是在无数次实践创新活动中,通过创新思维的指导完成的。在探索创新思维活动过程中,虽然思维在时间与空间层面都具有灵活性,但创新思维的过程也需要有一定的逻辑方向可供遵循。即便是想象思维、发散思维进行时,其思维的发生应是根据有目的、有意识的问题,以想象、联想、发散的形式展开,而有些没有根据而取得的创新观点、想法同样需要按照逻辑的规律来判断是否符合客观实际。创新思维的多样性、发散性会提供更多的思路或选择的对象、机会,但最终的选择一定是由逻辑的线性指向而获得,逻辑思维能够给予思维一个规范性的轨迹。创新思维的过程或结果的有效性需要用逻辑思维的规范性、可重复性进行检验。因此,不论是从创新思维活动的过程或者最后的结果角度对其进行分析与研究,创新思维作为一种思维方式一定是符合逻辑的,由它指导实践所获取的成果也一定是合乎逻辑。逻辑思维遵循严密的逻辑规则,通过逐步推理得到符合逻辑的正确答案或结论的思维方式,它进行的模式是阶梯式的,步骤明确,包含着一系列严密、连续的归纳或演绎理性过程。创新思维的逻辑性有时会体现得较为明显,有时则较为模糊,但模糊和没有直接展现的逻辑性并不等于在创新思维的发生、运行及其成果方面不涉及任何逻辑思维。恰恰相反,逻辑思维是人类认识的高级阶段的体现,它对感觉材料的抽象,对信息的归纳、推理、判断的方式都会有或多或少的影响。作用于创新思维活动过程,没有逻辑思维的稳定性、规范性、确定性以及可重复性特点的指导,就无法保证创新思维结论的有效性。人们运用创新思维中的非逻辑思维获得多种解决问题的途径,而逻辑思维既能保障创新思维过程的合理性与规范性,又能利用它的特点在多种选择中筛选出最优方案。

7.3 逻辑思维的作用[①]

逻辑思维对科学技术的发展具有十分重要的作用。纵观人类社会发展史,任何时期所取得的伟大科学成就都是科学理论领域的创新,是具有创造性的发现与发明,而这些新成果的取得又是与逻辑相关的,不能缺少逻辑思维的作用。每一项重大科学发现的取得是经过长期的逻辑推理、证明、试错等一系列严谨的过程实现的,逻辑思维是这些重大发现、发明产生的思维基础。从古希腊时期自然科学、人文科学的出现,到近代西方科学革命的产生,直至现代科学的高速发展,由古代至现代的科学进步,演绎逻辑、归纳逻辑、因果逻辑、数理逻辑、语言逻辑等等的逻辑形式被建立起来,在逻辑思维发展的同时,科学家们也将这些逻辑形式运用在科学理论研究之中,逻辑思维在科学创新中具有重要的作用,为科学创新提供思维的逻辑基础,起到保障的作用。

逻辑思维对经验、知识、技术成果的转化起着重要的作用。科学的进步与发展需要一定的理论作为基础,只有实践没有理论的支撑就无法开展实践活动,更不可能取得本质的突破与创新。人们的认识也是在不断发展与进化的过程中实现提升,随着认识活动的扩展,人们自身所拥有的经验与知识不断积累,在科学发现、发明之中,充足的知识储备是必不可少的。西方的近现代科学发展一直处在领先位置,而中国的科学发展并没有像古代时期取得许多重大成就的原因,很大程度上是由于我们缺少了实证科学。古代的指南针、造纸术、火药等发明大多是技术的形式,是根据经验、知识的积累而创造出来的,

---

① https://whatis.techtarget.com/definition/design-thinking

而不是以科学为基础的技术形式。由于科学受到经济条件、社会文明程度等各种因素的影响,其发展程度十分有限,因而产生的发明是缺少以科学为支撑的技术发明。但是,随着社会的发展与变革,西方科学进入高速发展时期,其科学之所以能够发展壮大的重要原因就在于逻辑思维的发展。从亚里士多德(Aristotle)开始的形式逻辑,西方学者由此展开了有关逻辑的更多讨论与研究,有了逻辑思维的基础就能够在科学研究中通过抽象、归纳、判断、推理等方式找出、发现理论与实验中所存在的问题,从而确保科学理论成果的取得。我国古代取得过许许多多的伟大发明,这说明我们能够在科学技术领域获得突破,但现代科学的发展状况让我们必须认清推动科学理论突破的重要因素,认识到逻辑思维的重要作用。

思维方式的不同决定了人们在认识事物、判断事物时所选取的角度的差异,西方偏重理性思维,逻辑思维形式更多地被运用在实践活动中,在纯粹实证科学研究过程中运用具有归纳、推理、判断功能的逻辑思维,这对于科学发展具有一定的积极作用。知识、技术的获得能够为人们在科学实践过程中提供充足的理论基础,但是仅仅单独存在的知识与技术并不能成为科学发现,只有通过逻辑思维的指导,将经验、知识、技术相联系,使它们更多地转化为理论与实践成果,这样才是经验、知识、技术对于科学理论的价值所在。逻辑思维的分析、推论过程是一个复杂的思维活动,它能够使人在认识活动中获取更多的规律性的认识与判断。这种规律性的认识是人们在日常生活中所获取的知识或技术所不能提供的,它是将许多单一的经验、知识与技术进行整合从而取得科学理论的突破或实现科学体系的建立。因此,创新思维的发生及运行的过程必须是逻辑思维与非逻辑思维的统一,不能是单一逻辑思维的作用,也需要非逻辑思维的作用。

7.4 逻辑思维训练

7.4.1 逻辑思维特性

(1) 逻辑思维的具体方式本身就具有创造功能

逻辑推理主要有演绎推理、归纳推理和类比推理三种。演绎推理以其严密性、精巧性、必然性和确定性奠定了其在逻辑学中的重要地位,它在科学研究中的作用是功不可没的。不但科学探索过程的逻辑分析、论证需要演绎推理,就是在新观点提出时也常常依靠演绎推理。如关于物体重量与其下降速度的关系问题,亚里士多德认为"物体的重量与其下降速度成正比",即物体重量越大,其下降速度越快。这个观点在一千多年里没有受到丝毫怀疑,到了十六世纪意大利科学家伽利略对该观点提出挑战,认为物体的重量与其下降速度没有正比关系,物体不论轻重,其下降速度相同。他的逻辑论证是这样:

若把重量大小悬殊的两个物体捆绑在一起,设 A 为重物体,B 为轻物体,A 与 B 捆绑丢下,其下降速度是比 A 物单独丢下时快还是慢呢?按亚里士多德的观点,A 和 B 相加重量加大,其速度会加快,但两个物体重量悬殊,其下降速度也悬殊,这样就像一辆快车后面拖着一辆慢车,快车便快不起来,所以 A,B 两物体捆在一起其下降速度比 A 物体单独落下要慢,于是亚里士多德的观点出现了不可解的逻辑矛盾,最后被否定了。伽利略曾感慨地说,在真理面前,一千个权威抵不上一个谦恭的逻辑推理[①]。在科学史上,"氧化说"取代"燃素说","摩擦说"取代"热素说","日心说"战胜"地心说",等等,无不闪耀着演绎推理的光辉。

归纳推理是一种极富创新功能的推理方法,其特点是由个别经验知识直接推出一般知识。作为结论的"一般知识"相对于作为前提的"个别知识"来说是全新的知识。如人们发现金能导电、导热,银、铜、铝、铅、铁、锌等亦如此。金、银、铜、铁、铝、铅、锌等是金属的一部分,由此人们断定:所有金属都具有导电和导热的特征。可见归纳推理自身就是一种创新思维方法。

类比推理也属于一种创新思维方法。它的特点是根据两个或两类对象在一系列属性上相同(或相异),从而断定这两个(或两类)对象在另外的属性上也相同(或相异)。用来比较的属性是已知知识,而断定其另外的属性也相同则是全新知识,是创造性的思维成果。如哈维提出人体血液循环理论时就是根据对一条蛇的解剖观察,发现当蛇的动脉被夹紧后,蛇心由于充血变大、变紫,松开动脉则正常;若夹住其静脉,蛇心由于缺血而变瘪、变白,松开则正常。由蛇推及人,于是哈维提出"人体血液循环"的观点,否定了流行了两千多年的"人体血液由肝脏生产供全身器官消耗"的"血液单向运动"的说法。

(2) 逻辑思维是想象、直觉和灵感的前提和基础

想象、直觉和灵感等"非逻辑思维"由于常常与新思想、新见解和新概念相联系而被人们称为创新思维。这里把想象、直觉和灵感称为"非逻辑思维"并不是说想象、直觉和灵感与逻辑思维是水火不相容、完全对立的矛盾关系。相反,想象、直觉和灵感必须以逻辑思维作为前提和基础,理由如下。

首先,直觉、灵感是在艰苦的逻辑思维过程中产生的。在人类发明创造史上,想象、直觉和灵感的作用屡见不鲜。阿基米德泡在浴缸中悟出了浮力定律,牛顿被树上落下的苹果砸了脑袋而悟出了万有引力定律,门捷列夫在右脚踏上火车的刹那悟出了元素周期表,凯库勒梦见蛇自咬尾巴悟出苯的分子结构,等等。然而这些科学家们真的是仅靠直觉、灵感顿悟出科学真理吗?回答当然是否定的。无论他们各自的顿悟过程是多么奇特有趣,他们都有一个共同特点,那就是在顿悟之前他们都一直在苦苦思索某一问题,曾进行过千万次的逻辑分析、推理和论证,可以说若没有逻辑思维做准备,直觉和灵感便不会

---

① 李士本.自然科学史简明教程[M].杭州:浙江大学出版社,2006.

降临,当然也无法"顿悟"出科学真理。正如法国生物学家巴斯德说过那样:"机遇只垂青有准备的头脑。"邦格也说:"没有漫长而且有耐心的演绎推论,就没有丰富的直觉。"其次,通过想象、直觉和灵感产生的结论和新概念需要作逻辑的分析、论证。想象、直觉和灵感的特点是没有清晰的逻辑思路,直接把握事物的本质和规律。但是如果对一个新思想、新概念没有作出(或不能作出)逻辑上的解释和论证,人们就不会接受它,而且它也可能只是一种毫无根据的想象或幻想。因此想象、直觉和灵感出现之后,随之而来的便是逻辑的分析、加工、整理。只有把想象、直觉和灵感的结论和新概念进行逻辑加工后,才能使它成为一个论证严密的科学观点。因此凯库勒曾风趣地说:"先生们,假使我们学会做梦,我们也许就会发现真理。不过我们务必要小心,在我们的梦受到清醒头脑证实之前,千万别公开它们。"

总之,想象、直觉和灵感,都不可能离开逻辑思维而凭空诞生。正如苏联学者鲁扎文说的那样,如果认为没有思维在事先作精心准备,没有对各种猜想、揣测和假说的评判性参照,新观念都可以产生出来是难以置信的,而在上面这些活动中,逻辑起着举足轻重的作用。

7.4.2 逻辑思维方法[①]

(1) 演绎推理法

演绎推理法就是由一般性前提到个别性结论的推理,是按照一定的目标,运用演绎推理的思维方法,取得新颖性结果的过程。例:盒子里放的是什么球?有三个外形完全相同的盒子,每个盒子里都放有两个球。三个盒子里面是两个白球、两个黑球、一黑一白。每个盒子外面都贴有一张标签,分别写着"白白""黑黑""黑白",可是每个盒子上的标签都是错的。现在请你只在一个盒子里摸出一个球,就能够判断出每个盒子里分别放的是什么球。(答案:从贴有"黑白"标签的盒子里摸出一个球,就可以判断每个盒子里分别放的是什么球。)

(2) 归纳推理法

从一般性较小的知识推出一般性较大的知识的推理,就是归纳推理。在许多情况下,运用归纳推理可以得到新的知识。按照一定的目标,运用归纳推理的思维方法,取得新颖性结果的过程,就是归纳推理法。如:太阳系的大行星围绕太阳公转,太阳系的小行星也围绕太阳公转,太阳系的行星只有大小两类,所以,太阳系的所有行星都围绕太阳公转。这就是一个完全归纳推理。水星、金星、地球、火星、木星、土星、天王星、海王星都以椭圆轨道公转,太阳系只有这八大行星,所以,太阳系所有的大行星都以椭圆轨道公转,这也是一个完全归纳推

拓展阅读

---

① http://www.360doc.com/content/18/0720/14/7639283_771911853.shtml

理。再如:"路遥知马力,日久见人心","瑞雪兆丰年"属于简单的枚举归纳推理;依据金属受热体积膨胀,铁受热体积膨胀,铜受热体积膨胀,金受热体积膨胀,银受热体积膨胀,锡受热体积膨胀等现象,发现它们受热后,分子之间的引力减小,分子运动加速,分子之间的距离加大,所以体积膨胀,而由于它们都是金属,就得到了所有的金属受热体积都会膨胀的结论,这属于科学归纳推理。

(3) 实验法

为了一定的目的,人为地安排现象发生的过程,据之研究自然规律的实践活动。实验的特点就是必须能重复,能够在相同条件下重复地做同一个实验,并产生相同的结果,这是一个试验成功的标志。例如:1974年10月初华裔科学家丁肇中在美国的实验室里做实验,证明了 j 粒子的存在,10月15日,在德国实验室重复了这个实验,马上就找到了 j 粒子。于是,全世界物理学界都承认了丁肇中的成果,丁肇中因此获得了诺贝尔奖。

(4) 比较研究法

它是通过比较两个或两个以上对象的同和异来获得新知识的方法。如:鉴别伪劣、真伪,取长补短等。

(5) 证伪法

证伪是一种十分有效的提高思维效率的方法,在检验合格产品,侦查破案,进行社会调查、记者采访、诊断病情,科学实验等方面都可以应用到。例如:老师在一张纸上写下甲、乙、丙、丁四个人中一个人的名字,藏了起来,然后让这四个人猜是谁的名字,甲说:是丙的名字。乙说:不是我的名字。丙说:不是我的名字。丁说:是甲的名字。老师说:你们中只有一个人说对了。这就是一个简单的证伪法的例子。

即练即测

复习思考题

1. 简述逻辑思维的概念和特点。
2. 结合实际,谈谈你对逻辑思维的意义的认识。
3. 逻辑思维训练有哪些方法?

第 8 章

TRIZ（发明问题解决理论）

本章要点

- 掌握 TRIZ 的定义和基本要素；
- 理解 TRIZ 解决发明创造问题的一般方法；
- 了解 TRIZ 的历史以及在其他领域的应用发展趋势；
- 了解物理冲突解决方法、技术冲突解决方法和解决发明问题的程序（ARIZ）。

发明问题解决理论——TRIZ，是其俄文首个字母的缩写，对应的英文缩写为 TIPS（Theory of Inventive Problem Solving），是基于知识的、面向人的解决发明问题的系统化方法。事实证明，TRIZ 是左脑分析归纳能力的重要体现，能够使研究设计人员的思路按照若干个有效的思路展开，大大提高了产品设计想法的提出和设计问题解决的效率与质量。本章首先从 TRIZ 的产生过程、基本概念的提出入手，介绍了 TRIZ 的本质特征及基本观点。最后，结合具体的案例介绍了 TRIZ 包括的主要的方法和方法的原理、特点、应用步骤。

8.1 TRIZ 简介

8.1.1 TRIZ 历史

Altshuller 和他的同事们分析研究了大约 250 万个技术领域的专利文献，并把这些专利按照创造性程度分为 5 个等级（见表 8-1）。Altshuller 发现，现实中大部分遇到的创造性问题已经在别的领域得到解决，因此如果能够事先找到别的领域问题的解法就能快速有效地解决创造性问题。Altshuller 经过研究提出了 TRIZ 理论，即解决创造性问题的理论，并提出了多种分析方法和方法，例如冲突矩阵、发明性原理、物质场分析模型、解决创造性问题的算法等。Altshuller 为 TRIZ 理论的提出和发展作出了巨大贡献，被人们称为 TRIZ 之父。在苏联时期，TRIZ 并没有得到政府的重视，甚至被政府打压，TRIZ 理论的发展只能在偷偷摸摸的状态下进行。苏联解体后，大批的 TRIZ 专家移居美国，并把 TRIZ 带到美国。20 世纪 90 年代初期，TRIZ 开始引起美国部分企业和学者的注意，复兴领导机构（Renaissance Leadership Institute）公司和发明机械公司（Invention Machine Corporation）最早开始关注 TRIZ，应用 TRIZ 给顾客提供质量更好的产品。

表 8-1　发明创造的等级划分及知识领域

发明创造级别	创新的程度	比例	知识来源	参考解的数量
1	明确的解	32%	个人的知识	10
2	少量的改进	45%	公司内的知识	100
3	根本性的改进	18%	行业内的知识	1000
4	全新的概念	4%	行业以外的知识	10 000
5	发现	<1%	所有已有的知识	100 000

8.1.2　TRIZ 的定义

国际著名的 TRIZ 专家 Savransky 博士给出了 TRIZ 的如下定义：TRIZ 是基于知识的、面向人的、解决发明问题的系统化方法。

(1) TRIZ 是基于知识的方法

TRIZ 是发明问题解决的启发式方法的知识。这些知识是从全世界范围内的专利中抽象出来的。

TRIZ 大量采用自然科学及工程中的效应知识。

TRIZ 利用出现问题所在领域的知识。这些知识包括技术本身，相似或相反的技术或过程、环境、发展及进化等方面的知识。

(2) TRIZ 是面向人的方法

TRIZ 的启发式方法是面向设计者的，不是面向机器的。TRIZ 理论本身是基于将系统分解为子系统、区分有益及有害功能的实践，其中，分解取决于问题及环境且本身，具有随机性。计算机软件仅起支持作用，并不能完全代替设计者，因此，需要为处理这些随机问题的设计者提供工具与方法。

(3) TRIZ 是系统化的方法

TRIZ 对问题的分析采用了通用及详细的模型，该模型的系统化知识是至关重要的。TRIZ 解决问题的过程是一个系统化的、能方便应用已有知识的过程。

(4) TRIZ 是解决发明问题的理论

为了取得创新解，需要解决设计中的冲突，但是解决冲突的某些过程是未知的。但因为，未知的情况往往可以被虚拟的理想代替，所以可以用理想解来反思或者辅助求解现实中的未知问题。通常，理想解可通过环境或系统本身的资源获得，理想解也可以通过已知的系统进化趋势推断。

8.1.3 TRIZ 包含的基本要素

(1) 理想的技术系统

TRIZ 认为,对技术系统本身而言,重要的不在于系统本身,而在于如何更科学地实现系统的功能,较好的技术系统应该是在构造和使用维护中消耗较少的资源、同时又能完成同样功能的系统。理想系统则是不需要建造材料、不耗费能量和空间、不需要维护、不会损坏的系统,即在物理上不存在,却能完成所需要的功能。这一思想充分体现了简化的原则,是 TRIZ 所追求的理想目标。

(2) 缩小的问题与扩大的问题

在解决问题的初期,面对需要克服的缺陷可以有很多不同的思路。例如:改变系统、改变子系统和其中的某一部件,或改变高一层次的系统等,都可能使问题得到解决。思路不同,所思考的问题及对应的解决方案也会有所不同。

TRIZ 将所有的问题分为两类:缩小的问题和扩大的问题。缩小的问题致力于使系统不变甚至简化,从而消除系统的缺点,完成改进;扩大的问题则不对可选择的改变加以约束,因而可能为实现所需功能而开发一个新的系统,使解决方案复杂化,甚至使解决问题所需的耗费与解决的效果相比得不偿失。TRIZ 建议采用缩小的问题。这一思想也符合理想技术系统的要求。

(3) 系统冲突

系统冲突是 TRIZ 的一个核心概念,表示隐藏在问题后面的固有矛盾。如果要改进系统的某一部分属性,其他的某些属性就会恶化,就像天平一样,一端翘起,另一端必然下降,这种问题就称作系统冲突。典型的系统冲突有重量-强度、形状-速度、可靠性-复杂性冲突等。TRIZ 认为,发明可认为是系统冲突的解决过程。

(4) 物理冲突

物理冲突又称为内部系统冲突。如果互相独立的属性集中于系统的同一元素上,就称为存在物理冲突。物理冲突的定义是:同一物体必须处于互相排斥的物理状态,也可以表述为:为实现功能 F1,元素应具有属性 P1;为实现功能 F2,元素应有对立的属性 P2。根据 TRIZ 理论,物理矛盾可以用三种方法解决:把对立属性在时间上加以分割,把对立属性在空间上加以分割和把对立属性所在的系统与部件分开。

8.1.4 TRIZ 解决发明创造问题的一般方法

TRIZ 解决发明创造问题的一般方法是:
(1) 首先将要解决的特殊问题加以定义、明确;
(2) 然后,根据 TRIZ 理论提供的方法,将需解决的特殊问题转化为类似的标准

拓展阅读

拓展阅读

问题,而针对类似的标准问题总结、归纳出类似的标准解决方法;

(3)最后,依据类似的标准解决方法解决用户需要解决的特殊问题。

当然,某些特殊问题也可以利用头脑风暴法直接解决,但难度很大。TRIZ解决发明创造问题的一般方法可用图8-1表示。图中的39个工程参数和40个解决发明创造的原理请参见拓展阅读。

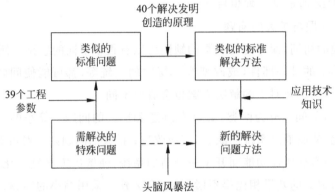

图8-1　TRIZ解决发明创造问题的一般方法

8.2　冲突解决理论

任何技术系统(或称产品)都可分解成若干个子系统,子系统还可进一步分解成更小的子系统。当对系统内某一子系统进行改进时,可能会对另一子系统产生不利影响或使本子系统的其他性能变坏,这就是设计中的冲突(矛盾)。TRIZ认为发明问题的核心就是解决冲突,没有冲突的设计或采用折中的方法解决冲突则不是创新。冲突可分为三类:物理冲突、技术冲突和管理冲突。TRIZ主要研究前两种冲突。

8.2.1　物理冲突的解决方法

物理冲突是指对一个系统或子系统有相反的、矛盾的需求,表现为加强一个子系统的有用功能的同时导致该子系统有害功能的加强。比如,为了提高零件的强度应增加零件的材料,但为使结构紧凑又应该减少材料;为使仪器设备能解决复杂问题应增加其功能,但为便于操作应减少功能。物理冲突比技术冲突更尖锐,是TRIZ要解决的关键问题之一。常见的物理冲突有长与短、对称与不对称、功率大与小、快与慢等。

物理冲突方法一直是 TRIZ 研究的重要内容，艾尔特·舒勒在 20 世纪 70 年代提出了 11 种解决方法，20 世纪 80 年代 Glazunov 提出了 20 种方法，20 世纪 90 年代 Savransky 提出了 14 种方法。目前，工程技术领域常用的是 Altshuller 提出的 11 种冲突解决方法，简单介绍如下：

(1) 冲突特性的空间分离：如采矿的过程中为了遏制粉尘，需要微小水滴，但微小水滴产生雾，影响工作。建议在微小水滴周围混有锥形大水滴。

(2) 空间特性的时间分离：根据焊缝宽度的不同，改变电极的宽度。

(3) 不同系统或元件与一超系统相连：传送带上的钢板首尾相连，以使钢板端部保持一定温度。

(4) 将系统改为反系统，或将系统与反系统结合：为防止伤口流血，在伤口处缠上绷带。

(5) 系统作为一个整体具有特性 B，其子系统具有特性-B：链条与链轮组成的传动系统是柔性的，但是每一个链节都是刚性的。

(6) 微观操作为核心的系统：微波炉可代替电炉等加热食物。

(7) 系统中一部分物质的状态交替变化：运输时氧气处于液态，使用时处于气态。

(8) 由于工作条件变化使系统从一种状态向另一种状态过渡：如形状记忆合金管接头，在低温下管接头很容易安装，在常温下不会松开。

(9) 利用状态变化所伴随的现象：一种运输冷冻物品的装置的支撑部件是冰棒制成的，在冷冻物品融化过程中，能最大限度地减少摩擦力。

(10) 用两项的物质代替单项的物质：抛光液由一种液体与一种粒子混合组成。

(11) 通过物理作用及化学反应使物质从一种状态过渡到另一种状态：为了增加木材的可塑性，木材被注入含有盐的氨水，由于摩擦，这种木材会分解。

8.2.2　技术冲突的解决方法：冲突矩阵法

在设计过程中如何选用发明原理作为产生新概念的指导是一个具有现实意义的问题。通过多年的研究、分析和比较，艾尔特·舒勒提出了冲突矩阵。该矩阵将描述技术冲突的 39 个通用工程参数与 40 条发明创造原理建立了对应关系，很好地解决了设计过程中选择发明原理的难题。冲突解决矩阵为 40 行 40 列的一个矩阵，如表 8-2 所示，该表为冲突矩阵表的简图。其中第一行或第一列为按顺序排列的 39 个描述冲突的通用工程参数序号。除了第一行与第一列外，其余 39 行 39 列形成一个矩阵，矩阵元素或空，或有几个数字，这些数字表示 40 条发明原理中推荐采用原理的序号。矩阵中的列所代表的工程参数是需改善的一方，行所描述的工程参数为冲突中可能引起恶化的一方。

表 8-2 冲突解决矩阵表

恶化的技术特性 \ 希望改善的技术特性	1.运动物体质量	2.静止物体质量	3.运动物体尺寸	4.静止物体尺寸	5.运动物体面积	……	22.能量的浪费	……
1. 运动物体质量			15,8 29,34		29,37 38,34		6,12 34,19	
2. 静止物体质量				10,1 29,35			18,19 28,15	
3. 运动物体尺寸	8,15 29,34				15,17 4		7 35,9	
4. 静止物体尺寸		35,28 40,29					6,28	
5. 运动物体面积	2,17 29,4		14,15 18,4				15,17 30,26	
……								
33. 操作性	25,2 15,13	6,13 1,25	1,17 13,12		1,17 13,16		2 19,13	
……								
39. 生产性	35,26 24,37	28,27 15,3	18,4 28,38	30,7 14,26	10,26 34,31		28,10 29,5	

应用该矩阵的过程步骤是:首先在 39 个通用工程参数中,确定使产品某一方面质量提高及降低(恶化)的工程参数 A 及 B 的序号,然后将参数 A 及 B 的序号从第一行及第一列中选取对应的序号,最后在两序号对应行与列的交叉处确定一个特定矩阵元素,该元素所给出的数字为推荐解决冲突可采用的发明原理序号。如希望质量提高与降低的工程参数序号分别为 No.3 及 No.5,在矩阵中,第 3 列与第 5 行交叉处所对应的矩阵元素如表 8-2 所示,该矩阵元素中的数字分别为 14、15、18 及 4 推荐的发明原理序号。

TRIZ 的冲突理论似乎是产品创新的灵丹妙药,但在应用该理论之前的前处理与应用后的后处理仍然是关键的问题。

当针对具体问题确认了一个技术冲突后,要用该问题所处的技术领域中的特定术语描述该冲突。然后,要将冲突的描述翻译成一般术语,由这些一般的术语选择通用工程参数。由通用工程参数在冲突解决矩阵中选择可用的解决原理。一旦某一或某几个发明创造原理被选定,必需根据特定的问题将发明创造原理转化并产生一个特定的解。对于复杂的问题,一条原理是不够的。原理的作用是使原系统向着改进的方向发展,在改进的过程中,对问题的深入思考、创造性和经验都是必需的。

可把应用技术冲突解决问题的步骤具体化为以下 12 个步骤。

① 定义待设计系统的主要功能。

② 确定待设计系统的主要功能。
③ 列出待设计系统的关键子系统、各种辅助功能。
④ 对待设计系统的操作进行描述。
⑤ 确定待设计系统应改善的特性、应该消除的特性。
⑥ 将涉及的参数按照通用的 39 个工程参数重新描述。
⑦ 对技术冲突的描述：如果某一工程参数要得到改善，将导致哪些参数恶化？
⑧ 对技术冲突进行另一种描述：假如降低参数恶化的程度，要改善参数将被削弱，或另一恶化参数将被加强。
⑨ 在冲突举证中由冲突双方确定相应的矩阵元素。
⑩ 由上述元素确定可用的发明原理。
⑪ 将所确定的原理应用于设计者的问题中。
⑫ 找到、评价并完善概念设计及后续的设计。

案例讨论

8.3 ARIZ——解决发明问题的程序

解决发明问题的程序（ARIZ——是俄文首字母的缩写）是指人们解决问题时应遵循的思想、方法和依据的计划、步骤。"程序"一词狭义上是指绝对确定了的数学运算步骤，广义上是指任何精确的行为计划，这里所说的解决发明问题的程序中的"程序"，正是在后者意义上使用的。

从表面上看，解决发明问题的程序是按一定顺序对发明问题进行处理的计划。技术系统发展规律寓于程序结构本身或以一些具体操作步骤表现出来。发明家借助于这些操作步骤逐步地揭示物理矛盾，确定这些矛盾与技术系统哪一部分有关，然后利用操作步骤改变被确定的部分，排除物理矛盾。这样，困难的问题即可转化为容易的问题。

解决发明问题的程序拥有克服心理惰性的特殊手段。有些人认为对付心理惰性并不难，只要记住它的存在就够了。事实并非如此，心理惰性是根深蒂固的。单记住它的存在是不够的，而应该采取具体操作步骤克服它。比如说，表述问题条件一定要避免使用专门术语，因为专门术语会使发明家对事物局限于一些老的、一成不变的概念。

实质上，解决发明问题的程序是一种组织人们思维的有效程序，它能使一个人拥有所有（或很多）发明家的经验，但更重要的是，要善于运用这些经验。一般的发明家，甚至经验丰富的发明家在采取解决问题方案时往往都根据经验采用表面类似的方案，也就是说他们在采取解决问题方案时首先想到所要解决的新问题同哪个已解决的老问题相似，以便采用类似的解决方案，而"程序的"发明家想得更深，他们想的是这一新问题中有何种物理矛盾，不是根据新问题与老问题表面相似，而是根据新问题的物理矛盾和与表面毫无共同之点的老问题的物理矛盾深层相似关系选择解决新问题的方案。对旁观者来说,这好像是强大的直觉的闪现。

解决发明问题的信息库在不断地充实与完善。一般来说,解决发明问题的程序发展很快,经过了数次修改和完善,下文是 ARIZ 的具体步骤。

(1) ARIZ 方法步骤

第一步:选择问题

1) 确定解决问题的最终目的

应该改变物体的哪些特性?

在解决问题时物体的哪些特性明显地不能改变?

如果问题得以解决,能降低哪些消耗?

允许哪些耗损(大概估计)?

应当改善哪些主要技术经济指标?

2) 试验一下迂回方法

假设问题在原则上不能解决,那么为了得到所要求的最终结果,应该解决什么样的其他问题?

过渡到该问题系统包括的上位系统水平,重新表述问题。

过渡到该问题系统包括的下位系统水平,重新表述问题。

用相反的作用(或性质)代替所要求的作用(或性质),在三个系统(上位系统、系统、下位系统)水平上重新表述问题。

3) 确定解决哪种问题比较适宜?是原问题还是某一迂回问题?

注意:在选择时应考虑到客观因素(该问题系统发展的潜力)与主观因素(取向哪种问题,是最小问题还是最大问题)。

4) 确定所需要的数量指标。

5) 增加所需要的数量指标,同时考虑实现这一发明的必要时间。

6) 明确这一发明的具体条件所引起的要求。

考虑实现这一发明的特殊性,特别是解决问题的复杂性程度。

考虑预计的应用规模。

7) 检查一下问题能否直接应用解决发明问题的标准解法来解决。如能解决,就转向第五步步骤 1。如不能解决,就转向步骤 8。

8) 利用专利信息明确问题

与该问题近似的问题的答案有哪些(根据专利文献资料)?

与问题类似的、但属于先进技术部门的问题的答案有哪些?

与该问题相反的问题的答案有哪些?

9) 应用 PBC 法(尺度-时间-价值操作法)

假定把物体的尺寸由给定的值变到 0,这时问题怎样解决?

假定把物体的尺寸由给定的值变到无穷大,这时问题怎样解决?

假定把过程的时间(或物体的运动速度)由给定的值变到 0,这时问题怎样解决?

假定把过程的时间(或物体的运动速度)由给定的值变到无穷大,这时问题怎样解决?

假定把物体或过程的价值(允许耗费)由给定的值变到 0,这时问题怎样解决?

假定把物体或过程的价值(允许耗费)由给定的值变到无穷大,这时问题怎样解决?

第二步:建立问题模型

1) 不用专门术语写出问题条件。

2) 区分并写出一对矛盾要素。如问题条件只给定一个要素,就转向第四步步骤 2。

规则 1:在矛盾对要素中一定要包括制品。

规则 2:矛盾对要素中的第二个要素,应是与制品相互作用的要素(方法或第二制品)。

规则 3:如果一个要素(方法)按问题条件有两种状态,应取能保障更好地实现主要生产过程(问题中指出的整个技术系统的基本功能)的那种状态。

规则 4:如果在问题中有若干个同类的相互作用要素时(A1、A2 等与 B1、B2 等),可以只取一对(A1 与 B1)。

为了把这样的问题变成有一个矛盾对的合乎规则的形式,应该先使方法具有使该技术系统完成基本生产作用所必要的性能,如,应该采取没有避雷针、无线电波也能自由达到天线的办法。这样,矛盾对是:不存在的避雷针与闪电(或者是不导电的避雷针与闪电)。

3) 写出矛盾对要素的两个相互作用(作用、性质):已有的与引进的;有益的与有害的。

第三步:分析问题模式

1) 从问题模式要素中选出易于改变的要素等。

规则 5:技术物体比天然物体易于改变。

规则 6:方法比制品易于改变。

规则 7:如果系统中没有易于改变的要素,即应指出"外部介质"。

2) 写出理想最终结果(IFR)的标准表述。

要素[是指在本步骤 1 中区分出的要素]本身排除有害相互作用,保持完成的能力(是指完成有益相互作用的能力)。

规则 8:在理想最终结果(IFR)的表述中永远应该有"本身"一词。

3) 把要素[是指在本步骤 2 中指出的要素]中不符合理想最终结果(IFR)的要求的两个相互作用的区域加以区分,在这个区域中是什么?是物质还是场?把这一区域画在示意图上,用颜色、线条等符号表示出来。

4) 对于区分出的具有矛盾相互作用(性能)的要素区域的状态提出矛盾的物理要求并加以表述。

为了保障有益的相互作用或应保持的相互作用,必须保障物理状态是加热的、运动的、带电的等。

为了防止有害的相互作用或应引进的相互作用,必须防止物理状态是冷却的、不运动的、不带电的等。

规则9:在本步骤4中①和②中指出的物理状态应是相对立的状态。

5)写出物理矛盾的标准表述。

完全表述:为完成有益的相互作用,区分出的要素区域应该是本步骤4的①中所指出的状态,为了防止有害的相互作用,区分出的要素区域应该是本步骤4的②中所指出的状态。

简单表述,区分出的要素区域应该是与不应该是。

第四步:消除物理矛盾

1)对区分出的要素区域进行简单的转换,即把矛盾的性质分开。

在空间上分开。

在时间上分开。

利用过渡状态分开,使矛盾的性质同时共存或交替出现。

通过改造结构分开,使所区分出的要素区域部分具有已有的性质,而使整个要素区域具有所要求的(矛盾的)性质。

如果得到的物理答案(即揭示出必要的物理作用),即转向本步骤5,否则,转向本步骤2。

2)利用典型问题模式表与物—场转换表。如果得到物理答案,即转向本步骤4,否则,转向本步骤3。

3)利用物理效应应用表。如果得到了物理答案,即转向本步骤5,否则,转向本步骤4。

4)利用消除技术矛盾的发明原理。如果在这以前得到了物理答案,即可利用该表验证答案。

5)由物理答案过渡到技术答案;表述解决方法并给出实现这一方法的构造示意图。

第五步:初步评价所得解决方案

1)进行初步评价

验证问题:

所得解决方案能否保障完成理想最终结果(IFR)的主要要求?

所得解决方案消除(和消除了)什么样的物理矛盾?

所得技术系统是否包括至少一个易于控制的要素?如何实现控制?

"单循环的"问题模式的解决方案在"多循环的"现实条件下是否适用?

如果得到解决方案连一个验证问题都不能满足,即应回到第二步1。

2)根据专利资料验证所得解决方案是否新颖。

3)在对所得设想进行技术分析时能否派生出某些问题?写出可能的派生问题——

发明方面的、设计方面的、计算方面的、组织方面的。

第六步：发展所得答案

1) 确定包括已变系统的上位系统应该怎么变化。

2) 验证已变系统有无新的用途。

3) 利用所得答案解决其他技术问题。

A 研究利用与所得答案相反的设想的可能性。

B 建立"部分配量-制品聚集状态"表或"利用场-制品聚集状态"表，并根据这些表研究答案能否改动？

第七步：分析解决进程

1) 比较实际解决进程与理论（按 ARIZ）解决进程。如果两者偏离，应该记录下来。

2) 比较所得答案与表中给定的答案（物-场转换表，物理效应表，基本技法表）。如果两者偏离，应该记录下来。

（2）ARIZ 问题解决流程

按照 TRIZ 的基本观点，对同一问题的解决可能有多个不同的方案，方案的难易及可行性与对问题的描述方法息息相关。把实践中的矛盾描述为缩小的问题，将指引问题的解决者朝着理想最终结果的方向前进，从而找出既简单又有效的方法，以最小的代价使问题得到解决。创造性问题解决步骤就是为实现这一目的而开发的，它综合了 TRIZ 关于问题缩小化、理想产品以及冲突与矛盾等有关观点，是一个连续的逻辑流程，流程图如图 8-2 所示。考虑到现实问题通常有复杂的表象，创造者不一定在第一次分析时就能对问题作出正确的描述，该流程是一个循环结构。根据流程图，首先，对问题的初始描述一般比较模糊，创造者通过对问题的深入理解，将矛盾集中到较小的层面，描述一个缩小的问题。然后，以此为着眼点分析隐藏在系统中的冲突，找出冲突发生的区域，明确区域中有哪些固有资源，建立一个对应的理想方案。TRIZ 认为，一般而言，为了找到理想的解决方案，可以在冲突区域发现相互矛盾的物理属性，即物理矛盾。为此，应分析系统面临的物理矛盾，找出矛盾所在的部件，作为问题解决的关键。最后，在知识库（专家系统）的支持下开发具体的设计方案。如前所述，通过在不同的时间、空间或不同的层次上分隔物理矛盾，可以使问题得到解决。为了使解决方案尽可能接近理想方案，在具体方案的策划上，要尽量利用系统已有的资源，少增加额外的资源，在对系统改动最小的情况下达到目标。

如果对一个缩小的问题作了全面的分析仍然找不到问题的解决方案，通常是因为对问题的初始描述或对缩小问题的描述有误或不准确。因此，如果完整地进行了该流程而问题没有解决，建议回到问题分析的起点，进行更深入的调查研究，重新定义一个缩小的问题，再按图 8-2 的流程寻找解决办法。

案例讨论

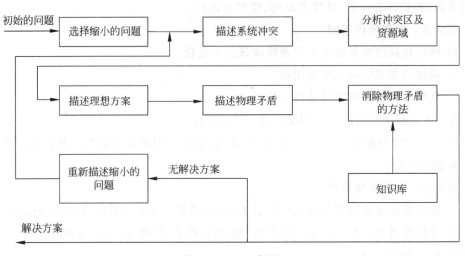

图 8-2 ARIZ 流程

8.4 TRIZ 在其他领域应用的发展趋势

TRIZ 理论广泛应用于工程技术领域,目前已逐步向其他领域渗透和扩展。应用范围越来越广,由原来擅长的工程技术领域分别向自然科学、社会科学、管理科学、生物科学等领域发展。现在已总结出了 40 条发明创造原理在工业、建筑、微电子、化学、生物学、社会学、医疗、食品、商业、教育应用的实例,用于指导各领域遇到问题的解决。例如,摩尔多瓦国家在 1995—1996 年总统竞选的过程中,其中两个总统候选人就聘请了 TRIZ 专家作为自己的竞选顾问,并把 TRIZ 理论应用到具体的竞选事宜中,取得了非常好的效果。两人中一位总统候选人成功登上总统宝座,另一位亦通过总统竞选提高了自己在国内外的知名度。2003 年,"非典型肺炎"肆虐中国及全球的许多国家。其中新加坡的 TRIZ 研究人员就利用 40 条发明创造原理,提出了防止"非典型肺炎"的一系列方法,其中许多措施被新加坡政府采纳,并用于实际工作中,收到了非常好的效果。

罗克韦尔自动化(Rockwell Automotive)公司针对某型号汽车的刹车系统应用 TRIZ 理论进行了创新设计。通过 TRIZ 理论的应用,刹车系统发生了重要的变化,系统由原来的 12 个零件缩减为 4 个,成本减少 50%,但刹车系统的功能却没有变化。

福特汽车(Ford Motor)公司遇到了推力轴承在大负荷时出现偏移的问题。通过应用 TRIZ 理论,产生 28 个新概念(问题的解决方案),其中一个非常吸引人的新概念是:利用小热膨胀系数的材料制造这种轴承,克服上述问题,最后很好地解决推力轴承在大负荷时出现偏移的问题。

克莱斯勒汽车(Chrysler Motors)公司,1999 年应用 TRIZ 理论解决企业生产过程中遇到的技术冲突或矛盾,共获利 1.5 亿美元。

拓展阅读

20世纪90年代中期以来,美国供应商协会(ASI)一直致力于把TRIZ理论与QFD方法、Taguchi方法推荐给世界500强企业。在俄罗斯,TRIZ理论的培训已扩展到小学生、中学生和大学生。寇瓦利克(Kowalick)博士在加利福尼亚北部教中学生TRIZ,其结果是不可思议的。中学生正在改变他们思考问题的方法。他们的创造力迅猛提高,他们能用相对容易的方法处理比较难的问题,一些小学生也受到了训练。美国的达·芬奇(Leonardo da Vinci)研究院正在研制应用在小学和中学的教学手册。

即练即测

复习思考题

1. 简述发明问题解决理论的发展历史。

2. TRIZ解决发明创造问题的总体思路是什么?其中涉及的参数和原理起到了怎样的作用?

3. 利用40个发明原理解决下列实际问题:

(1) 在寒冷的天气里运输沙砾时,沙砾很容易冻结,利用发明原理中的变有害为有利原理解决这个问题。(提示:液态氮的气化过程可以使物体过度冻结)

(2) 在一艘沉船中发现了一个古代日本宫廷花瓶。要重新获得花瓶并不是一件容易的事,因为当时没有任何可利用的潜水装置。在这种情况下,如何利用发明原理中的中介物原理重新获得花瓶。(提示:章鱼有钻入洞穴栖息的习惯)

(3) 1903年,德国北极探险队的一艘轮船不幸卡在冰面上不能移动,尽管距离流动海水只有2公里,船员们还是不能打破冰面,甚至使用炸药也不能解决问题。请利用发明原理中的改变颜色原理解决这个问题。

(4) 如何测量婴儿的体温而不激起啼哭?(提示:利用多用性原理)

第四篇

整合交叉思维

　　大量的研究表明，人脑的两半球在功能上不仅有分工，而且还有一定的互补能力；它们在一些具体功能上虽然存在着主次之分，但一般来说都是相对而言的，而不是全有或全无的性质，它们既各司其职，又相互密切配合。就以更多依赖于左脑的言语为例，左半球也主要分管词意和连续的一面，而右脑还分管声调。可见，左右脑就好比两个不同类型的信息加工控制系统，二者相辅相成，协调统一。本篇将对整合交叉思维进行介绍，通过阅读本篇，读者将建立完整的交叉思维整合的方法观念。

第四篇

整合交叉思路

第 9 章

双脑模型（双脑模式理论）

> 我们这个世界是思维的产物，不改造我们的思维就不能改变世界。
>
> ——爱因斯坦

本章要点

- 掌握双脑模式理论；
- 明晰双脑思维在管理中的应用；
- 了解"双脑型"人才培养的概述、培育原则和教育模式。

引导案例

凡客诚品的衰落

仿佛凡客诚品昨天还遍布各地，一转眼，天猫京东打得火热，优衣库的线上线下经营也红红火火。凡客诚品靠做白衬衫起家，有丰富的设计、生产、营销、管理经验，有人脉优势，有雷军、史航等牛人的资金与管理经验作支持，拥有庞大的使用者和粉丝。如此多的优势，仍然没有使凡客在危机之时"九死一生"。

究其原因，一是单爆思维没有形成条件反射，没有找准突破口；二是盲目追求扩张，追求更多的产品线增加利润，却忽视产品质量。单爆是一定和目标细分做结合的，比如凡客要单爆白衬衫质量，马上问题来了，一件好的白衬衫包含太多细项：布料、款式、做工等等。那要先做好哪项？又是提问加细分的一个过程，凡客的口碑就是极简和品质，然而当口碑都还没有做好，却一味扩张。右脑思维的创造性得到运用，但左脑的理性逻辑思维缺失是凡客失败的重要原因之一，当一件事都没有做好就想做更多的事最终导致什么事都不好，产品没有一个拿得出手，产品线还那么长，每一件产品就是破坏其口碑的一个刀口。

人的思维是大脑的产物，我们的大脑是一个沉睡的巨人，普通人终其一生才用了4%～6%的大脑潜能。虽然左右脑有不同的思维方向，但不能将其割裂开来。本章将基于双脑模式理论,介绍双脑思维在管理中的应用和双脑人才的培养相关内容,为整合交叉思维提供理论和实践基础。①

9.1 双脑模式理论简述

双脑模式理论(Bimodality Theory)认为,人的左脑擅长语言、逻辑分析、抽象思维和复杂计算;右脑擅长非语言的形象思维、直觉空间和想象(Sousa,2001)(如图9-1所示)。

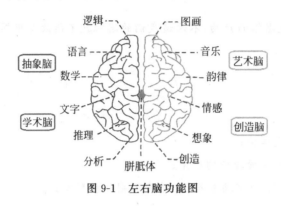

图 9-1 左右脑功能图

9.2 管理中的双脑思维

如果有人问轮胎可以做什么,缺乏创造力的人会说用来做救生圈或是捆在树上做秋千,富有创造力的人会说诸如"当大象的眼镜架"或是"机器人头上的光环",富有创造力的人比缺乏创造力的人更加灵活。

在管理中,经常遇到阻碍管理效率提高的瓶颈问题,常规的思路和方法一时难以解决,就需要充分运用管理人员的创新思维能力,创新管理的方式、方法和手段,逐步解决问题。

麦克·马纳斯曾说:"无论怎样分开谈论左右半脑,它们实际上都是协作的,大脑作为一个运行平稳,唯一的联合体,是完整统一的。左半脑知道怎样处理逻辑,右半脑了解世界。两者结合在一起,人类就有了强有力的思考能力。只用任何一个半脑的结果将是古怪可笑的。"在管理中,想要避免像凡客诚品的失败以及李宁的战略困境,就要求管理者不仅要重视双脑思维的开发,更要重视双脑思维的运用,企业需要结合自身实际情况理智地进行创新创造。但很多时候,企业发展不仅仅是管理层的事,需要企业内部所有人共同努力,这个时候就要看企业是不是有"双脑型"人才的优势。

---

① https://www.zhihu.com/question/37691011

案例

李宁和安踏的差异运营

2008年前后,体育用品行业借助北京奥运会达到发展的巅峰时期,曾被认为最有希望的民族品牌李宁在2010年达到营业收入顶点94亿元。2011年后,奥运带来的红利消耗殆尽,内需减弱、供给过剩使得以李宁为首的本土体育用品品牌面临周转困难、库存积压等问题,多数企业业绩下滑,有些甚至出现了严重亏损。面对困境,不同公司采取了不同的发展道路。

首先是费用管理的差异,李宁销售费用占营业总收入的比重是安踏的两倍;在财务费用投入方面,安踏也远低于李宁,2015年其财务费用占总营业收入比重仅为李宁的三分之一,其对银行借款等有息借款的依赖性较低。

其次是品牌塑造,安踏将自己的产品定位于大众能够消费得起的体育用品,其大多数基础产品面向的都是初级体育爱好者,这让草根品牌出身的安踏更接地气。李宁的定位相比安踏十分尴尬,长期徘徊于品牌定位中的李宁变化标志、口号,不仅导致大量客户群体流失,也使企业资金过多地投入各项费用、成本,多品牌战略使资源分散于广泛而无重点的多个品牌形象中,未建立起核心品牌。

发展战略差异,安踏将本土化推行到极致,先从二三线城市拓展销售网络,树立性价比高的形象,并且不盲目进行海外扩张,避免高风险过度投资;然而,李宁发展战略不明确,盲目向耐克、阿迪达斯等品牌看齐,将一线城市作为主要销售市场,使其缺乏竞争力,失去性价比优势,盲目扩张冒进也损失较多资本。

各家企业改革措施的成功与否也在业绩上体现出来:李宁在2011年后的一系列转型措施使得企业持续巨亏三年,而安踏的举措却卓见成效,近年来逐渐超越李宁成为本土体育用品的龙头,并向国际巨头阿迪、耐克看齐。两家企业处理行业困境的不同思维,也体现了双脑思维的不同运用会产生不同结果。①

9.3 "双脑型"人才的培养

9.3.1 "双脑型"人才概述

按照人的思维方式,可以分为两种类型:一种人是充满激情、灵感泉涌的"右脑型",即每天都能冒出新想法的富有想象力的人;而另一种人则是善于分析、具有商业头脑的

---

① 卢闯,杨馨怡.行业困境中的财务战略与企业转型——基于李宁和安踏的对比案例分析[J].商业会计,2018(11):6-9.

"左脑型",能把创新的想法一步步转化为获得市场成功的产品的人。这里的"双脑"是一个形象的比喻,人的大脑分左右两半,左脑主要负责逻辑思维,善于分析,右脑负责形象思维,善于想象。无论是创造力还是分析力,都不仅仅存在于大脑皮层的一边,而且人头脑中的任何事情都不是仅仅产生于半脑。这个比喻形容企业组织中的两类人才:创新人才和商业人才。企业正是因为拥有"双脑型"人才组合,依靠成熟系统的组织架构与管理流程,将创新理念植入企业的日常运营中,使创新活动与商业活动一样,成为企业日常业务的一部分。很多世界知名企业都具有这种"双剑合璧"的现象。像苹果公司的史蒂夫·乔布斯与蒂姆·库克组合、Nike公司的比尔·保尔曼与其搭档菲尔·耐特、联想的柳传志与杨元庆等。企业由富有想象力和创造力的人拥有实权,源源不断地产生创意,由富有商业头脑的另一位领导者将创意形成产品,推向市场,获得利润。这些公司在组织架构的各个层级上都构建了创新-商业的组合,确保企业能够把创意打造成有盈利价值的产品。企业并不奢望企业的领导、员工都是具备多种才能的人,更不是样样通、样样又不精的"万精油",而是具备"左脑"与"右脑"专业技能进行合作的人才。[①]

9.3.2 培养原则[②]

在双脑模式理论基础上,"双脑型"人才培养应遵循以下两个原则。
(1) 模式流动原则
当学习者的大脑可以从右脑模式向左脑模式流动的时候,他们可以更有效地学习概念和结构(Danesi,2003)。因此,在培养"双脑型"人才过程中,需要遵循模型流动原则。模型流动可以分以下三个阶段:
① 右脑模式阶段:这一阶段是基于任务对新输入知识等进行经验性的最初学习,此时的培养要注重经验性辅导;
② 左脑模式阶段:这一阶段需要基于已学习知识进行归纳和训练,培养方式也应该变得更为正式和具有分析性;
③ 双脑模式阶段:这一阶段是对已学习和归纳的知识进行创造性地利用,此时的培养需要注重对创新的引导。
(2) 模式中心原则
在强调左右脑模式中心原则的时候,要特别关注左右脑模式学习风格的不同,因为,二者有着十分密切的关系。在了解了左右脑模式学习风格后,要注意针对左右脑模式学习风格的不同采用不同的模式中心原则,使其收到理想的学习效果。

9.3.3 "双脑"型员工培训

人才于企业,相当于河水于鱼,企业离开了人才,就像离开水的鱼,奄奄一息,濒临死亡。不同时代对人才的要求不同,《财富》(中文版)杂志在"2009 中国企业创新能力"调查

---

① 百度搜索 http://www.docin.com/p-392580364.html
② 贾冠杰.脑科学研究与右脑外语教学观——《第二语言教学——右脑观》评析与讨论[J].外语界,2007(04):88-91.

中发现,成功的企业具有持续不断的创新能力与精神,企业成功的秘诀就是拥有"双脑"[①]。成功者对创新有清晰的认识:在将创意转化为利润时,突破性的创意与精明的商业规划两者缺一不可。实践证明,目前企业最需要的人才组合是优秀的商业人才和创新人才,即"双脑"型人才。而如何又快又好地培养并保留住"双脑"型人才为企业服务呢,又是企业员工培训的重要课题。企业培训中存在诸多问题,表9-1和表9-2总结了部分学者们对企业培训问题的研究结果,从中我们可以看出企业培训问题主要集中在企业培训理念、培训课程以及培训评估三个方面。

表 9-1　国内部分学者对企业培训问题分析

国内学者	培训问题
王培玉(2013)	企业对培训意义认识不到位; 企业培训机构不健全; 企业培训制度不规范; 培训内容缺乏系统性;培训效果差、效率低。
李光、白琳(2013)	对员工培训与开发的认识偏颇; 员工培训与开发跟管理的环节脱钩; 员工培训与开发体系不健全。
李杨、吴泗宗(2015)	员工培训评估的方法较为单一且制式化; 培训方法的实施流于程序,而且往往忽略掉真正重点。
蒋石梅、孟静、张玉瑶(2017)	培训不成体系,模式不成熟; 培训属于成本支出项,很多企业认为可有可无; 企业担心员工的离职会造成培训浪费; 企业培训达不到预期效果。
常金玲、裴阳、任照博(2018)	培训机会不足,员工的知识及实践技能不能随企业同步发展,企业发展动力不足、创新能力下降等; 企业内各部门组织培训项目实施流程冗长,覆盖面小; 员工对企业培训的接受度和认同感不高。
李建春、刘春朝(2018)	培训理念有待提升; 培训需求调查方式有待多样; 培训计划有待改进; 培训课程有待丰富; 培训师资体系有待健全; 培训组织与实施有待加强; 培训效果评估有待完善; 培训保障有待加强; 培训成果转化有待深化。

培训课程有待丰富。在企业培训课程上,很多都没有开发涵盖高层、中层、基层和新员工的各职级的培训课程体系,也没有结合互联网和大数据开发线上课程,课程匹配性也不足,无法满足员工多样化的需求。

[①] 《财富》(中文版)2009年8月刊,作者:MICHAEL THORNEMAN、李洺君、DARRELL RIGBY

表 9-2 培训问题梳理

学者	要素							
	培训理念	培训机会	培训机构	培训管理	培训课程	培训师资	培训效果评估	培训组织与实施	员工认识
王培玉	√								
李光,白琳			√	√	√			√	
李杨,吴润宗	√				√		√		
蒋石梅等					√		√		
常金玲,裴阳等		√						√	√
李建春,刘春朝	√					√			√
频率	50%	17%	17%	17%	67%	17%	50%	33%	33%

培训评估有待完善。培训评估的最终目的是发现培训中存在的问题并加以改进,以确保未来的培训项目拥有更高的质量和更显著的效果。企业培训评估大多评估内容不足,且停留在纸面甚至是形式上,缺少完整评估结果和改善成果记录。

所以企业在进行"双脑型"人才培训时需要转变培养理念及培训宗旨,丰富培训课程,规范培训评估。

(1) 转变人才培养理念

当前,人类社会进入了知识经济、信息经济时代,企业竞争的焦点不仅是资金、技术等传统资源,而是建立在人力资本基础之上的创新能力和商业能力[26]。这要求企业管理者们必须重视企业培训,转变人才培养理念,重视企业培训和"双脑"型人才的培养。制定完整的培养计划以及评估系统。

(2) 丰富培训课程

线下培训固然重要,随着技术进步,运用现代信息技术打造"互联网+"智慧培训已经成为现实。

① 针对"双脑",运用数据进行精准课程设计。根据各个职位的岗位说明书、员工个人能力、上司评价和发展目标等进行数据分析,为每个岗位员工定制培养计划。商业专才的培养计划中要求稳中求变,而创新型人才需要兼具产品开发硬实力和制度创新软实力。

② 多渠道培训课程。企业培训内容大致包括知识、技能和态度这三大块,企业任何形式的培训也是为了实现员工知识、技能和态度的改变。所以,企业课程内容体系必须要包含这三方面的要求[28]。另外,培训课程的设定、培训渠道必须多样化,培训课程应该要能够满足学员的培训需求。

MOOC 作为一种新兴的在线教育手段正在对传统的高等教育方式形成冲击,如今这种影响力已蔓延至企业培训领域。据调查,目前国外已有约 400 家公司和 Cousera 等 MOOC 平台合作,以进一步获得 MOOC 课程成绩优异学员的相关资料,作为发现人才和筛选人才的途径[27]。企业可以充分利用 MOOC 的丰富课程资源,结合创新型人才和商业人才的不同培养计划,为其有针对性制定线上课程。当然,随着线上手机学习 APP 普及,利用 APP 学习也是有效的方式。同时,线下培训也不能抛弃,有些关键性课程,例如生产技术、机器操作等,是必须进行线下培训的。

(3) 规范培训评估

柯氏四级培训评估模式(Kirk Patrick Model)是美国著名学者唐纳德·L.柯克帕特里克于 1959 年提出的评估方法。该模式包含反应层、学习层、行为层和结果层四个递进层次的评估,评估重点分别是受培训者对培训课程的反应、受培训者的学习成果和收获、受培训者在培训前后的工作表现和培训对公司业绩变化的影响[25]。在规范培训评估时,首先要保证评估者专业技能过硬,适当时候增加评估人员或引进第三方独立评估,以保证评估结果的客观公正;其次,实现评估方法多元化,采用具体化的评估指标,实现评估方法科学化,在评估过程中要注意抓重点;最后,加强对受培训员工行为层和结果层的评估,建立并完善员工培训评估的数据库,完善培训评估结果的追踪机制。

有效的培训评估,有助于完善培训体系,也有助于管理者更好地了解"双脑型"人才的培养情况并对培养计划进行完善或调整。

9.3.3 "双脑型"教学模式

Steinberg 和 Sciarini(2006)指出,切记大脑是作为一个整体运行的(the brain operates as a whole),这一点是非常重要的[9]。

传统人才培养模式重视其知识的完备性,学生被动地接受知识而忽视了其主观能动性和社会实践重要性。要想改变固有的模式,就需要从培养理念、课程设置、培养方法等诸多方面做出改变。表 9-3 对"双脑型"工商管理人才培养模式与传统工商管理专业培养模式进行了对比,从人才培养目标、课程体系设计与教学方法三个方面进行了比较。"双脑型"人才模式以培养创新型人才和优秀的商业管理人才为目标,关注市场需求,以能力培养为突破口,改革课程体系、教学教法及教师资源配置,造就理论与实践紧密结合的工商管理专业人才,做到教育的近期利益与长远利益的平衡。

表 9-3 "双脑型"培养模式与传统培养模式的比较

		"双脑型"培养模式	传统培养模式
人才培养宗旨		开放式环境下(模拟现实经济环境)发现问题、解决问题的能力;培养具有创新性及商业管理组织才能的特色人才;注重专业技能、创新素质与团队协作能力的培养。	培养适应社会主义市场经济发展需要,具有经济、管理、法律知识;掌握现代工商管理基本理论,具备从事工商管理实际工作的基本技能和较高素质的高级应用型专门人才。
课程体系资源配置		选修制、学分制的教学管理制度;"自助餐"式课程配置;加大选修课比重与范围;加大创新教育、定量方法课程比例;市场导向、柔性设置,具有前瞻性与领导性。	学年制教学管理制度;"配给制"课程设置;限选课、必选课比例高;课程设置与更新属行政导向(非学术导向、非市场导向),滞后效应明显。
教学方法	教学方法	案例教学、情境化教学、项目小组学习团队学习、企业家或专家讲座、计算机模拟、多媒体学习、网络学习;实训实习;主动学习;参与式学习。	课堂教学、大班上课;多媒体教学;实验室上机实验;"老师讲,学生听"的被动学习;案例教学比例低;实训与实习资源不足。
	评价方法	考试、科技活动项目评价、社会实践和评价等。	平时成绩、实验成绩与考试成绩综合评定。

拓展阅读

不仅是企业和高校需要重视"双脑型"人才,我们自身为了适应社会的发展,也需要注重培养自己一方面专长的同时对自己全方位培养,提高自己的左右脑思维活跃度。不仅要知识储备丰富,运用知识技能解决实际问题的经验也要丰富,不仅要顺应时代发展被动前进,更需要有长远的眼光,做好迎接未来挑战的准备。

 复习思考题

即练即测

1. 简述双脑模式理论及"双脑型"人才的概念。
2. 从管理的职能出发,谈谈你双脑思维在管理活动中的运用。
3. "双脑型"人才的培养原则是什么?你认为现有教育模式有哪些问题?

第 10 章

跨界交叉思维——美第奇效应

本章要点

- 掌握美第奇效应的概念；
- 明晰美第奇效应在管理中的应用；
- 了解双美第奇效应的培育方式。

引导案例

M 公司的跨界学习

M 公司作为国内三大通信运营商之一的北京分公司，现在在移动通信业务方面一直处于领先地位。然而，行业内竞争愈发激烈，如何整合价值链、创新商业模式、推动移动互联增值业务发展成为其亟待跨界学习三部曲思考的重要课题。

近年来，一些创新性强的互联网公司脱颖而出。淘宝能在国内击败全球第一的 eBay，发展为亚洲第一大网络零售商圈，要归功于它的创新能力。此外，淘宝的企业文化也一直为人津津乐道。而且，在移动电子商务方面，M 公司和淘宝也存在着业务的交叉点。因此，公司选拔出 25 名来自各职能部门和区域分公司的二三级经理人赴淘宝现场学习研讨，希望通过跨界交流和研讨反思达成"创新商业模式、寻求合作共赢"的学习目标。通过跨界学习，M 公司发现在电子商务方面以及手机运营商上与淘宝存在业务交叉点，可以开展合作。淘宝的创新能力、客户导向意识和企业文化都给了 M 公司极大启发，但最大的收获则是在淘宝看到了自己的突破点：淘宝运用全球最大的消费者数据库，开发了量子统计和数据魔方，通过数据挖掘工具深度分析记录网店交易的每个环节。然而，M 公司虽然有庞大的用户群，却未像淘宝一样进行数据分析和挖掘。在学习回来后，M 公司也着手建立数据分析系统，通过有效利用数据让产品和服务与市场不脱节。

在我们的思维意识当中，不同范畴的知识相互碰撞形成相契合的焦点，即"交叉点"。通俗地讲，就是跨域、跨界、跨文化的融会创新，也就是"美第奇效应"。如何培育出这样的创意"交叉点"，促进创新灵感生成，怎样将它运用到企业管理中，将是本章的主要阐述内容。[①]

---

① 魏欣.跨界学习：复制美第奇效应[J].中国人力资源开发，2013(6)：99-100.

10.1 美第奇效应概述

"美第奇效应"源于文艺复兴时期,"美第奇家族"是意大利佛罗伦萨的银行世家,曾经出资帮助各种学科、众多领域里锐意创新的人,他们鼎力资助雕塑家、科学家、诗人、哲学家、画家、金融家、建筑家齐聚佛罗伦萨,从而使得这些不同领域的人得以互相了解并相互学习,从而打破不同学科以及不同文化间的壁垒。由此,才能够出现"文艺复兴"的繁荣局面[22]。

人们在交叉点上爆发出来的非凡的创新思维,被称之为"美第奇效应"[6]。美第奇效应认为创新灵感来自交叉思维。各类文化、各个领域、各门学科,犹如流淌的大河,在我们的意识思维当中,集中到一个点上,它们彼此交织,从而使人们熟悉的各种观念或撞击或融会,终于铸成了无数的、挣脱了思维桎梏的创新概念。

10.2 美第奇效应在管理中的应用

跨界的本质是交叉引发创新,这其中最典型的例子就是"美第奇效应"。"美第奇效应"运用到企业管理中能够帮助企业进行交叉创新,并且有效解决企业发展中的问题。

10.2.1 交叉创新

通过上一部分我们知道"美第奇效应"是交叉点上人们的交叉思维所产生的创新灵感。交叉思维能在新的方向上跳跃式地诞生想法,拓展创意空间,乃至开创崭新的领域,也为该领域的开拓者成为领袖创造了机会。借此诞生的奇思妙想为以后相当时间的单向思维提供了源泉,其可大可小的规模,不可预估的效果,将以前所未有的方式影响世界。因此,交叉思维意味着创新的机会。

交叉点,它在新的方向上跳跃式地改变了世界的面貌,它常常为一个新的领域出现铺平道路,同时为那些领域的始作俑者成为该领域的领袖提供了机会。开展交叉创新,不像单向创新,无须更多的专业知识,任何一个看来不起眼的人都有可能完成。尽管交叉创新带来根本性的变革,但其规模却可大可小。它们可能渗透在大型超市设计方案之中,也可能出现于在设法为一篇短篇小说寻求标新立异之时。它有可能是特种技术,也有可能是跨国公司里的新产品开发过程。总之,交叉创新具有以下共同的特征:

(1) 想不到,诱人着迷;
(2) 想法在各个方向上跳跃;
(3) 开创崭新的领域;

(4) 为个人、团队或公司提供了自己的创意空间；

(5) 后继有人，始作俑者可以成为该领域里的领袖人物；

(6) 为数年乃至数十年内进行单向创新提供源泉；

(7) 可以以前所未有的方式影响世界。

对大多数人而言，创新的最佳机会存在若干交叉点上。在那一点上，我们不仅有更大的机会发现非凡的思想组合，而且还会发现更多的这样的组合。具体来说，踏上交叉点并非简单地意味着把两个概念组合到一起即可构成一个新的概念。这种组合的特质意味着它们同时是单向创新与交叉创新活动中的一个部分。交叉点无非代表一个区域，在这个区域中出现非同一般的各种思想组合的机会将会戏剧性地大幅度增加。

当前"互联网+"、大数据、物联网三大浪潮席卷各行各业，把不同领域、不同行业都前所未有地联系在一起了。媒介融合也使传统媒体和新媒体叠加、复合，并以内容和服务为导向，统一组织集成平台进行生产。不可否认，这又是一个美第奇效应发生的时期[7]。铁道部2012年开始实行网络订票，人们可以坐在家里订票，互联网和购票的结合，减轻了前往车站排队买票或电话订票的烦琐和时间浪费；高速公路的ETC服务普及，使来往车辆能快速过检，大大提高了出行效率；广泛应用的指纹识别扫描设备、刷脸支付设备等等，我们生活的每个角落都有美第奇效应发挥作用的影子。

发挥微创新优势。创新工场董事长，首席执行官李开复认为"微创新"不是颠覆式的、大规模的，却在很多关键技术上提出了更加灵活、实际的产品开发或服务思路。例如，微信在模仿学习米聊的基础上产生，紧贴用户需求把握用户痛点，新增了"摇一摇""扫一扫"、朋友圈、语音视频聊天等功能，迅速超越米聊获得了绝佳的用户口碑和产品影响力[23]；

共享经济红利。共享经济，一般是指以获得一定报酬为主要目的，基于陌生人且存在物品使用权暂时转移的一种新的经济模式。其本质是整合线下的闲散物品、劳动力、教育医疗资源。有的也说共享经济是人们公平享有社会资源，各自以不同的方式付出和受益，共同获得经济红利。此种共享更多的是通过互联网作为媒介来实现的。2018年共享经济市场交易额为29420亿元，比上年增长41.6%；平台员工数为598万，比上年增长7.5%；共享经济参与者人数约7.6亿人，其中提供服务者人数约7500万人，同比增长7.1%。共享经济推动服务业结构优化、快速增长和消费方式转型的新动能作用日益凸显。2015—2018年，出行、住宿、餐饮等领域的共享经济新业态对行业增长的拉动作用分别为每年1.6个、2.1个和1.6个百分点。图10-1显示了2016年中国共享经济图谱，从"共享单车"到"共享电动车""共享汽车""共享充电宝"，共享经济的快速发展正是抓住了生活需要与互联网经济的交叉点，催生了很多新的经济引爆点，使很多企业发展更上一层楼。

不管是腾讯基于现有产品的跳跃思维，还是共享经济的快速发展，都是交叉思维创新的成果。在管理上，能够恰当运用"美第奇效应"创造出经济增长点或企业发展点，需要管理者有独到眼光并且保证内部人才众多、思维活跃，为创新行为的产生提供合适的"土壤"。

图 10-1　2016 年中国共享经济图谱

10.2.2　两极互动,把握平衡

管理不是一个只靠技术和经济的工作,更多时候是管理人。这个时候,交叉点可以在管理和中国传统儒家文化上"开花结果"。管理活动中存在着大量对立的方面,从而会形成诸多冲突和矛盾。在协调两极互动的实践过程中应用中庸之道进行管理,需要人们感受和领悟平衡的艺术。

(1) 理性与非理性的平衡

管理活动事关组织兴衰成败,凡事需要理性分析和谨慎从事。理性管理主张事事都要思考、权衡、计算、分析,要用数据和事实说话。追求成本优先,利润至上。强调周详的计划、明确的分工、严格的规章和严密的控制。然而,过度理性则会陷入"理性化困境"。在组织生态环境变化越来越快,竞争日趋激烈的全新情势下,快速反应、乐于创新和适度冒险则显得愈来愈迫切。一味地保持理性,不仅可能导致组织行动迟缓、错失良机,而且会压抑组织及其员工的创新与冒险精神。管理中,需要充分发挥人的积极性和能动性,使理性与非理性相互作用、相互促进。

(2) 内部与外部的平衡

组织的行为并不是单纯的经济行为,而是一种可能产生不同影响的社会行为,会对顾客、供应者、竞争者、社区、政府、所有者以及员工等利益相关者产生直接或间接的影响。利益相关者要依赖组织来实现他们的计划,同样地,组织也有赖于利益相关者的支持才能获得成功。但是,作为有机系统,组织又是一个主动的存在。组织的发展不是对外部环境被动的追随过程,而是一种能够充分发挥能动性、进行不断创新并与周围环境共同进化的过程,因而,管理者不仅要关注组织内部各子系统及其相互关系,而且要正确判断组织与外部环境的相互关系。

(3) 短期目标与长远目标的平衡

短期目标的一个突出优势是能够考量短期工作进展情况。从激励方面看,当个人看到工作有进展时,即使工作尚未完成,也会产生一种成就感,而且也能促使个人树立信心以至于把工作继续下去。从控制方面看,由于有了明确的控制标准,也便于客观、公正地进行绩效评价。但是,倘若缺失远大目标,则会因为微小成功而陷入自我陶醉,阻碍更大发展。组织管理中,如果业绩考评过分注重短期目标,必然会导致组织员工的短期行为。长远目标具有导向、激励、培育作用。因此,恰当的做法是:从大处着眼,尽可能地确立宏伟远大目标,从小处入手,制定切实可行的短期目标,脚踏实地地向前发展。

(4) 经营利润与社会责任的平衡

长期以来,"经济人"是组织的人性假设基础,追求经济利益最大化被认为是组织天经地义的神圣职责,也是管理者的唯一使命。经营者只有在满足这一前提的情况下,他们才有动力去组织生产,提供服务并致力于买卖交易行为。据此观点,组织及其从业人员并不关注社会的伦理道德要求和应尽的社会责任。持这种管理理念的经营者认为,在组织经营活动中进行伦理道德的考虑是不合情理的,假如经营者考虑社会责任,只能增加经营成本。理查德·乔治把这种管理理念称为"企业非道德性神话"。在理查德·乔治看来,追求经济效益与承担社会责任并非必然对峙,相反却是有机统一的,为此,他提出了"非伦理经营假设"与"伦理经营假设"两种管理模式。实际上,组织对社会作贡献不仅不会阻碍其利润最大化目标的实现,相反能够通过对社会作贡献来促进自身卓越成长。因此,在管理活动中,组织除了应当遵守明文规定的法律法规外,尤其需要领会和关注法律背后所隐含的社会伦理道德规范,实现经营利润与社会责任的平衡[①]。

10.3 美第奇效应的培育:打破壁垒[②][③]

"美第奇效应"并不是"随叫随到",想要运用它来创造成果,首先要打破思维壁垒,进而产生创新交叉点并抓住应用时机,最后努力建立持续创新的循环。

我们都是在既定的思维体系内产生联想。正因为此,我们的思维体系是把双刃剑,通途使之能在既定方向上快速找到答案,壁垒又可能导致完全毁灭性的错误。所以,就需要我们降低思维的壁垒,有意拓展思维的广度,构筑交叉思维,秉持求量、优选、保质的

---

① 儒家思想在现代管理学中的意义 https://wenku.baidu.com/view/c5c6174759eef8c75ebfb305.html
② 如何突破创新思维的障碍[J],焦春丽,湖北经济学院学报,2008
③ 美第奇效应所揭示的交叉创新理论及思考 https://dwz.cn/MPPBISB0

原则。通过建立多条通畅渠道，追求思维点的数量，在此基础上优选方案，保证方案的质量。

10.3.1　广泛接触各种不同文化

创造力问题研究的心理学家唐纳德·坎贝尔得出结论：那些彻底从文化传统的约束中摆脱出来的人，或者那些曾经置身于两种或两种以上文化的人，似乎具有一种能对事物作出一系列可能性的推断优势，进一步导致他们在创新与开创活动方面成绩显著。这个研究结论在我看来极其具有实证力量：我们在探索未知领域，处理前所未有的问题或困难时，总是首先会从多个角度来研究问题，问题研究本身就暗含了很多方法；一道题可以有 N 种解法；事物都有一系列的可能性。有个有趣的研究还表明：那些能够流利地操持各种语言的人往往比不具备这种能力的人表现出更大的创造性，因为不同的语言对概念使用的编码方式不同。

10.3.2　适应多种学习方式

好的教育教会你定律原则。专家们的结论和经验构建了学习者的专业知识，导致学习者做事的时候很容易墨守成规，被约定俗成的知识捆住手脚。受世人瞩目的专门从事风险资本运作的公司 Highland Capital 创始人保罗·梅迪尔认为交叉点上的创新人物往往通过自学，通过自我教育的方式而成才，并且他们通常具有广博的学识，在一个特定的领域里极其出色，同时在另外一个领域里又具有深厚的知识。通过广泛的学习，可以帮助我们打破以专业知识为基础形成的、相关关联事物之间的界限。专业知识往往使人很难从惯性中跳出来，自学则能够帮助我们跳脱惯性，正如达尔文在回首往事时说：我认为我所学到的具有价值的东西都是通过自学得到的。

10.3.3　突破思维定式

思维定式，就是人们根据已有的实践经验，在头脑中形成的一种固定的思维模式。遇到问题时，会自然而然地沿着固有的思维模式进行思考。当我们需要开拓创新时，思维定式却常常会使人打不开思路，跳不出所谓"经验"的限制。成为阻碍创新思维的壁垒。我们必须从书本定势、经验定势中走出来，打破常规，才能实现思维的新突破。

（1）突破书本定势

创新思维是以广博的科学文化知识为基础的，因此，掌握书本上的科学理论知识，对于我们进行创新思维是十分重要的。我国古代的赵括，就是由于不顾实际情况，在带兵打仗时不假思索地照搬书本上的理论，最终打了败仗，而他自己也丢了性命。因此，我们要突破书本定势,不被书本上的理论所束缚,将书本上的理论知识与具体实际情况相结合起来,寻求新的突破。

(2) 突破经验定势

我们都知道"初生牛犊不怕虎"这句话,那么为什么初生的牛犊不怕虎呢,就是因为初生的牛犊的头脑里并没有老虎会吃自己的经验定势。一些新的理论和发明无不是突破经验定势的结果,例如:爱因斯坦提出的相对论;贝尔发明的电话;哥白尼在"地心说"主宰人们思想的年代勇敢地提出"日心说";伽利略推翻权威亚里士多德的理论,发现摆的运动规律等等。都是因为他们不被以往的经验所左右,不被所谓的权威所吓退,突破了经验定势的结果。

(3) 突破视角定势

一个富翁拥有一座很大的花园,经常有人在里面聚会,临走时留下很多垃圾,搞得花园里脏乱不堪,仆人说写个牌子:游人不得进入花园。而女主人要求这样写:花园里有毒蛇,而最近的医院离这里16公里。牌子放出去后,果然再没有人进来了。从这个例子我们可以看出:在遇到问题时,不从常规的角度出发,而是换个不同的视角来解决问题,往往会取得意想不到的效果。从多个视角看问题,永远都存在着另外一个方式去看待这个世界。一个人越有多元化的文化背景和丰富的阅历,就可以比较容易地摆脱思维世界的禁锢。

(4) 突破方向定势

我们的毛主席在"占领大中城市,直到全国胜利"的思想占主导地位时,结合实际,采用逆向思维,提出了"农村包围城市"的新的理论思想,并以此指导作战,最终取得了胜利。达·芬奇是伟大的交叉思维者,他相信,为了彻底地了解某件事情,一个人需要从至少三个不同的角度去看待问题。如果要创新,就没有理由一成不变地选择最为直接现成的看问题的角度。因此突破方向定势,采用逆向思维,往往也会起到很好的效果。

10.3.4 引爆创新交叉点,持续生成创新灵感

(1) 平衡深度和广度,积极创想

过多的专业技术会强化学科间思维的联想壁垒。事实上,专业是必要的,但只是基础,要能够把广博与深厚同时兼具,就是要和那些与你具有不同知识结构的人在一起工作,更多的开放与包容、吸收,获取交叉点实现机会的可能性越大。

碰撞与评价可以来自团队成员,但最好不要来自上层。上层可以用更好的环境、氛围、鼓励、支持、引导、问询等,让想法出来的同时,更要让想法交叉并碰撞。

(2) 抓住最佳时机

人们在紧迫的时间压力下创造力下降,但是,人们自己确认为

拓展阅读
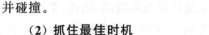

只有此时自己的创造力才会上升。这是很有趣的事情。事实上如果想要捕捉到交叉点，最好的办法莫过于掌握你的时间，至少存在两个原因：首先，推迟对于一个新的情况作出判断非常重要，交叉点必须从不同的角度对之进行评价，而这些视角并不能通过我们的本能来发现。如果有时间去细细考虑，这样作出判断对于你的洞察力会很有效。

最好的主意是过了最后期限后才出现的。有时间去细细思考与验证一些来自直觉与洞察力的创造，会让创新的成功概率更高。

（3）内在激励

企业进行各种各样的激励手段，在每种情况下不同，但是每种激励方式的变化与带领企业获得成功之间没有联系。刺激的重要作用在于吸引一名候选人接受一项重要的工作，然而一旦接受了这项工作，原来的激励就不那么重要的。人们从事一项事业的驱动力是建立在内在激励的基础上，而不是建立在外部刺激的基础上，他们先要的是把工作干得漂亮。内在动力是最重要的，如果内在激励有效，对于我们手中正在做的事情充满了激情，创造力就会源源不断。

即练即测

 复习思考题

1. 简要回答美第奇效应的含义。
2. 对"跨界的本质是交叉引发创新"谈谈你的看法。
3. 如何培育美第奇效应？

第 11 章

整合交叉思维在创新中的应用

本章要点

- 理解处理矛盾的方法；
- 明晰知识创造过程中隐性知识的重要性和混乱中的创新思维；
- 了解产品概念创新的重要性以及其对企业管理的启示。

整合交叉思维，是双脑思维的综合运用。简单来说，创新思维可以在综合左右脑功能后产生"新点子"，使产品或服务等实现飞跃，创造效益，并为企业管理职能提供了许多新的发展方向。本章将对整合交叉思维在创新活动中的应用进行阐述，详细阐述整合交叉思维在处理矛盾、知识创造和产品开发方面的积极作用。

11.1 处理矛盾的新思考

一个辩证的公司会表现出两个特点：第一个特点是强调变化，它一直在前进，积极主动地应对变化，佳能成功地进行了转型，并证明了自己有能力随着周围环境的变化而快速变化，并能处理周围的复杂问题；第二个特点是强调对立，它总是在寻找矛盾，作为正在发生的事情和可能发生的事情的指南，佳能试图达到"综合"系统阶段的"论题-相反论题-综合"螺旋，以解决并超越矛盾和对立。

今天公司失败的主要原因之一就是，他们会因为坚持过去成功创造的固定路径而消灭悖论与矛盾。没能积极地拥抱对立面，积极地培养矛盾，并热情地利用悖论来寻找更好的方法。

成功的公司以一种辩证的过程，不断地、动态地调和并超越对立，这种过程是通过"论题-对立论题-综合"阶段，以"之"字形螺旋式进行的。换而言之，这个过程包括了提出一个论题（A）和一个相反的论题（B），并创造一个二者的综合（C）。但是 C 是单独的，与 A 和 B 独立，并不是 A 和 B 的中间地带。例如，佳能把美国追求利润（A）和日本传统的终身雇佣制（B）脚踏实地地创造出了"佳能模式"（C）。然而 C 阶段，对成功的公司而言，并不是静态的。IBM 发现了保持静止、没有争论或者没有反对意见，会导致"过度适应过去的成功"的陷阱,而辩证的公司总是在前进。

为了不断前进,公司需要一个新的管理模式。基于知识创造的新型管理模式,正是不断前进的公司所需要的,在构建新型管理模式时创新思维就显得尤为重要。面对动荡、不确定、不一致、矛盾和悖论,需要我们进行新的思考,有些新的"点子",实际上就是创新思维。根据知识管理范式,我们是环境的一部分,环境同样也是我们的一部分。这种动荡、不确定、复杂的环境,是不可避免的,因此"推陈出新"是我们最好的选择。

 案例

佳能的崛起

佳能在首席执行官御手洗富士(Fujio Mitarai)的领导下,从一个有着亏损子公司的笨重企业集团转变为一个精简且盈利的公司。在佳能北美分公司工作了23年后,Mitarai于1989年回到日本,并于1995年成为佳能总裁。在改造和转变佳能的过程中,他既接受了美国人对利润的务实追求,也接受了日本人的传统商业价值观,形成了一种东西方风格相结合的管理模式。

Mitarai在整个公司推动采取美国的类似做法,以削减成本、清理财务。上任三个月内,他下令关闭四个无利可图的部门——个人电脑、液晶显示屏、电动打字机和光学储存卡。他在组织内部发出一个明确的信息:利润第一。在Mitarai的领导下,佳能成为第一批公布合并收益的日本大公司之一,他还强调了股东价值,提高了公司账目的透明度,并亲自出席了投资者关系会议。他还迅速引入了美国的一种标准做法,即现金流管理,但是这在日本还没有流行起来。

Mitarai采取了迅速而大胆的举措,将动画重新引入佳能,并坚信自上而下的管理方式。他说:"高层的工作是产生智慧、设定目标、制定战略,领先于所有人并产生结果。这种自上而下的方法很有美国风格,但是我喜欢它。"在美国的23年里,他学会了如何快速地作出决定,并采取一种自上而下的管理方式,"我在美国的经历对我影响很大。"Mitarai承认。

例如,他对利润的关注源于1966年他在美国的经历。当时,一位来自美国国税局(IRS)的审计员到Mitarai位于曼哈顿的仓库办公室拜访他。美国国税局的审计人员认为,相对于佳能的销售额而言,佳能的收益太低了,因此他质疑佳能试图逃税。实际上,Mitarai是通过对应收账款的修修补补,最终获得了微薄的利润。当审计人员发现佳能在美国上市时,他对Mitarai说:"你所做的是疯狂的,当经营应该是亏损的时候,你却想要盈利。相比较于做这样的事情,你应该收回所有的应收账款,存入一个储蓄账户,然后返回日本。关闭办公室,什么都不做,这样你至少可以获得5%的利息。"Mitarai回忆道:"那时候我突然意识到,如果你不能赚钱,做生意就毫无意义。"

然而，对 Mitarai 而言，维持终身雇佣制和赚钱一样重要。他认为，终身雇佣与精英制度相结合，仍然是日本最有效的就业现象。在美国，员工比日本员工有更多的流动性和工作机会，还会有一个社会基础设施让他们能够从一份工作换到另一份工作。他认为，在日本不是这样，员工是家庭的一部分。佳能由他身为医生的叔叔 Takeshi Mitarai 创立，至今仍没有忘记提供工作保障的重要性，这也是让员工努力工作和保持忠诚的一种方式。

Mitarai 甚至在日本陷入经济困难的时候也保证不裁员，他主张终身雇佣，理由有以下三点：

首先，终身雇佣制创造了一个共享命运的组织。通过在困难时期不裁员，我们建立了一种相互信任的关系。其次，开发一项专利需要 10 到 15 年的时间，这意味着我们需要创造一个让人们对工作和生活感到安全的环境。这和资历不同，我们拥有 73000 项专利，这是终身雇佣制积极而非消极作用的生动实例。最后，存在保密问题。我们有多层内置的安全检查，但防止秘密泄露的最好方法是激发忠诚。

同时推行"不裁员"政策和"利润第一"政策似乎是矛盾的，Mitarai 承认悖论和矛盾是佳能的一种生活方式。例如，为了坚持良好的公司治理，他很注重股东价值，但是反对美国任命外部董事的做法，并赋予内部审计师更多权力。他相信速度经济（比如他迅速决定关闭四个部门）和耐心经济（比如终身雇佣制）。"面对悖论，我们欣然接受，并继续去解决它，我们一直在前进，"他评论道。

Mitarai 采取非正式的、每日的董事会会议（或"晨会"），以及每天与高级经理的午餐会议来接受和应对悖论。Mitarai 是这样描述这些会议的：

我们公司 8:30 开始上班，但大多数主管每一天 7:30 到办公室，8:00 到我办公室。在一个小时左右的时间里，我们会交换意见，讨论业务，有时会进行决策。上午 9:00，他们各自离开……如果出现矛盾，我们立即讨论问题，迅速制定解决方案，然后继续前进。

我所有的会议都会在午餐时间进行一个小时，因为每个人都要吃午餐，所以出勤率是 100%。我们在 5 分钟内吃完午餐，剩下的 50 分钟则在激烈的辩论中度过。我们在利用本来就是午餐时间的"空闲"时间。

管理策略会议、主管会议、部门领导会议都会在午餐时间进行，大部分时间我们吃乌冬面，但有时也吃寿司（这两种都不需要什么时间）。

Mitarai 利用这些会议来识别问题，并从多个角度讨论问题。在清晨的会议上没有既定的议程，因此主管们被鼓励提出他们所想的，并表达相反的观点。这些会议为意义创造（称为"场"）提供了一个共享的环境，在这里理想主义和现实、约束和可能性、内部能力和市场机会从多个角度进行辩论，并动态结合。

会议没有既定的议程，但必须在规定的时间结束。知道会议将在 50 分钟后结束会加快进程，但是知道每天都会举行会议会让人在开会时更有耐心。有时，可能几周都无法做出决定。Mitarai试图将每一家佳能工厂改造成新的生产系统,将工人组织成小的集群或"单元",而不是长长的装配线。Mitarai花了数周时间说服持怀疑态度的高管们,让他们参与每天的辩论,讨论这种安排的利弊,然后才能达成共识。

佳能让我们得以一窥辩证的公司是如何运作并促进创新思维产生的。一方面,它并不是被动地应付悖论(比如不裁员和利润至上)。相反,它充分利用"逻辑思维",将悖论作为超越自身的杠杆,如董事会会议。另一方面,它努力让每个人都参与到对话和辩论中来,充分发挥"头脑风暴"的作用,形成一种创造性的程序,这些形成了新知识被创造的"场"。

案例

丰田的"兼而有之"

企业如何综合矛盾,产生创新思维并创造知识? 在这一部分,我们通过分析丰田的案例来关注创新思维下的领导力在组织知识创造中的作用。传统意义上的知识管理是很难被管理的,企业也不可能真正地管理知识创造。管理者所能做的就是通过创造知识远景来领导组织,建立和激励基础,连接基础,并领导的过程。

丰田是一个辩证过程的大师,丰田汽车善于接受看似对立的事物,而"Toyota"的员工乐于接受矛盾。当面临矛盾时,丰田汽车的员工不会采取"非此即彼"的态度。他们接受对方的观点,但不放弃自己的观点。以下的例子,便可以说明丰田在雷克萨斯(Lexus)事件中是如何追求"兼而有之"的。

首席工程师铃木一郎(Ichiro Suzuki)在开发最初的雷克萨斯时所面临的矛盾。他追求"卓越的高速发动机操纵稳定性"和"卓越的乘坐舒适性","快速、舒适"和"卓越的燃油经济性",以及"温暖的氛围"和"功能舱",铃木以"尚未"的态度处理这些矛盾。"还没有"的前提下,铃木宣布,他不会接受任何妥协,即使他的要求包含矛盾。他还依靠"源头行动"来化解矛盾。通过"源头行动",铃木教导他的团队成员解决矛盾的根本原因,即使这需要新的能力,而这些能力是他们从未拥有过的。这种对待矛盾的态度促使专长于不同领域的工程师通过倾听他人的意见和紧密合作来寻找新的解决方案。在两个貌似对立面之间找到一个综合体,使得雷克萨斯LS400在对抗竞争对手方面处于独特的地位。例如,雷克萨斯LS400是1989年唯一一款豪华高档车,速度非常快,燃油效率高到不用缴纳油老虎税。

突发性战略制定过程中的多职能性蕴含着发现未知和创造性的潜能。并且,预期战略制定过程中的单一性有助于组织理解调查结果并将其制度化,从而澄清战略概念并建立必要的组织能力。组织要想持续发展,就必须处理好单一性与多样性的辩证关系。

我们从雷克萨斯的案例中发现,多样性和单一性之间的相互依存关系使得它们以一种辩证的方式不断发展。

11.2 知识创造的新启示

11.2.1 隐性知识的重要性

用哲学家迈克尔·波兰尼(Michael Polanyi)的话来说:"我们可以知道比我们能说出的更多的东西。"隐性知识深深植根于行动和手艺之中,以及个人对特定环境专业、特定技术或产品市场,或工作组或团队活动的承诺中。隐性知识部分地由技术技能组成,即"专有技能"一词所指的那种非正式的、难以确定的技能。一个大师级的工匠在多年的工作经验之后,会在"他的指尖"上发展出丰富的专业知识,但是他常常不能清楚地表达他所知道的背后的科学或技术原理。同时,隐性知识具有重要的认知维度,它由思维模式、信念和观点组成,这些思维模式、信念和观点如此根深蒂固,以至于我们认为它们是理所当然的,因此不能轻易地将它们精确化。正是出于这个原因,这些内隐模式深刻地影响了我们如何看待周围的世界。

案例

松下电器的面包机创新

1985年,总部位于大阪的松下电器公司(Matsushita Electric Company)的产品开发人员正努力研制一种新的家庭面包制作机器。但他们在让机器正确地进行揉面团操作时,遇到了麻烦。尽管他们做了很多努力,但是面包还是有外壳煮过了头,而内部几乎没有煮熟的问题。员工们详尽地分析了这个问题,他们甚至比较了机器揉面和专业面包师揉面的X光照片,但是他们无法获得任何有意义的数据。

最后,由软件开发人员田中一光提出了一个创造性的解决方案。大阪国际饭店(Osaka International Hotel)以生产大阪最好的面包而闻名,那么为什么不将其作为一个学习的对象和模型呢?田中(Tanaka)师从酒店的首席面包师,学习他的揉面技术。他注意到,面包师有一种独特的拉伸面团的方法,经过一年的反复试验和与项目工程师的密切合作,终于制定出了产品规格,包括在机器内部增加特殊的"肋骨"状结构——这成功地再现了面包师的拉伸技术和田中在酒店中所学习到的内容。其带来的结果是:松下拥有了独特的"揉面"方法和产品,并在其第一年创造了一个新的厨房用具的销售纪录。

从制造面包机出发,到学习揉面技术并反馈到这场运动的终点,即面包机的产品规格,这个过程中田中一光有效地提取了深深根植于面包师手艺中的隐性知识,并且充分运用了整合交叉思维,实现了两种截然不同的知识类型之间转变。

11.2.2 从混乱到理念

(1) 混乱中的创新思维

对于西方的管理者来说,"冗余"这个词,由于它的含义是不必要地重复和浪费,可能听起来并不吸引人。然而,建立一个冗余的组织是管理知识创造型公司的第一步。冗余很重要,因为它鼓励频繁的对话和交流。这有助于在员工之间建立共同认知的"场",从而促进隐性知识的转移。由于组织成员共享重叠的信息,他们可以感觉到其他人在努力表达什么。冗余还可以通过组织传播新的外显知识,这样员工就可以内化它。

一种建立冗余的方法是依据冗余的组织逻辑建立团队。这有助于解释为什么日本公司将产品开发作为一个相互重叠的过程来管理。公司根据"内部竞争原则"组织产品开发团队,一个团队被分成几个相互竞争的小组,这些小组针对同一个项目开发不同的方法,然后就他们的建议的优缺点进行争论。这会鼓励团队从不同的角度来看待一个项目。在团队领导的指导下,团队最终形成了对"最佳"方法的共同理解。从某种意义上说,有两组或两组以上的员工从事同一个产品开发项目,这种内部竞争是一种浪费。但是,当责任共享时,信息增多,组织创建和实现概念的能力就会加快。

另一种建立冗余的方法是通过战略轮换,特别是在不同的技术领域之间,以及在研发和营销等职能之间。轮换可以帮助员工从多种角度理解业务。这使得组织知识更具"流动性",更容易付诸实践。在日本领先的消费品制造商花王公司,研究人员常常在 40 岁前从研发部门"退休",以便转到其他部门,如市场营销、销售或生产部门。而且所有的员工在任何给定的十年期间都应该至少从事三种不同的工作。自由获取公司信息也有助于建立冗余。当存在信息差异时,一个组织的成员不再能够以平等的条件进行互动,这阻碍了对新知识的不同解释的搜索。因此,花王公司的最高管理层不允许员工在获取信息方面有任何歧视。所有的公司信息(人事数据除外)存储在一个单一的综合数据库,对任何职位的员工开放。

(2) 没有任何一个部门或专家组负有创造新知识的专有责任

在创造知识的公司中,没有任何一个部门或专家组负有创造新知识的专有责任。高级管理人员、中级管理人员和一线员工都发挥了作用。事实上,一个人贡献的价值与其说取决于他或她在组织层级中的位置,不如说取决于他或她提供给整个知识创造过程的信息的重要性。但这并不是说,在创造知识的公司中,角色和职责之间没有区别。事实上,创造新知识是三个角色之间动态交互的产物,而在这其中,创新思维是它们相互连结的纽带。

(3) 新知识的意义在传播中变化,对企业管理提出新要求

人们不仅仅是被动地接受新知识,也在积极地解释新知识以适应自己的情况和观点。因此,在一个上下文中有意义的东西在另一个上下文中与人交流时可能会改变甚至失去意义。随着新知识在组织中的传播,意义也在不断变化。

事实上,如果一家公司知道如何管理知识意义的变动,促进创新思维生成,它可以成为新知识的丰富来源。这样做的关键是不断挑战员工,让他们重新审视那些他们认为理所当然的事情,活跃他们的思维,直至创意生成。

在创造知识的公司,这种反思总是必要的,但在危机或崩溃时期,当公司的传统知识类别不再起作用时,这种反思尤其重要。在这样的时刻,模棱两可可以被证明是非常有用的创新来源,有助于产生一种新的思考事物的方式或者一种新的方向感。在这方面,新的知识是在混乱中诞生的。

管理者通过给员工提供一个概念框架来帮助他们理解自己的经历,并将混乱导向有目的的知识创造。

11.3 产品概念的新阐释

11.3.1 产品概念创新的重要性

产品概念创新是一种不同于功能创新的现象,无论是渐进式创新还是激进式创新,都存在一定的评价维度。有许多产品领域的现有评价维度已经达到令客户满意的水平。例如:纵观历史,个人电脑行业先是被驱动的,英特尔和微软沿着传统的维度前进,研发出更快处理速度的电脑以谋求更高的销售成绩,但现在,个人电脑已经足够快了,对于许多个人电脑用户来说,一个容纳更多信息的硬盘驱动器可能并不是必需的。

大量的创新研究已经或隐或显地集中在"产品规格创新"上,然而,基于规格的创新已经在许多产品领域达到了物理极限。一个基于规格的创新可能会呈现一个"缺口",这一缺口可以在供应方面得到清晰的认识。但是,对于消费者来说,它可能不会提供任何真正的产品差异。因为产品竞争在一个给定的尺度上就像一个 100 米的短跑,所有的跑步者最终都会达到一个自然的极限。即使一个产品的开发具有更好的功能,差异可能不会被客户识别出来。此外,竞争对手总是有很快超越自己的危险,在给定的评估维度下,竞争对手越是努力改进产品功能,他们就越会勒紧自己脖子上的绳索,这种创新竞赛具有最终走向商品化的自毁特性。产品创新的目标必须从功能规格转向产品概念。企业的产品概念需要抓住产品的基本客户价值,解决好"产品对顾客而言究竟真的代表什么"这个问题。

案例

索尼随身听和本田城市的产品概念创新

索尼随身听 WALKMAN 的出现是产品概念创新的一个典型例子。在它出现之前，盒式磁带播放机的概念是"一种播放在盒式磁带上录制的音乐的设备"，使用者的主要兴趣是音质的维度。从当时占主导地位的音质维度来看，WALKMAN 不如现有的磁带播放机。但是，随身听的概念是"给用户一个全新的环境，让他们享受音乐"，对用户来说，便携性和电池寿命已经成为比声音质量更重要的评价尺度。产品概念创新的本质包括用户评价产品的维度的变化，从随身听创造的新概念的角度来看，它相对较差的音质根本不是一个重要的问题。

本田城市的"高矮个子"概念也是产品概念的创新。由于本田的思域和雅阁车型越来越被大众所熟知，本田的高层管理人员开始开发一款新概念，长度既短又高。这样的汽车可以更轻、更便宜，但也比传统汽车更舒适、更结实。这个想法完全违背了当时汽车设计的传统智慧，即强调长、低轿车。本田城市的革命性的造型和工程改变了传统的评估尺寸的小型汽车，最终打开了"人最大，机器最小"的概念。

11.3.2 产品概念创新的管理启示

（1）公司的高级管理人员须成为"概念保护伞"

对于公司的高级管理人员来说，就需要他们通过阐明隐喻、符号和概念来激发员工创新思维的潜力，指导员工的知识创造活动，从而为公司的未来发出声音。

他们通过提出这样的问题来做到这一点：我们试图学习什么？我们需要知道什么？我们应该去哪里？我们是谁？如果一线员工的工作是知道"是什么"，那么高级管理人员的工作就是知道"应该是什么"或者用本田高级研究员本间博史（Hiroshi Honma）的话来说："高级管理人员是追求理想的浪漫主义者。"在一些日本公司中，首席执行官们谈到这个角色时，他们的职责是阐明公司的"概念保护伞"这是一个宏大的概念，用高度普遍和抽象的术语来表明，将看似不相干的活动或业务联系到一起的共同特征。

（2）公司的愿景需要是开放式的

一个公司的愿景也需要是开放式的，可以接受各种不同的，甚至相互矛盾的解释。乍一看，这似乎是矛盾的。毕竟，一个公司的愿景难道不应该是明确的、连贯的和清晰的吗？然而，如果一个愿景过于清晰，它就会变得更接近于一个命令或指令。而且，命令并不能培养高度的个人承诺，而这正是有效的知识创造所依赖的。

 拓展阅读

一个更加模棱两可的愿景给予员工和工作组设定自己目标的自由和自主权,有助于生成创新思维。这一点很重要,因为尽管高级管理层的理想很重要,但仅靠他们自己是不够的。最高管理层能做的最好的事情就是清除任何障碍,为自组织团队做好准备。然后,这取决于团队去弄清楚顶端的理想在现实中意味着什么。正如在本田公司,"让我们赌一把"这样含糊不清的口号和极其广泛的使命给了本田城市产品开发团队一种强烈的自我认同感,导致了一个革命性的新产品。

即练即测

 复习思考题

1. 整合交叉思维在管理中的积极作用可以体现在哪些方面?
2. 为什么要重视隐性知识在知识创造中的重要作用?
3. 产品概念创新有哪些重要作用?请再举几个产品概念创新的例子说明之。

第五篇

创新思维展望

民族特性会影响主体的创新思维，值得深思。同时，我国有许多具有广博知识和前瞻眼光的人才，其思想也引领着创新思维的发展。此外，信息化时代的到来，加速了知识变革的步伐，人类思维也会因此产生变化或发展。本章将从中国文化的优势、系统思维的利用、信息驱动下的创新思维三个方面对创新思维进行未来展望，以使本书读者能更好地理解在社会文化、个人思想和信息技术影响下，创新思维的未来发展趋势，从而加深认识并形成各自的思考。

第 12 章

充分发挥中国文化的优势

🎯 本章要点

- 掌握中国传统文化对创新思维和科技创新的影响；
- 理解中国传统文化的基本特征；
- 明晰中国传统创新思想及方法。

民族间存在着文化底蕴深浅、历史发展长短、思维定式程度和外来文化影响等诸多因素的不同，因此民族特性从深层次上影响、调节、制约着主体的认识、情感和实践活动，也必然影响着主体的创新思维。本章从中国传统文化特征入手，介绍中国传统创新思想及其方法，并阐述其对创新思维和科技创新的影响。

12.1 中国传统文化的基本特征[①]

文化作为一种观念形态，必然植根于社会生活的深层土壤之中；不同民族的生存方式，形成了不同类型和特点的文化。而各个民族文化的差异性，是那些民族所处的地理环境，所从事的物质生存方式，所建立的社会组织形态的多样性造成的。中国传统文化的基本特征由以下几个方面组成。

12.1.1 地理环境的隔绝状态和大陆性文化

中华民族的半封闭大陆性地理环境，滋生了中国古文化强烈的中央观念，形成了闭锁内向的思维定式和自足心理。中国古文化是在封闭状态下独立地产生，在发展中注重自身体系的整合和自我意识的完善，通过对传统的解释和阐述求得发展。对于外来文化，则往往采取排斥、否定的态度，即使是吸收，也是重其同，斥其异，并最终将其融化于自己的体系中。

---

① 张明华.中国传统文化对创新思维的影响[J].通化师范学院学报，2008(01)：21-23＋35.

12.1.2　自给自足的自然经济和农耕文化

中国封建社会的经济基础是个体农业和手工业相结合的自给自足的自然经济。这种规模狭小、简单重复的物质生产方式,决定了中国传统文化具有较明显的保守性和狭隘性。农业自然经济的性质也决定了农民对待自然的"顺应自然"和"道法自然"的态度。在人与自然关系问题上,中国传统文化占主导地位的思想观念是"天人合一"观,而不具有西方文化那种征服自然的强烈观念,形成了中国传统文化的又一思维定式:重经验直观,轻逻辑抽象;重日常实用,轻理论思维。农业自然经济这一生存方式,使中国传统文化形成了较强烈的群体观念和集体协作的精神,而不像西方文化那样强调个人奋斗和追求个人利益。这种群体观念折射到科学文化领域,便形成了整体观的思维方式。

12.1.3　儒家文化思想的影响

中国传统儒家文化崇尚"中庸"之道,讲究"人道合一",孔子更强调"述而不作"。古训有"木秀于林,风必摧之",民谚有"枪打出头鸟"之称。几千年代代相传,形成我们民族过于求稳趋同、不敢求异冒险的心理"积淀"。

12.1.4　宗法血缘社会和宗法制文化

中国古代社会,是以血缘关系为纽带联结起来的宗法制社会。这种重人伦、轻自然的价值取向,对中华民族的形成和凝聚发挥过巨大作用,使中华民族养成了讲道德、重礼义和守信用等美德。但由于这种伦理型文化是建立在血缘宗法制的基础之上,为巩固君主专政服务的,因而在一定程度上禁锢了人们的思想,抑制了人的个性的发挥和对自我价值的追求,造成了人格的某种缺陷。同时宗法制文化观念作为一种致思取向,养成了尚古复古、因循守旧的心理,扼杀了人们的创造性思维和进取精神,阻碍了科学技术的发展。

12.2　中国传统创新思想及其方法

12.2.1　《周易》中的基本方法[①]

创新思维的基本方法在《周易》中已有体现。《周易》被誉为传统经典之首,国外学者荣格称之为智慧宝典,哲学家、数学家莱布尼茨认为,它是二进制数学之始。当代学者鲁

---

① https://wenku.baidu.com/view/6631e1ed52d380eb63946d5e.html

洪生(首都师大教授)是研究《周易》的专家,他认为类比联想思维与整体思维的互补,建构起《周易》的思维框架,而这正与创新思维有着内在的联系。

《周易》的类比联想思维,体现了中华传统文化的天人合一,推天道明人事,即以天事喻人事的思维特点。类比思维虽然逻辑性较弱,但思维空间广阔,给思维飞翔以无限性,这是创新思维的基础条件。举例来说,以松树为思维认识对象,植物学家以严谨的逻辑思维去认知,会得出它是一种常绿乔木,它的叶子呈针形、花单性、雌雄同株和结球果的认知。而我国传统以天喻人的类比思想,则能看到岁寒,然后知松柏之后凋也,可以从松树中感悟到伟人的品格。类比联想思维具有模糊性(朦胧)、灵活性、开放性等特点,这正是创新思维所需要的。模糊性给想象力以广大的回旋余地,灵活性让思维的变通度大大增强,开放性突破禁锢与束缚,使思维可从多角度进行观察与诠释。这些传统类比思维的优点,也是开展创新思维的基本要求。

从《周易》的整体思维特点去看,就是从整体出发,最后回归整体得来的思维方式。鲁洪生教授分析《周易》的整体性思维时,叙说了其时空的整体性,包括整体历时性与整体共时性,这都与创新思维相一致的。比如,整体历时性,可举出在《周易》卦辞中以龙为喻体的,有潜龙(静待时机)、龙(开始活动)、龙飞跃在渊(活动增强)、飞龙在天(辉煌时期)、亢龙(飞得太高)、群龙无首(多元相对均衡时期)。这些不同阶段的发展变化,就有相应情景可能性和吉凶。而整体共时性,是指同一时间同一时段,有诸多因素共同作用,各种力量在同一时间形成合力。历时与共时的分析,把时间与空间关系辩证地结合与表达出来。《周易》的这种思维方式,是与时变通的时中精神,是最高的生存智慧。这种创新变通,时中智慧,亦是与创新思维的要求相一致的。

对传统文化,一是要取其精华去其糟粕;二是研究它不是为复古,而是为了现代与未来,这些是共识。我国古代四大发明(指南针、火药、造纸、印刷术)对世界的影响,印证了创新思维在传统文化中的地位与作用。

12.2.2 儒家思想中的创新思维[①]

(1) 温故知新

孔子说:"温故而知新,可以为师矣。"宋代理学大师朱熹如是诠释:"故者,旧所闻。新者,今所得。言学能时习旧闻,而每有新得。"它强调"温故"在于"知新",温习旧知识,重在获取新知识。这可以从两个方面理解:

1) "旧"中藏"新",通过挖掘和领悟,可以获得新知识;

2) 新旧之间存在联系,人们在温习旧知识的过程中积极思考,可以深化知识,发现和克服旧知识的局限,从已知走向未知,得到新知识。即"知新"是"温故"的重要目的。另

---

① 王飞,董理达,侯光明.中国传统创新思想及其方法简述[J].科技资讯,2011(23):210+212.

外,很多现在被人们广泛使用的创新方法与温故知新所体现的思想也十分相似。

专利文献利用法:该方法可以说是典型的以"旧"换"新"的基础。该方法的最大特点即是通过广泛查阅专利文献,在了解前人的研究成果和已有专利情况的基础上,学习别人如何实现创新,激发自身的思考。

笔记收集法:即通过参与者每天围绕研究主题记录笔记,并对其汇总归纳而得到创造性的设想的方法。该方法通过将整理好的信息反馈给参与者,从而诱导每个人对"旧"潜在的思考能力、洞察力,进而创造出"新"。

除此之外,诸如从创造的出发点考察和重新思考事物的还原法、通过查阅相关索引以寻求和解决问题相关性的目录法等,也都是温"旧"出"新"的方法。

(2) 举一反三

孔子在教学实践中提出"举一隅不以三隅反,则不复也",意思是说物有四个角,已经指出了一个角的样子,如果不能推知其他三个角,那么这个学生就不必再教了。其中所表达的思想重点就在一个"反"字,即类推,人们积极开动脑筋,广泛联想和推理,由此及彼,从一件事情类推而知道其他事情。举一反三首先是作为一种学习和认识的方法而受到推崇,但也具有创新的价值,而其中的"一"就是激发创新的原型和兴奋点。《淮南子》的"见窾木浮而知为舟,见飞蓬转而知为车"的说法,正是对举一反三方法具有发明创新价值的确认。当今社会,与其思想有相似之处的创新方法及其成功应用的案例也有很多。

综摄法:该方法由美国麻省理工学院教授威廉·戈登(W. J. Gordon)1944年提出,是一种利用外部事物启发思考、开发创造潜力的方法。它包括有拟人类比、直接类比、象征类比等类比思想,都是由"一"类比的典型方法。

原型启发法:"原型"即生活中所接触的每个事物的属性和特征,问题解决者获得一些原理的启发,使其结合当前问题的有关知识,形成解决方案,从而创造性地解决问题。人们通过对鸟翅膀构造的研究,设计飞机机翼;通过对蝙蝠超声波定位的仿效,制造出雷达;通过对狗鼻子构造的分析,发明了比狗鼻子更灵敏的电子嗅觉器等创新的例子,均体现了这一思想。

移植法:该方法是将某个领域的原理、技术或方法,引用或渗透到其他领域,用以变革和创新。除上述方法以外,将生物界的原理和系统中获得的灵感应用于人造产品中的仿生学法、在接近或相似的事物中寻找解决问题办法的相似联想法和从一种事物的对立面获得启发的对比联想法等与举一反三方法所体现的思想都是相似的。

(3) 怀疑

孔子的"未知生,焉知死"和"未能事人,焉能事鬼"等言论是对当时鬼神论的大胆怀疑,孟子的"尽信书不如无书"是对前人已有知识的怀疑,张载的"于不疑处有疑,方是进矣"则明确将怀疑与创新结合起来加以论述,更有"义理有疑,则濯去旧见,以来新意"。与这些思想有相似之处的创新方法众多,例如:检核表法,该方法是一个改进型的创意产生方法,主要用于对原有产品的改进,要结合改进对象(方案或产品)来进行思考,根据研究对象的特点列出有关问题,形成检核表,然后逐一进行核对讨论,从中获得解决方案和创造性设想的方法。另外,5W2H法、专项问题检核表法等也在解决问题的过程中体现了这一思想。

12.2.3 老子思想中蕴含的逆向思维[①]

逆向思维是一种与常规思维不同,从反方向提出问题、分析问题、解决问题的思想方法。老子作为中国智慧的重要象征,就精于逆向思维,如"柔弱胜刚强""谦下不先"的观点。如今,从逆向思维出发而衍生的创新方法也有很多并且都得到成功应用。

反求工程：也称逆向工程、反向工程,是指用一定的测量手段对实物或模型进行测量,根据测量数据通过三维几何建模方法重构实物的CAD模型的过程,是一个从样品生成产品数字化信息模型,并在此基础上进行产品设计开发及生产的全过程。在对国际上一些先进产品"引进消化"的基础上再创新过程,较多应用到该方法。

方向逆向法：又叫程序逆向法,它是颠倒已有事物的构成顺序、排列位置或者方向而进行思考的创新思维方法。

属性逆向法：这是一种从事物属性的相反方向进行思考的方法。在属性逆向思维中,进与退、出与入、有与无可以在更高层次上获得新的统一和转化。这种方法适用于正向思维难以得出解决方案的创新问题。

逆向思考,将平常思考问题的思路反转过来,思考其相反方面,从不易被人想到的地方进行探索,创造性的火花常常会出人意料地闪现。中国古人非常擅长于这一思维方法。我们现在应该继承它,将它广泛地应用于创新型国家建设的各项创新活动中。从反面入手,以反求正,运用与常人、常规相反的方法,就可以取得很好的、意想不到的正面效果。

以上四种创新思维是对中国传统文化中老子思想所体现的部分创新方法原型的探讨。

12.3 中国传统文化对创新思维的影响[②]

五千年历史孕育了中华民族灿烂的文明,中国传统文化虽然随着社会的变动和时代的发展以及在多种文化的碰撞、融合中不断地变化发展着,但作为传统文化的深层结构其变化却相当缓慢,至今仍然对思维方式有着不可忽视的影响。

---

① 王飞,董理达,侯光明.中国传统创新思想及其方法简述[J].科技资讯,2011(23):210+212.
② 张明华.中国传统文化对创新思维的影响[J].通化师范学院学报,2008(01):21-23+35.

12.3.1 积极作用

中国传统文化在潜移默化的发展中为中华人民灌输着丰富的创新理念。

(1) 忧国忧民

关心国家民族前途命运的忧患意识促进了领导工作作风、人们的观念和生活方式的转变及科研的突破与创新，这是爱国主义的具体表现。孔子说过"安不忘危，存不忘亡"。范仲淹以"先天下之忧而忧，后天下之乐而乐"明其心志。这种民族忧患意识具有鲜明的时代特征，但都蕴含着中华儿女热爱祖国的炽热情感和要求变革创新、发奋图强、自强不息、振兴中华的伟大精神。正是这种民族精神形成了强大的凝聚力和历史推动力。

(2) 自强不息，奋进专一

《周易·乾》曰："天行健，君子以自强不息。"《论语·子罕》载："譬如为山，未成一篑，止，吾止也。"和"譬如平地，虽覆一篑，进，吾往也。"这些积极进取、自强不息的精神，激励着后人不断奋进、不断创新。

(3) 变易思想

《易经》中的"穷变通久"实际上反映了古代中国人的一种创新思维。中国传统的变易思想到了近代成了人们倡导变法、力主创新的理论根据，成为一个民族不易衰竭的源泉，使民族具有历久弥坚的凝聚力。

(4) 辩证的思维方式

即从整体思想出发去观察事物，观察宇宙与人生，把一切事物看成是一个有机联系的整体。《周易》和老子的《道德经》中都是这种辩证思维的体现。这种思维方式，涵盖了肯定与否定的辩证过程，使其具有整体性、系统性和连续性。

12.3.2 消极作用

德国作家海涅曾说："思想走在行动之前，如同闪电出现在雷霆之前。"我们中国曾有过创新思维的辉煌历史，而近三四百年落后于西方发达国家，是有原因的，其中有四大因素影响制约着创新思维的发挥和发展。

(1) 儒家文化的价值观念对创新思维的负面影响

传统文化中的"大一统""共性至上"的群体原则影响了我们的创新思维。传统文化的功利思想不利于创新教育的开展，它强调国家在政治和文化上的高度统一，但却抹杀了个人的主体意识和意志的自由。同时，儒家文化倡导的"中庸之道"也约束了我们的创新思维。"中庸"是孔子哲学的基本原则，也是儒家文化极力推崇的宇宙观、方法论和道德境界。"中庸"以和谐统一为前提，讲究无论人还是事物的发展都要适度，并且在适当的限度内发展。使个体缺乏一种创新的内在冲动和竞争意识的培养，缺乏一种大胆质疑的批判思维。

（2）中国传统社会集权制度对创新思维的负面影响

中国传统社会的一元化取向，集权的经济、集权的政治和独尊圣化的观念，长期使整个社会评价成就的价值标准单一化。"学而优则仕"，千百年来形成的"学校—考试—做官"的模式沿袭至今。所以，中国自十三世纪以后，几乎就没有什么重大的发明创造。我国至今从大陆走上诺贝尔领奖台的寥寥无几就是实证。

（3）传统文化心理结构中的家族本位主义对创新思维的负面影响

家族本位主义是以自然经济为基础，以血缘关系为纽带、以儒学为中心的中国文化传统构筑的价值取向。它把通过对祖先的崇拜，对父母的感思图报，以及强调"忠孝节义"的道德观念，使人们养成了家族利益高于一切的价值观念。中国传统心理文化是过于重整体、轻个体，从而导致个体毫无独立性可言。马克思主义认为："人只有具有了独立自觉的认识，明确了自己的需要和权利，才能把认识扩大到他物，进而反映自我与世界的关系，并做出相关的客观评价。在此基础上，人才能在实践中不断超越自己，有所创造。"

（4）传统经济形式对创新思维的负面影响

中国传统的自给自足的自然经济沉淀了文化的思维定式：重经验直观，轻逻辑抽象；重日常实用，轻理论思维。长期以来，中国人养成了封闭保守的心理特征。在生产规模简单狭小、科学认识水平低下的社会条件下，无论是对自然规律的掌握，还是对社会规律的认识，无论是生产技术的改进，还是防病治病知识的提高，都是靠世世代代的经验积累，这种经验带有很大的盲目性和直观性，付出的代价是沉重的。不重视信息交流，相信自己的经验感觉，不愿与他人交流、探讨。这些都严重地限制了个体的性格、能力及主体性的自由发展，不利于形成良好的行为习惯和创造思维的培养。

12.4 中华传统创新思维对科技创新的影响[①]

在思维方式方面，中华传统相对更擅长的整体思维方式引领着中国走向共建"人类命运共同体"的治理创新，走向"开放式全面创新"和"整合式创新"的中国特色自主创新道路。与此同时，中华传统更擅长的相反相成、亦此亦彼的辩证思维方式也已经给不少东西方科学家的科技创新带来了积极影响。

12.4.1 注重直观体悟

中华传统思维导致中国传统技术有注重直观体悟的特点，在技术发明中有其独特的价值。技术发明的关键环节是提出创造性的设想，这里很需要直观体悟，或者叫"直觉"。

---

① 王前.中国传统技术观念对技术现代化的影响[J].科学技术与辩证法,1996(03):50-53.

具有中国传统文化背景的人,在掌握了西方近现代技术之后,在技术发明的数量和质量上表现出明显的优势,这是一种很普遍的现象。据统计,在美国第一流的科学家和工程师十二、三万人中,华人占三万多;在美国机械工程学会各分会担任主席的人中,有一半以上是华人;研究和实现"阿波罗"登月计划的高级工程师中,华人也占三分之一。这种状况的产生如果说有文化传统上的原因,那么很可能是中国传统技术的思维方式和方法,对掌握和发展现代技术有重要的启发借鉴作用。

12.4.2 注重内在结构的有机性

中华传统思维导致传统技术注重"术"的内在结构的有机性,在操作者、工具、对象之间以及各种"术"之间,存在着有机联系,这使得大规模的协作性质的技术活动成为可能。近些年许多国家在原子弹、氢弹、人造卫星等重大技术领域迅速达到世界先进水平,与这种有机的协作攻关是分不开的。任何高新技术最终都是由人来把握的。在现代水平上实现人机的和谐发展,是技术现代化中必须解决的根本性问题。而在这方面,中国传统技术观念也具有重要的启发和借鉴意义。

12.4.3 注重运用中国传统知识

某些中国传统知识如中医药、农学、建筑、工艺品制造等技术知识,在现代仍有其生命力,与西方技术相比各有千秋,可以互相补充。中医中药的独特作用是有目共睹的。日本农学家福冈正信依据老子"道法自然"的思想,提出要以"自然农法"取代建立在工业

拓展阅读

即练即测

文明基础上的"科学农法",并且亲身实践,取得了显著成功,这是对中国传统农业技术现代价值的有力确证。世界著名建筑大师赖特(F. L. Wright)格外推崇老子"有无相资"的思想。他提出有机建筑理论,认为自然界是有机的,建筑师应从自然中得到启示,房屋应当像植物一样,是"地面上一个基本的和谐的要素,从属于自然环境,从地上长出来,迎着太阳"。他的这种思想,正是对中国传统建筑技术的重新肯定。当现代社会正在反思并力图消除工业文明带来的某些弊端的时候,中国传统技术观念的内容和发展模式在某些方面可能具有新的意义和价值。

复习思考题

1. 简述中国传统文化的基本特征及其中的重要思想。
2. 中国传统思维方式中蕴含着哪些创新思维?请举例说明。

第 13 章

有效利用系统思维：以钱学森综合集成思想为例

本章要点

- 掌握综合集成思想的内容。
- 理解综合集成思想的跨领域应用。

钱学森作为我国一代"科技帅才"，其广博的知识、前瞻的眼光为世人所敬仰，他所提出的综合集成思想，是开展系统科学研究的主要工具，也是解决复杂系统问题的有效方法。本章对钱学森综合集成思想的内容和应用案例进行介绍，旨在加深整合交叉思维的认识。

13.1 钱学森综合集成思想概述[①]

钱学森及其合作者在《一个科学新领域——开放的复杂巨系统及其方法论》一文中，首次全面系统地阐述了关于开放的复杂巨系统和处理此类系统的方法论的学说，这也成为了综合集成思想的正式开端。

钱学森认为，可以把系统分成简单系统和巨系统两类，前者子系统数量少，关系单纯，后者子系统数量非常大（成千上万、上百亿、万亿）；巨系统又可以进行分类，若子系统种类不太多且关联关系比较简单，就属于简单巨系统，如果子系统种类很多并有层次结构，它们之间关联关系又很复杂，就是复杂巨系统，如果该系统又是开放的，就称作开放的复杂巨系统（Open Complex Giant Systems，OCGS）。所以开放复杂巨系统具有 4 个典型特征：①系统本身与系统的周围环境有物质、能量和信息交换，是开放的；②所包含子系统很多，所以是巨系统；③子系统种类繁多，所以是复杂的；④有许多层次，中间层次又不认识，甚至连有几个层次也不清楚。在处理开放复杂巨系统问题上还原论是不适用的，钱学森指出，近代科学和现代科学里是用还原论来认识客观世界和解决实际问题的主要方法论，它通过把事物分解，一层一层分析下去来深入研究。它虽然取得了巨大成功，但缺点是不断的层次分解使得对事物的整体反而被忽视了，从而没有了整体的

---

① 王琳. 基于钱学森综合集成思想的情报学理论研究论要[J]. 情报理论与实践, 2013, 36(04): 6-11.

观点。也就是说,还原论所遵循的路径(把事物分解成低层次和局部的事物研究,以为低层次或局部研究清楚了,高层次或整体也就清楚了;如果低层次或局部仍不清楚,还可以继续分解下去,直到把整个问题弄清楚为止)是不能够解决系统整体性和复杂性系统研究中的涌现(Emergence)问题的。

面对处理开放的复杂巨系统方法论这样的难题,钱学森指出,现在能用的、唯一能有效的方法就是从定性到定量的综合集成方法(Meta-synthesis),这个方法通常是科学理论、经验知识和专家判断力相结合,提出经验性假设,这种假设往往是定性认识,但可用经验性数据和资料以及模型对其确实性进行检测,经过定量计算和反复对比,最终形成科学结论,是从定性上升到定量的认识。而从低层次的定性发展起来的高一层的定量不断累积,又形成了更高层次的定性,这是人的认识不断发展的过程。综合集成方法既从整体到部分由上而下,又自下而上由部分到整体,是还原论方法与整体论方法的辩证统一,实现了 1+1>2 的飞跃。其实质就是把专家体系、数据和信息体系以及计算机体系有机结合起来,构成一个高度智能化的人机结合、人网结合的体系,从而在应用中充分发挥这个系统的综合优势、整体优势和智能优势。

钱学森作为我国著名科学家,其卓越科学才能不仅体现在其过人的理论创新水平上,而且还体现在他对理论的应用实践具有的高度洞察力和创造力上。正如他本人所说:"我思考问题,一方面在理论上要站得住,另一方面在工程上还要有可操作性。"在 1992 年钱学森提出了"从定性到定量的综合集成方法"的实践形式——"从定性到定量的综合集成研讨厅体系"(Hall for Workshop of Meta-synthetic Engineering,HWME)。HWME 是"把专家们和知识库信息系统、各 AI 系统、几十亿/秒计算机,像作战指挥演示厅那样组织起来,成为巨型的人机结合的智能系统"。HWME 的实质是把专家的智慧、计算机的智能和各种数据、信息有机结合起来,把各种学科的科学理论和人的经验知识结合起来,构成一个统一的、人机结合的巨型智能系统和问题求解系统,其核心在于人的心智与机器高性能的取长补短,综合集成。我国传统文化对于把复杂事物各方面综合起来,获得整体认识的行为称之为"集大成",集大成得智慧,所以钱学森又把它称作"大成智慧工程"(Metasynthetic Engineering),理论上再加以提炼就是"大成智慧学"。

综合集成思想的提出,引起了学术界的高度重视和浓厚兴趣。我国香山科学会议于 1994 年开始先后共 4 次召开以开放复杂巨系统、从定性到定量的综合集成法和研讨厅体系为主题的研讨会。会议对钱学森提出的思想和观点给予很高的评价,通过研讨对综合集成思想也有了更深刻的认识。国家自然科学基金委批准的"支持宏观经济决策的综合集成研讨厅体系"重大项目,它把传统的厅的概念扩展到钱学森所说的"智界"(即网络空间),建立了基于信息空间的综合集成研讨厅体系(Cyberspace for Workshop of Metasynthetic Engineering,CWME),标志着在研究和应用钱学森综合集成思想上进入了新的发展阶段。在理论研究方面,近年来诸多学者围绕着综合集成方法进行了深入研究与发展,如顾基发提出的"物理—事理—人理"系统方法,在不同程度上丰富和完善了综合集成思想。

13.2 综合集成思想的内容[①]

13.2.1 复杂性系统的结构性分析

综合集成思想作为一条主线贯穿了钱学森科学研究始终,通过分析他的关于系统科学的论著可以得到证明。作为一套崭新的方法论思想,综合集成是建立在系统和系统科学理论基础之上的,其科学性就在于它是还原论方法和整体论方法的辩证统一,是系统论方法的拓展和深化。从这个角度来看,综合集成方法既超越了还原论方法,又发展了整体论方法。钱学森认为,系统科学是"局部与整体、局部与系统这样的一个观点去研究客观世界",而系统就是能反映事物特性的最基本的概念。系统"是由相互制约的各个部分组织成的具有一定功能的整体",从辩证唯物主义的观点来看,其组成部分之间的关联、影响、作用等又是通过物质、能量和信息的传递来实现的,因此,这些组成部分又被称为系统结构。一个系统之外的部分称为系统环境,系统和系统环境也是通过物质、能量和信息的输入、输出关系,相互关联、相互影响和相互作用,这样定义的系统,在自然界、人类社会包括人自身是普遍存在的,然而由于系统的多样性决定了不同的系统又有不同的特质和问题,普利高津学派主要研究的是物理化学系统,从组织形态上来说具有较多的共性,圣塔菲学派则涉及不同的领域,如生物系统、经济系统、人脑系统和社会系统等,但他们似乎疲于把具体系统问题都要作具体化的研究,这给总结规律性方法带来了困难。问题出在哪里了呢?钱学森明确指出,"着眼点过分地放在系统的具体内涵,反而失去系统的本质,而这一点在系统科学研究中又是非常重要的。"这样的做法对于总结归纳普遍的规律性也带来了难度。因此,基于复杂性层次的不同,钱学森按照系统结构的复杂程度将系统分为简单系统、简单巨系统、复杂系统、复杂巨系统等,如图 13-1 所示。

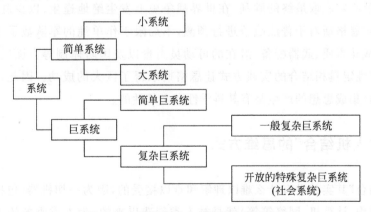

图 13-1 钱学森对于系统的分类示意图

[①] 方超. 钱学森综合集成思想研究[D]. 国防科学技术大学,2010.

13.2.2 定性定量相结合的处理方法

随着人类认识事物的能力不断加强,所要研究的对象在层次上也越来越庞大和复杂,带有时代色彩和意义的还原论方法在长期科学应用中,被人们发现已不适合于作为研究复杂性问题的主要工具,其主要的方法论地位不复存在。长期的科学及工程实践证明,对于一个新鲜事物人们总是先要将其与现有的理论和以往的经验作比较,从宏观定性的角度去把握它,再从科学定量的方法中找到其蕴含的实质和规律,这种定性与定量结合的方法长期以来被人们自觉或不自觉地应用于科学实践中,在很多的时候甚至获得了巨大的成功,如门捷列夫制定元素周期表、苯环结构的发现等等。钱学森认为自己从毛泽东的《实践论》和《矛盾论》中汲取了丰富的科学思想。《实践论》中有个著名的"十六字方针",即"去粗存精,去伪存真,由此及彼,由表及里",这就是说要善于借助事物间普遍联系的观点,从定性和定量两个方面来处理问题,既不"眉毛胡子一把抓",也不偏听偏信所谓的"科学数据",从实践出发来认识事物本质。客观世界是决定性的,但由于人认识客观世界的局限性,会有暂时要引入非决定性的必要。"定性"在认识事物重要性上是不言而喻的,也是无法回避的。

系统无论在结构、功能、行为和演化方面,都很复杂,以至于到今天,还有大量的问题,我们并不清楚。尤其是在对某一问题进行研究时,完全用严密的逻辑分析反而不能得到正确的结果,以中医理论为例,它就是把经验的东西加上古代的哲学,即古代人是怎么看周围世界的,所谓阴阳、五行、八卦等,这就形成中医医师看病的理论基础和思维方法,中医总体辩证地看问题,避免了机械唯物论。再以战争为例,战争是一个充满了太多非理性因素的领域,符合复杂巨系统的条件,对于这样的一个系统,并不能只通过简单分析显而易见的几个影响因素就能轻易对战争走向定下结论,换句话说,并不因某一方拥有先期优势就必定赢取最终的胜利,在世界战争史上发生绝地逢生、以少胜多的战例不胜枚举。当年恩格斯对于普法战争进行预测,不局限于作单纯的军队数量上的比较,而是从兵员的战斗素质、武器配备、潜在的可动员力量以及国防体制等方面展开了系统的比较,这是定性定量相结合的实践方式让恩格斯取得了巨大的成功。因此,定性与定量相结合的综合集成思想的产生是有其科学性和必然性的。

13.2.3 "人机结合"的思维方式

"人机结合"其实并没有什么难以理解和难以接受的,因为一切机器(包括一切机械、材料、组织机构、计算机、网络等等)就是被人类创造出来的、为人类服务的工具,是在不断地实践人类思维和智慧的结晶。从这个角度来讲,人的思维能力可以借助工具来得到延伸和施展。大约公元 600 年诞生的算盘,其使用过程就是非常典型的"人机结合"的思维实践，几十年前我国的"两弹一星"工程中许多计算工作都是通过它来完成的。熟练使用算盘的人，可以很快地输入数值，并且在计算所要加的数字时，只需输入加法或减法的第一个数值，第二个数值无须输入，只需在大脑中通过珠算口诀计算完毕后，五个手指快速拨动算盘的珠子显示出结果，算得上"人机合一的思维交互方式"。

虽然"人机结合"的实践模式由来已久，但直到近现代以计算机、信息网络和通信技术为核心的现代信息技术的出现和蓬勃发展，引起经济的社会形态飞跃，导致一场新的产业革命，同时对人的思维也产生了重要影响，崭新的"人机结合"的思维方式成为当代社会生产生活的重要方面。大家都有这样的一个经验，一群人就某个问题进行讨论决策，他们最终达成的决策意见要好于他们的个体决策平均水平，但总是不如个体决策中最好的那一个或几个，其中重要的原因是仅依靠人的思维来针对问题建立起的模型不够精确。1971 年 Scott Morton 在其《管理决策系统》中首次提出计算机对决策的支持作用，1975 年后决策支持系统（DSS）作为领域内专有名词得到广泛的认可，而后在 1978—1988 年间，DSS 系统迅速发展，涌现了许多有关 DSS 的富有生命力的设想，其中被引起广泛兴趣的一个想法是：把人的判断力和计算机的信息处理能力结合在一起，提高决策者的效能而又不妨碍他们的主观能动性，于是计算机终端成为决策者的有力助手。一些研究者比较重视机器和程序的作用，希望机器能够代替或者完全代替人类的某些活动，而对人本身在这些活动中所起的关键作用关注不够。在这段时期，钱学森以敏锐的眼光关注到信息技术即将给社会生产带来的巨大变革，结合自身长期的科学实践认为要将"人机结合"的思维方式摆在科学研究中占有重要地位。在《系统科学、思维科学与人体科学》一文中，钱学森认为："在研究中我们也可以借助电子计算机模拟的人工智能工作，从而我们终将不但知道我们自己思维的'当然'，而且知道其'所以然'。"

钱学森高度重视实际案例的研究，并善于从这些案例研究中提炼新概念、概括新理论，通过这套新理论再应用于实践进行检验，综合集成思想和方法的发展的起源点就是从大量的实际案例分析而来。综合集成方法作为处理复杂巨系统问题的有效手段，其基本思想就是将科学理论、经验知识和专家判断相结合，从宏观和整体上形成和提出经验性假设（判断和猜想），借助现代计算机技术，基于各种统计数据和信息资料，结合对系统进行逻辑分析，建立起包括大量参数的模型，并经过真实性检验来解决复杂巨系统问题。1989 年 9 月 8 日，钱学森在与中国科协"中国交通运输发展战略与政策研究"课题组同志的谈话时谈道："这里讲的系统工程方法是从定性到定量的综合集成方法，就是让专家们充分地发表不同的建议与意见，吸收过来，然后在众多专家建议和思路的基础上，综合起来，以专家的智慧建立上百个参数、几百个参数的模型，再进行运算……采用这种系统工程的研究方法，对诸如社会主义建设中的大问题作为一个开放的复杂巨系统进行研究，得出的结论才能令人信服。这种研究方法，就是从定性到定量的综合集成法。"

实质上，综合集成方法将专家体系、信息与知识体系和计算机体系有机结合起来，构成了高度智能化的"人机结合"体系，不仅充分发挥了人的认识能动性，从整体上对系统进行把握,还通过计算机、网络等信息技术将海量资源进行批量处理,极大地拓展了人的逻辑思维能力,实现资源综合与智力综合。这种方法体现了研究和处理问题理论与实践结合的辩证唯物主义的认识论。在这个过程中,既有整体论的基本方法,又有还原论的基本方法,但又不仅仅限于其中之一,而恰恰是两种方法的辩证统一。同时,针对具体问题作具体分析,实现了"主观和客观、理论和实践、知和行具体的历史的统一"。

13.2.4　研讨厅结构的实践形式

1992年11月13日,钱学森同王寿云、于景元、戴汝为、汪成为、钱学敏、涂元季6人,在一场关于"大成智慧"的谈话中总结"从定性到定量综合集成研讨厅"和"从定性到定量综合集成研讨厅体系"(以下简称研讨厅和研讨厅体系)是综合集成方法的实践形式,并把运用这套方法的集体,称为总体设计部。它是将有关理论、方法与技术集成起来,构成一个供专家群体探讨问题的工作平台。在前面研究的基础上,可以总结出其构成三要素就是人、机器(计算机技术、网络技术和人工智能技术等)以及信息。因此,综合集成研讨厅的结构就是专家体系、机器体系和知识体系三者有机结合而成的思想被学界普遍接受,这三者的相互关系和主要内容如图13-2所示。

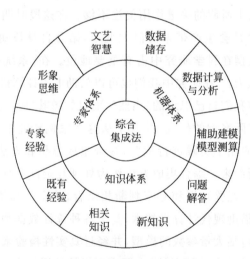

图13-2　综合集成研讨厅基本结构

专家体系、机器体系和知识体系在综合集成方法的实践应用中相辅相成,缺一不可。综合集成研讨厅的体系构成体现了辩证唯物主义中"实践—认识"的辩证关系,如图13-3所示,揭示出了综合集成研讨厅中,"人机结合"、以人为主获得智慧的辩证过程。

专家体系。综合集成研讨厅是一个"人在回路"的系统,它更突出专家的作用,充分利用专家所掌握的知识,通过专家研讨得出问题的解并对建模、仿真分析、优化的结果进行分析和综合集成,因此,专家体系的整体水平和素质对研讨问题是非常重要的。如

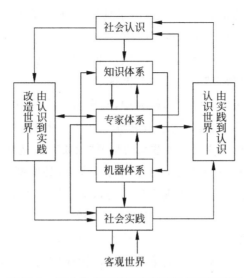

图 13-3　综合集成研讨厅获得智慧的辩证过程

图 13-3 所示,专家体系是整套系统的核心。由于研究的复杂巨系统不同,专家体系的结构也不一样,因此专家体系的结构是动态变化的。一般来讲,需要构建综合集成研讨厅形式来研究的问题,都是复杂系统或复杂巨系统,系统所涉及的多学科、多领域使研究人员必须具备非常宽广的知识面,但这种交叉性和综合性的学术融合,又使专家作为成员的普遍性带来了巨大的难度。在 20 世纪 50 年代末,钱学森主持 1059 仿制总结工作时曾提出"不限文化水平,只要做了工作,都要写出总结报告"。这也是他一贯的民主作风,因此在"研讨厅"内,只要是对整个系统工作有益的意见,都可以吸纳进来,不"以貌取人"、不因人废言。沿着这样的思路来看,在研究和处理问题时,就需要由不同学科、不同领域的专家组成专家体系,该体系应当具有研究复杂系统或复杂巨系统所需要的合理知识结构,使研讨集体在讨论问题时能够互相启发,互相激活,使集体创见远远胜过一个人的智慧。但从实际操作来看,这个专家体系又必须在一定规模的限制下,因为工作效率并非与参与人员数量的多少严格成正比,而是呈非线性规划,在创造性活动中,"成功的概率与设想出来的方案数量往往是成正比的",因此该专家体系要考虑到部门结构、年龄结构等问题,做到人员层次和数量的最优化。

机器体系。为了及时处理巨量的信息资源,离不开以计算机技术、网络技术和人工智能技术等为代表的现代信息技术设备,它们有机的融合是有效实现从定性到定量综合集成的重要硬件支持,也是综合集成研讨厅的重要组成部分,即机器体系。综合集成研讨厅作为一个开放式的组织结构,其硬件也是具有开源性的,可以通过网络技术的支持不断获取丰富的信息资源,并且还可以为专家体系的跨域组建、人员结构的优化发挥作用。应该强调的是,机器体系不仅是开放系统,同时也是个动态发展和进化的系统。随着以计算机为主的现代信息技术的迅速发展,许多涌现出来的高新技术,将不断地集成到机器体系之中,使得机器体系结构不断进化,功能不断加强,人机交互能力也越来越强。机器作为人"肢体"的拓展,具有明显的工具属性,在综合集成研讨过程中,它的主要作用就是辅助专家体系处理大量的逻辑问题,例如信息存储、实时建模和模型集成等,再通过专家体系的介入来解决计算机不好解决的非逻辑问题,发挥"人机一体,各取所长"的优势,实现"人帮机、机帮人"的和谐工作状态。

知识体系。在综合集成研讨厅的研究中,有学者认为"研讨厅是人机结合的知识生产系统。"而知识是内化的信息,是信息的更高一层次。研讨厅中的"信息流"是专家与专家、机器与机器、专家与机器之间实现联系的重要"媒质",但是其来源又是已有知识和处于零散状态下的信息。从综合集成研讨厅的运行来看,是要把知识和信息进行采集、储存、传递、调用、分析与综合,最后实现产生新的认知。钱学森将现代科学技术体系划分为"一个核心""三个层次""十一大部门"和"十一大桥梁",这也就给目前人类的知识体系做了结构性的划分,描述清楚了经验知识、感性知识是哲学智慧的开端,应用技术、技术科学以及基础科学是中间必不可少的重要发展及构成要素。综合集成研讨厅就是在利用人类已有的知识信息体系来进行知识的扩大再生产,在实践中不断丰富宝贵的知识资源。

13.3　跨领域的综合集成应用案例

综合集成方法运用到跨领域的创新管理中主要面临三个问题:一是不同领域专家体系的有效合作组织模式;二是专家体系与机器体系的结合管理模式;三是科学地进行投资决策。中国运载火箭技术研究院的组织机构设计很好地解决了这些问题,并为我们提供了管理创新启示。

13.3.1　创新问题解决方式

(1) 专家体系的合作模式

在专家体系的合作模式方面,研究院在空间态势评估、体系结构设计等软硬件结合的跨领域研究中,建立了依托专业型的专职骨干团队牵引、面向项目的集成产品开发团队(IPT),辅以顾问团队及各界咨询团队的管理组织模式,如图13-4所示。

(2) 专家体系与机器体系的结合管理模式

顾问团队由政府、军队及航天领域曾任职的核心领导或专家组成;支持保障团队为各级对应行政或业务支持部门,包括支持及领导集成产品团队(IPT,integrated product team)运作的相关机构组成;专职研究团队由承担研究任务的专业型、专职骨干研究人员组成;咨询团队由与研究领域相关的政府有关部门、军队研究机构、企业、高校及从事相关领域研究的机构或人员组成;咨询团队与专职研究团队通过举办各类论坛、研讨会或缔结咨询合同等形式开展合作研究;IPT由其他航天单位或合作单位临时抽调的研究

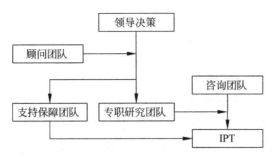

图 13-4　跨领域综合集成组织结构图

人员组成,配合专职研究人员集中开展特定问题的研究工作。在专家体系与机器体系的结合管理方面,主要依托专职研究团队负责建设、运营、管理研究设备,IPT 和咨询团队通过合作的形式参与建设或研讨使用。

(3) 投资决策

在跨领域创新中,如何科学地进行投资决策也是管理中面临的重要问题。由于技术发展日益体系化,单项技术或装备的价值往往需要放到未来的技术体系中予以评估,这就大大增加了决策的难度。随着体系研究的深入,未来技术创新的投入决策不再是简单的定性研究所能支持的,越来越多需要采用定性与定量结合的方法、通过大量对性能指标的仿真分析的研判来支撑。按照钱学森先生的思想,包括定性综合集成,定性、定量相结合综合集成,以及从定性到定量综合集成。这 3 个步骤循环往复、逐次逼近。

研究院在技术发展的创新体系研究上,正在尝试通过体系结构设计、建设钱学森综合集成研讨厅来提升跨领域的体系化创新研究的决策科学性。其综合集成的决策逻辑如图 13-5 所示。

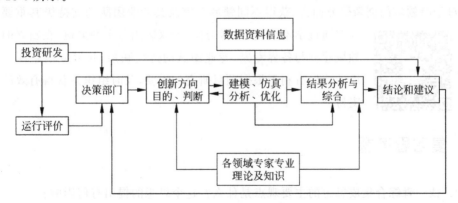

图 13-5　综合集成的决策逻辑

在定性和定量的综合决策中,有两大不可或缺的要素:一是有效的专家团队;二是科学的分析模型及支持设备。这也是研究团队的组织结构建设中需要重点保障和协调的主要问题。其中,专家库、信息库及研讨分析辅助设备的建设都是长期积累的过程。

13.3.2 管理创新启示

（1）建立开放性组合研究模式

对于空间态势评估等软硬件结合的跨领域研究,可以建立更为开放的组合研究模式。如定期召开跨领域甚至跨行业的全国性研讨会；根据研究需要,召开针对特定专题的专家论坛；定期向社会发布领域评估报告。通过这些模式促进与社会各界研究力量的交流互动,有利于获得更多的研究力量支持及更多创新思想的交流。

（2）实现专职骨干与 IPT 的紧密结合

专职研究团队的建立有利于对研究领域进行长期、深入的持续开拓,但对于跨领域、跨行业的研究项目而言专业配置难以齐全。建立 IPT 有利于短期、覆盖面较广的项目论证,但由于是临时团队,难以深入和持续。依托专职团队,结合 IPT 的组织模式,可以实现互补,既保证了领域开拓的持续与深入,又可针对特定研究或论证项目灵活配置资源。

拓展阅读

（3）形成综合集成研讨厅

充分利用 IPT 项目论证所配置的 IPT 工作室、IPT 工作室讨论区、协同网络等,实现专职团队与 IPT 的协同办公。根据团队类型,配备各类办公用品,实现协同保障。在硬件建设上,结合特定研究领域的推演平台及交互研讨设施的建立,通过建设实验室的方式逐步推进钱学森综合集成研讨厅的建设,形成定性与定量结合的专家团队集成办公环境。

（4）建立专家库

对于跨领域的创新研究而言,获得不同领域专家及其专业团队的支持极其重要。研究院通过学术交流、项目合作、专家聘用等多种渠道,在新兴的探索领域建立与各界专家、专业团队的持续联系,并形成信息库。专家库的建设有利于根据项目研究的需要,及时组织并获得有效的人员支持。

即练即测

复习思考题

1. 钱学森综合集成思想的主要观点是什么？这个思想的提出有何影响？
2. 简述综合集成思想的内容。
3. 在综合集成思想的应用案例中,专家系统的重要作用是什么？还有哪些领域可以运用综合集成思想？

第 14 章

信息科技驱动的创新思维

本章要点

- 掌握统计思维的起源、发展、内涵、意义和局限；
- 理解大数据情境和人工智能情境分别对思维的影响；
- 了解思维的进化过程。

引导案例

诚品书店，从传统书店转型为综合型一站式体验书店

在网络营销、电子图书冲击影响下，传统书店集体遇冷。要生存下去，就必须另辟蹊径。诚品书店也经历了从传统书店的经营模式到现在的体验式消费。它借鉴了快消行业的营销推广方式，客户引导、热点推荐、促销活动等。诚品书店不仅仅买书，还会有自己的图章、本子、笔，甚至是挂饰、充电器等小物件。这些东西只能在诚品书店才能买到，这增加了诚品书店的附加值、纪念性，促进顾客对诚品书店文化的理解和融入。诚品书店为读书人提供了一站式体验的服务，这里不仅仅是买书和看书的圣殿，同时还引入了符合读者品味的创意服务和餐饮服务，读书之余，品一杯咖啡，不失为惬意生活的一种。

不管是传统的制造企业还是传统模式的服务业、销售业，都需要结合时代发展要求，不断满足用户新需求。这就需要利用新技术，引入新要素，创新发展思维，促进企业转型升级。在转型路上，企业需要注意结合实际找到适合自身的发展道路，只有这样才能使创新思维效用最大化。

信息化时代的到来，加速了知识变革的步伐。第四次工业革命席卷而来，超媒体、人工智能、物联网、5G、大数据、云计算、量子计算、3D 打印、虚拟现实、机器人和无人驾驶等这些新媒介概念的出现不仅仅标志着科技的快速进步，更重要的是体现了人类创新思维在实践中的极大成功，而这些成就又反过来深刻地影响着人类的思维。我们的心智和认知正在和互联网、大数据和人工智能等发生着一系列的共振，人类思维会因此产生怎样的进化效应呢？本章将从统计思维、大数据思维和人工智能思维展开讨论。

14.1 思维的进化

在三十多亿年的生命进化历程中,人类逐步产生了各种认知,从低级到高级分别为:神经认知、心理认知、语言认知、思维认知和文化认知,如图14-1所示。其中,特属于人类的认知是思维认知和文化认知,这两种认知都属于高阶认知。虽然,思维是人类特有的高阶特征,但它也常受到其他认知的影响。在思维层级的心智和认知方面,20世纪中叶以来取得很多重要的研究成果,比如,英国心理学家沃森(Peter Cathcart Wason)提出的认知偏差(1966),美国心理学家里普斯(Lance Rips)的心理三段论(1994),获得2002年诺贝尔经济学奖的美国心理学家卡尼曼(Daniel Kahneman)和特沃斯基(Amos Tversky)构建的前景理论(Prospect Theory)等。

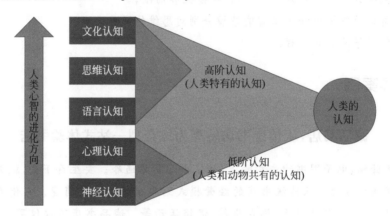

图14-1 人类心智进化示意图

资料来源:蔡曙山.人类认知体系和数据加工[J].张江科技评论,2019(4):8.

对于人类的思维,学者们的关注和研究从未停止。1952年,克里斯(Kris)出版了著作《艺术的精神分析探索》(*Psyhoanalytic Explorations in Art*),从心理学角度,对艺术和创造性问题的思维过程进行了阐释,他提出思维加工过程理论。该理论认为,思维加工可以分为初级思维加工过程和次级思维加工过程,这两个过程代表了一个思维连续体的两端,一端是相对自由或者流动的,如梦境;另一端是相对束缚的,如基于现实的一些想法。初级思维过程是一种较为原始的思维活动,会受到本能欲望的驱使,不太遵循逻辑规则。通常,对于初级思维过程,人类具备对其进行再加工的能力。缺乏创新思维的人可能在这个过程会遇到较大的障碍,但创造力丰富的人则能够轻松地对初级思维的形态进行较为深入地加工,且能够自如地切换。这样一个加工和切换的操作,有可能促成创新思想的生成,找到解决问题的创造性方案,然后进入次级思维阶段,从而形成正式的想法。所以,创造力缺乏的人会更依赖初级过程,往往很难产生创意。

(陈劲,2013)[1]

后来,科学家们对初级和次级思维理论进行了拓展,将创新思维分为三个层次:原发过程、继发过程和第三极过程。所谓的原发过程就是潜意识过程,是心理的一种无意识状态,主要表现在梦境和精神病状态中。继发过程(意识过程),是大脑处于完全清醒状态下的一种逻辑思维的表现。第三极过程,是大脑较为清醒状态下的一种心理活动,近似于将前两个过程结合起来,也可以认为是精神和物质的结合,或者是理性和非理性的产物。第三极过程的思维,我们认为是创新思维。

14.2 统计思维

14.2.1 统计的意义

2013年,《自然》杂志第503卷21期发表了英国剑桥大学William J. Sutherland等教授关于"解释科学主张的20个技巧"一文,这20个技巧基本都与统计思维有关[2],告诉大家要把握证据的局限性。

经济发展和社会运行,都要求对生产、分配、流通、消费和积累等环节进行深入的统计学研究,以"洞察"人类行为的"因果关系",达到优化计划、调控、平衡乃至预测的目的,期待能够"把握现状"和"预测未来"。

在学术领域,统计学也已成为科学研究的最重要工具之一。自然科学的研究方法主要包括观察和实验,人文社会学科的研究方法多为调查。对于观察和调查这两种方法而言,其研究结论的科学性、可靠性和客观性,都需要统计方法的支持[3]。因此,统计学已经被广泛用于自然科学和人文社科的各个学科当中。比如:生物信息学、管理学、情报学、军事学和政府决策科学等。

现代统计学的奠基人费歇尔说:"给20世纪带来了人类进步的独特方面的是统计学,统计学的普遍存在以及在开拓新知识领域方面的应用已远远超过20世纪内的任何技术或科学发明。"(李金昌,2009)

英国杰出生物学家高尔顿(Galton)曾这样评价统计学:"统计学具有处理复杂问题的非凡能力,当科学的探索者在前进的过程中荆棘载途时,唯有统计学可以帮助他们打开一条通道。"

英国著名统计学家哈斯利特(H. T. Haslet)指出:"统计方法的应用是这样普遍,在

---

[1] 陈劲,唐孝威.脑与创新:神经创新学研究评述[M].北京:科学出版社,2013.
[2] Sutherland W J, Spiegelhalter D, Burgman M. Policy: Twenty tips for interpreting scientific claims[J]. Nature News, 2013, 503(7476):335.
[3] 程开明.科学事实与统计思维[J].中国统计,2015(12):24-26.

我们的生活和习惯中,统计的影响是这样巨大,以至于统计的重要性无论怎样强调也不过分。"

统计学家韦尔斯(H. G. Wells)曾说:"统计思维有一天会像读写能力一样成为有能力的公民身份的需要。今天是统计的时代。"

中国著名经济学家、教育家马寅初如是说:"学者不能离开统计而究学,实业家不能离开统计而执业,政治家不能离开统计而施政。"

由此可见,统计学在生活、生产和社会活动的方方面面发挥着重要的作用。

14.2.2　统计的起源和发展

(1) 统计学的起源

17世纪中叶的英国学者威廉·配第(William Petty,1623)可以称得上统计科学的创始人,其著作《政治算术》标志着统计学的起源。之后,约翰·格兰特(Johan Graunt)在1662年出版了他的研究成果——《关于死亡率的自然观察和政治观察》,研究以英国的人口问题为对象,首次编制了"生命表",提出了"大量恒静"这一统计学准则。约翰·格兰特对统计学的贡献可以概括为:第一,提出了"数据简约"的概念,即把大量无序的数据,依据一定的分类标准整理成意义明确的表格,如此一来,有用和有意义的数据才能被显现出来。"数据简约"奠定了统计学工作的数据基础。第二,提出了数据的"可信度"问题。所谓"可信度"就是指,要排除人为的篡改和无意的失误。如果样本中出现这样的数值就叫作异常值。那么,如何去鉴别数据中是否存在异常值,一直是统计学的一个难点,这个困扰,至今未能完美地解决。第三,首次关注到了频率稳定性的问题。数据中隐藏的规律必须在大量的样本中才能得以揭示。这个想法也得到了德国牧师约翰·彼得·苏斯米尔西(Johann Peter Sussmilch)的支持。由此可见,人口统计学在政府管理工作中起到重要作用。

(2) 统计学的发展

按照统计方法和统计特征,统计学的发展,大致可以划分为三个时期:古典统计学时期、近代统计学时期和现代统计学时期。

1) 古典统计学时期(17世纪中叶至19世纪初)

古典统计学时期被认为是统计学的萌芽期,这个时期的代表学派主要有政治算术学派和国势学派。

政治算术学派。我们在统计学的起源中介绍了这个时期的两个代表人物:威廉·配第和约翰·格兰特。政治算术学派研究的是统计学的内容,但是没有明确提出"统计学"的概念,因此,被认为是"有实无名"的统计学。

国势学派。其产生于18世纪的德国,也称为记述学派或社会经济统计学派。国势学派的主要创始人是德国的康令(H. Conrin)和阿亨瓦尔(G. Achenwall)。该学派的工作是用文字记述国家的显著事项。这些研究主要以解释事物的性质为主,类似于今天的定性研究,而不注重数量计算。这个时期的统计方法大致可以分为三类:第一类,可以处理不定期事件的统计方法,如概率统计;第二类,可以处理定期事件的统计方法,如比值编制、调查研究等方法;第三类,能够处理跨学科领域的相关联关系的统计方法,如应用技术统计方法等。虽与现代统计学相比仍相去甚远,但也为统计学的后续发展奠定了宏观经济理论的基础。

古典统计对于数据的收集和处理存在一些局限和限制。由于客观条件或者成本方面的考虑,人们很难获取全面的数据,只能从一些可取的样本上获得。在此基础上得到的结果,往往只能反映总体样本当中一个小的方面,并不能准确完全地代表全部。

2) 近代统计学时期(19 世纪初至 20 世纪初)

从 19 世纪初到 20 世纪,统计学进入了发育成长期,也称为近代统计学时期。代表学派有数理统计学派和社会统计学派。

数理统计学派。数理统计是将概率论引入了统计学,使得统计方法的准确性得到了很大提高,既表现出数学的特征,又表现出统计的思路,故得名数理统计。数理统计的奠基人为比利时的凯特勒(L. A. J. Quetelet),他提出"平均人"的概念,即我们今天的"平均数"或者"平均值"。凯特勒还运用了二项分布和正态分布的统计学方法。此后,数理统计得到英美等各国科学家的发展,比如费雪提出了回归和相关、假设检验、χ^2 分布和 t 分布等。

社会统计学派。也称为社会经济统计学派。主要代表人物有戈塞特(William Sealy Gosset),克尼斯(K. G. A. Knies),梅尔(C. G. C. Mayer)和恩格尔(C. L. E. Engel)等。戈塞特于 1907 年提出小样本统计量的 t 分布理论,后经过学者们共同的修正和完善,到 20 世纪中叶,构筑了推断统计学的基本框架。

3) 现代统计学时期(自 20 世纪初至今)

20 世纪 20 年代,由于细胞学研究的推动,统计学迈进了推断统计的新阶段,代表性的理论有:费暄(R. A. Fisher)的 F 分布理论,尼曼(Jerzy Splawa Ney-man)的假设检验理论和置信区间理论,瓦尔德(A. Wasld)的统计学测理论和多元分布理论。而在东方,以苏联为代表的学者们建立了物质产品平衡表核算体系(MPS)。到了 20 世纪 50 年代,计算机开始影响统计学,逐步形成现代统计学的基本理论框架。20 世纪 60 年代,现代数学以及计算机和互联网的进一步发展,为统计学提供了更加广泛的数学方法和更加大量的数据基础,统计在样本的处理上发生了本质的变化。

14.2.3 统计思维的萌芽和内涵

(1) 统计思维的萌芽

从统计学的起源和发展,我们可以看到,最早的统计思维已经认识到数据的重要性,能够从数据中得出结论,并考虑在情境中作出推断。英国统计学家托马斯·贝叶斯(Thomas Bayes)提出了贝叶斯定理(关于随机事件 A 和 B 的条件概率),统计思维在这一阶段出现了萌芽,即开始初步使用统计模型进行推理。为了获得对数据更好地理解以及在数据中更有效地传达信息,William 和 Florence 对统计的图形设计和表示进行了开发或改进,以寻求用系统直观的表示形式来代替传统数字表。这种通过改变数据的表达方式进一步挖掘信息深度的做法,使得统计思维又得到了进一步的提升。

到了 21 世纪,克里斯·安德森(Chris Anderson)提出:"数据应用使科学方法过时了"的看法。虽然遭到了科学界的强烈反对,但不可否认,由于数据生产的数量和速度,新技术现在可以仅通过经验数据分析来解决重大科学和工业问题,而无须使用科学模型、理论、经验或领域知识。梅耶-舒恩贝格(Mayer-Schönberger)和库吉尔(Cukier)认为我们不必再被束缚在"因果关系"上,世界正在从因果关系向关联关系转变。

我们知道,社会的信息化发展,使得海量数据通过社交媒体、在线交易和科学研究等渠道被快速收集。那么在海量数据的情境下,传统的统计思维还适用吗?数据技术是否已经发展到可以"按一下按钮"就能得到我们所期望的分析结果吗?这些问题我们将在本章的第三第四节内容中作出相应回答。在这里,我们首先需要搞清楚统计思维的基本组成,如图 14-2 所示,统计思维通常包括:简洁的问题陈述、质量数据、变异源、领域知识、顺序方法、过程理解、建模过程和分析策略等基本组成。只有了解了统计思维的基本组成,我们才能进一步探讨统计思维的内涵。

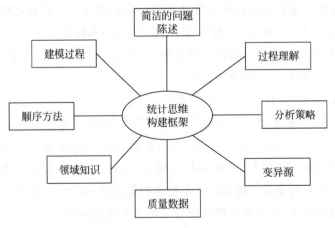

图 14-2　统计思维的基本组成

资料来源:Hoerl R W, Snee R D, De Veaux R D. Applying statistical thinking to 'Big Data' Problems[J]. Wiley Interdisciplinary Reviews:Computational Statistics,2014,6(4):222-232.

(2)统计思维的内涵

统计就是从随机性中寻找规律,而统计思维就是在统计过程中所表现出来的思维方式,具体而言,是指在收集数据、提取信息、推理论证的过程中所用到的一种思维模式。

通过对质量管理、统计学、统计教育三个领域的文献梳理,结合统计思维的基本组成,孙露(2018)对统计思维的内涵进行了整理,选取了 10 种较有代表性的界定(见表 14-1)。其中,重点维度包括过程变异、整体认知、数据与真实情景的交互作用和批判的态度。这些维度构成了统计思维区别于其他相关概念的本质所在。

表 14-1 统计思维的内涵分析

领域	代表界定	变异	过程	数据	设计数据产生	变异量化、解释	情境联系	质疑	模型	促进理解的表征
质量管理	Snee	√	√	√	—	—	—	—	—	—
	Hare	√	√	√	—	—	—	—	—	—
统计学	Moore	—	—	—	√	√	√	—	—	—
	MAA ASA	√	√	√	√	√	—	—	—	—
	Mallows	√	—	—	—	—	—	—	—	—
	Wild Pfannkuch	√	√	√	—	—	√	√	√	√
	Chance	√	√	—	—	—	√	√	—	—
统计教育	Mooney 等	√	√	—	—	—	—	—	—	—
	Ben-zvi Friedlander	—	—	—	—	—	√	√	—	√
	Watson	√	—	—	—	—	—	√	—	—

资料来源:孙露.统计思维的历史梳理与内涵分析[J].高中数学教与学,2018,25-28.

在以上内涵理解的基础上,提出统计思维的定义:能认识到对数据的需要,感知过程中无所不在的变异,并在此基础上对数据进行描述、组织、表征、分析与解释,能综合数据与实际情境等信息运用统计方法进行合理推断与决策,形成统计过程的整体意识,以及对于过程与结果具有一定的批判意识。

14.2.4 统计思维的局限

(1)假设检验的思维方式

1956 年,布鲁尔(J. Bruner)、古德诺(J. Goodnow)和奥斯丁(G. Austin)发表了《思维研究》,该书提出了假设检验说。此时的假设检验仅限于人工概念。因此,假设检验的诞生已经有一百多年的历史,它为人类解决了不少实际问题,在统计学中占有重要的一席之地。假设检验是统计学发展的重要方法之一,科学发现和科学创新是一种"假设—检验—再假设—再检验……"循环往复的过程。这种方法可以从一定程度上帮助人们突破固有认知的局限,一步步向事实和真理迈进。

在社会科学(管理学和心理学等)中,假设检验发挥着重要作用。然而,也有学者表示,假设检验的统计学思维具有先天的严重缺陷。1960 年,沃森开展了著名的"246 问题实验"。这个实验的结果表明,个体在假设检验过程中,往往会倾向于去寻找支持自己假设的证据,即正例法,而忽略否定自己假设的例子,即反例法。继而,沃森又开展了一个叫做"四卡片问题"的实验,得到了相同的结果。在假设检验中,还可能发生两类错误,一个是拒真,一个是纳伪。拒真表示,原假设是对的,但是通过检验的形式将它否定了。纳伪是指,原假设是错误的,但是通过检验,你肯定了原假设。

由于假设驱动的研究表现出研究者很强的主观性,自然科学(如物理学、化学、生命科学等)的研究大多又是数据驱动的研究,表现为更强的客观性,因此,自然科学领域对假设检验的应用较少。

另外,大数据对于假设检验的思维逻辑形成了一个很大的冲击。假如我们可以掌握数据的全体,那么假设检验就显得多此一举,完全没有必要了。然而,现阶段的大数据本身也还处于发展的初级阶段,存在很多问题,因此假设检验的统计学思维或许还能继续发挥余热。

(2) P 值的局限

1925年,英国遗传学家兼统计学家罗纳德·菲舍尔(Ronald Fisher)出版了著作《研究者的统计方法》(*Statistical Methods for Research Workers*),在该著作中,菲舍尔提出了 P 值的概念,菲舍尔因此成为现代统计学之父。所谓"P 值",是一种边际显著性水平(significance),用以表示相互区别的能力的指标,即在统计过程中,假设原假设正确,那么获得测试观察结果的概率就称为 P 值。

假设检验的 P 值方法是使用计算出的概率来确定是否有证据拒绝原假设。零假设(也称为猜想)是有关统计总体的最初主张。备选假设指出总体参数是否与猜想中所述的总体参数值不同。在实践中,预先说明 P 值或临界值,以确定所需的值如何拒绝原假设。

P 值的局限。Aschengrau 和 Seage 指出,假设检验是为了促进农业实验中的决策而开发的,后来在生物医学文献中被用作强加决策标准的手段。P 值已无处不在,但流行病学家越来越意识到 P 值是存在局限性的,甚至被滥用,主要表现在以下四个方面:

① 不管是否有意,基于 P 值是否小于或等于 0.05,P 值都有可能演变为"显著"或"不显著"的结论。这可能会产生误导。但是这个 0.05 本身是没有太多科学根据的,而是一种习惯用法而已。

② P 值取决于样本大小。虽然影响的幅度较小并且已经证明不重要,但是在样本量较大的情况下,P 值可能"显著"。相反,虽然效果可能很好,但如果样本量较小,则效果无法满足 $P<0.05$ 的标准。

③ 许多研究人员不适当地认为,P 值代表原假设为真的概率。但是,P 值是基于零假设为真的假设而计算的。P 值是数据可能会像原假设一样或更多偏离原假设的概率。因此,P 值衡量的是数据与零假设的兼容性,而不是零假设正确的概率。

④ 统计显著性未考虑偏倚和混淆的评估。

2016 年的《自然》期刊也强调了指导使用 P 值解释研究结果时需要注意的问题,具体来说表现在以下六个方面:

a) P 值可以指示数据与指定的统计模型不兼容的程度。
b) P 值不能衡量所研究假设为真的概率,也不能衡量仅由随机机会产生数据的概率。
c) 科学结论或政策决策不应仅基于 P 值是否超过特定阈值来做出判断。
d) 正确的推理需要完整的报告和透明度。
e) P 值或统计显著性不能衡量效果的大小或结果的重要性。
f) 就其本身而言,P 值不能很好地证明有关模型或假设的证据。

P 值的最大局限性来自上述六个方面的第 2 点和第 5 点。可以解决 P 值问题的最好方法是,假设零假设成立,P 值给出观察数据的概率。但是,在完成实验之后,我们真正感兴趣的是在观察到这些数据的情况下假设是否成立的概率。这两个概率是完全不同的,有点像比较"一个人是总统的可能性"与"该总统是一个人的可能性"。

P 值的另一个问题是它们不能指示效果的价值或精确程度(第 5 点)。样本大小会影响效果精确度的估算。提供有关效应大小和精确度(即 95%CI)的信息会迫使读者考虑观察到的效应是否足够大,足够精确并且是否足够值得关注。这种统计信息称为估计。研究结果的解释需要考虑效应的大小和精确度,并包括有关研究进行方式的信息,以便判断对研究结果的可信程度。

14.3 大数据情境下的思维

统计学一路走来,汇聚了一大批学者的研究成果,各个分支学科也在不断发展壮大中,为国家、政府、科研和生活提供了很多决策参考。然而,我们也看到了,统计学除了带给我们便利,带领我们认识世界的真相之外,也存在一些不可避免的缺陷和局限,比如假设检验和显著性水平。这些缺陷使得统计学面临巨大的挑战。有人认为,科学革命之前往往伴随着测量革命(Cukier,2010)。大数据将促成测量革命的发生,转变我们揭示真相的思维,它带来了认识论水平的深刻变化,重新构筑了有关知识构成、研究过程、信息互动、情境的性质和分类等关键问题(Boyd 和 Crawford,2012)。

14.3.1 大数据的内涵

(1) 大数据的概念

对于大数据(big data)的定义,有很多不同的版本和视角。大数据科学家 John Rauser(2011)给出定义:"大数据指任何超过了一台计算机处理能力的数据。"

权威杂志《自然》将大数据定义为:"那些无法在有限时间内用当前的技术去获取的数据。"

维基百科给出大数据定义："所涉及的资料规模巨大到无法透过目前主流软件工具，在合理时间内达到撷取、管理、处理并整理成为帮助企业经营决策更积极目的的资讯。因此，大数据是一个体量特别大，数据类别特别大的数据集，并且这样的数据集无法用传统数据库工具对其内容进行抓取、管理和处理。"

吴季松这样定义大数据："大数据是信息化发展的新阶段。"它是一种较传统数据库系统种类更多、存量更大、有顶层设计和规则的系统，因此是管理更有效的数据库，以云平台存储，以云计算等新的模式处理，通过开放和融通的系统使信息资产产生更重要的价值。

学者邱文斌提出："大数据指的是所涉及的资料量规模巨大到无法透过目前主流软件工具，在合理时间内达到撷取、管理、处理、并整理成为帮助企业经营决策更积极目的的资讯。大数据对象既可能是实际的、有限的数据集合，如某个政府部门或企业掌握的数据库，也可能是虚拟的、无限的数据集合，如微博、微信、社交网络上的全部信息。"

我们可以看到，不同领域的部门和主体对大数据的定义表达了基于不同视角和领域特点的观点。但无论字面上的定义如何千变万化，都体现了一种共识，即大数据的典型特征和内涵不会变。

（2）大数据的特征

对于大数据区别于普通数据的特征，人们一开始将其归纳为"3V"：体积、种类和速度。后来，IBM 将其扩展为"5V"：volume（数据量巨大）、velocity（高速流转）、variety（数据种类多样）、veracity（数据集更具真实性）和 value（价值密度低）。

数据体量大。人类每天产生的数据加起来有 2EB（1EB＝1024PB）之多，百度导航每天产生的数据超过 1.5PB。数据量是指每秒从社交媒体、手机、汽车、信用卡、M2M 传感器、照片和视频等生成的大量数据。事实上，海量数据已经变得如此庞大，以至于我们无法再存储大量数据、使用传统的数据库技术分析数据。现在，我们使用分布式系统，其中部分数据存储在不同的位置，并通过软件整合在一起。仅 Facebook 一天就有 100 亿条消息，按"赞"按钮的次数为 45 亿次，每天上传超过 3.5 亿张新照片。显然，收集和分析这些数据是巨大的工程挑战。

高速流转。高速流转是指生成、收集和分析大量数据的速度非常快。每天，电子邮件、推特消息、照片和视频剪辑等的数量以世界各地的照明速度增长。每天每一秒的数据都在增加。不仅必须对其进行分析，而且传输速度和对数据的访问也必须保持瞬时，以保证实时访问网站、信用卡验证和即时消息传递。大数据技术的高速流转使得生成数据和分析数据可以同步运行，而无须将其放入数据库中。

数据种类多样。数据种类多样化是指我们现在可以使用的数据类型多样化。过去，我们专注于整洁地适合待在表格或数据库中的结构化数据，例如财务数据（如按产品或地区划分的销售额）。然而，实际上，全球 80％ 的数据现在都是非结构化的，因此无法轻松地放入表格中（例如照片、视频序列或社交媒体更新）。借助大数据技术，我们现在已经可以对不同类型的数据（结构化和非结构化）加以利用，包括消息、社交媒体对话、照片、传感器数据、视频或语音记录,并将它们与更传统的结构化数据结合在一起。

低价值密度。虽然大数据的数据体量很大,但是能够为我们所利用产生价值的信息却很少。这决定了大数据的低价值密度特点。我们要寻找有用的数据,其难度有时候不亚于大海捞针。

数据准确性。它是指数据的混乱度或可信赖性。对于多种形式的大数据,质量和准确性的可控性较差(如带有缩写、错别字和口语的 Twitter 帖子以及内容的可靠性和准确性),但是因为数据量足够大,形成数据集,结合大数据分析技术,可以使我们能够克服数据本身不准确带来的不足,最终提高数据集的真实性。

在此基础上,Rob Kitchin 又对 5V 特征进行了补充,认为大数据还有灵活性、可更新性(可以轻松添加新字段)和可扩展性(可以快速扩展大小)的特征。

14.3.2 科学范式的变革

(1) 大数据和普查数据的区别

过去,在工业界、政府部门和学术界已经产生大量的数据集,例如国家普查。为了使编制普查数据的工作易于管理,国家普查每五年或十年才开展一次,问卷仅涉及 30 至 40 个问题,其输出数据的分辨率通常相当粗糙(例如,当地或县,而不是个人和家庭)。此外,用于生成问题的方法非常不灵活(例如,一旦进行了人口普查并进行了管理,就无法调整或添加/删除问题)。

传统上,数据分析技术的设计目的是从稀缺、静态、干净和关系不佳的数据集中提取见解,进行科学采样并遵守严格的假设(例如独立性、平稳性和正态性),并针对特定问题进行分析(Miller,2010)。

相比之下,大数据的特点是连续生成、范围详尽且粒度细,并且其产生具有灵活性和可扩展性。产生此类数据的示例包括:数字闭路电视;零售购买记录;记录并传达其使用历史的数字设备(例如手机);跨数字网络(例如电子邮件或在线银行)记录交易和交互;点击流数据,记录通过网站或应用进行导航的情况;来自嵌入到物体或环境中的传感器的测量;扫描机器可读的物体(例如旅行通行证或条形码);和社交媒体发布信息(Kitchin,2014)。这些正在产生大量动态的、多样的和细粒度的关系数据流。

如此丰富和多样性的大数据,对于分析来说是一大挑战,但由于强大的计算能力和新的分析技术,这一挑战的解决已成为可能。这些新技术植根于有关人工智能和专家系统的研究中,比如机器学习,可以计算并自动挖掘和检测模式,并建立预测模型和优化结果(Han 等,2011)。实际上还可以将数百种不同的算法应用于数据集,以确定最佳模型或综合模型(Siegel,2013),这是与传统方法截然不同的方法。换句话说,大数据分析不再是为了假设检验,通过分析相关数据来检验理论,而是寻求从数据中缔造见解,从而为了解世界提供了一种全新的认识论方法。

(2) 科学范式的变革

科学研究的范式构成了一种随时随地探索世界和大部分研究人员所共有知识的公认方式(Kuhn,1962)。库恩认为,周期性地出现一种新的思维方式,可能会挑战之前公认的理论和方法。例如,达尔文的进化论从根本上改变了生物科学中的概念思维,并挑战了神创论的宗教学说。大数据的爆炸性增长以及新认识论的发展,是一场正在发生的数据革命,这对知识的生产、业务实施和治理方式产生了深远的影响(安德森,2008;Bollier,2010;Floridi,2012;Mayer-Schonberger 和 Cukier,2013,Jim Gray,Hey 等人,2009),大数据提供了跨学科的新研究范式的可能性,随着大数据和新分析方法的日益普及,科学正在进入第四种范式(Kitchin R.,2014)[①]。

进而,吉姆·格雷(Jim Gray)认为由大数据引发的科学的第四范式是数据密集型的,并且是对现有科学方法进行的根本性的新扩展,学界之外的其他领域也提出自己的观点,认为,大数据开创了经验主义的新时代,在该时代,数据量以及可以解释数据固有事实的技术,使数据无须理论即可自言自语。这种典型的经验主义者的观点多发生在商业领域,但,其思想也扎根于学术研究。至此,传统的统计学科正出现一种新的数据驱动科学模式。

14.3.3 数据科学和决策

(1) 数据科学

从传统统计学发展起来的新的数据科学模式,逐渐形成一门独立的学科,称之为数据科学,这门学科主要是统计学和算法的结合。数据科学的最终目标是改善决策制定,其原理以及衍生出来的程序和技术被广泛应用于社会运作的各个职能领域,诸如目标市场营销、在线广告和交叉销售推荐。此外,数据科学还用于一般客户关系管理,以分析客户行为,以管理损耗并尽可能地提高预期客户价值。金融业利用数据科学主要进行信用评分和交易,并通过欺诈检测和劳动力管理来开展业务。零售业也在其业务过程中普遍应用数据科学,比如沃尔玛和亚马逊的营销和供应链管理。许多公司则通过运用数据科学提升公司战略,甚至最后发展成为数据挖掘公司。然而,数据挖掘技术固然重要,但更重要的可能是要具备数据分析的思维和基本原则。数据科学吸取了许多传统领域的研究成果,其中统计领域的成果是数据科学研究的重要基础。此外,数据可视化的方法、对领域的直觉、常识和创造力也至关重要。数据科学视角为实践者提供了一个全新的科学框架。

---

① Kitchin R. Big Data, new epistemologies and paradigm shifts [J]. Big Data & Society, 2014, 1 (1): 2053951714528481.

（2）数据驱动决策

数据科学的发展和对未来发展的未雨绸缪，要求人类的决策须面向未来，并借助数据科学的帮助，比如投资于未来和预见未来的灾难等，因此便有了数据驱动决策（DDD）这个概念（Thorsta 和 Wolff，2018）[①]。数据驱动决策指的是基于数据分析而非纯粹凭直觉做出决策的实践。例如，营销人员可以纯粹根据长期经验以及行之有效的眼光来选择目标客户。或者，他可以根据有关消费者对广告的反应数据进行决策用。DDD 不是全有或全无的做法，不同的公司或多或少地都会参与 DDD。组织中的数据科学流程图（如图 14-3 和图 14-4 所示）描绘了大数据驱动决策的具体过程。组织通过识别高度影响力的问题，提出相应的结构，并理解问题情境，在此基础上形成解决问题的方案，并不断通过反馈优化方案，从而形成组织决策。

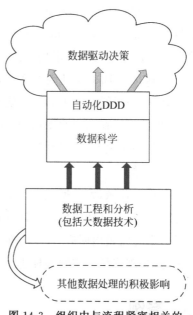

图 14-3 组织中与流程紧密相关的数据科学

资料来源：Provost F, Fawcett T. Data science and its relationship to big data and data-driven decision making[J]. Big data, 2013, 1(1)：51-59.

数据驱动决策被证明使各行各业获益。经济学家 Erik Brynjofsson 和他来自麻省理工学院和宾夕法尼亚大学沃顿商学院的同事们开展了一项关于 DDD 如何影响公司业绩的研究。他们开发了一种 DDD 的测量方法，对利用大数据进行的决策力度进行一个评估。统计数据显示，一家公司的数据驱动决策越深入，决策效率就越高。DDD 还与较高的资产回报率、股本回报率、资产利用率和市场价值显著相关，这种关系似乎是因果关系。

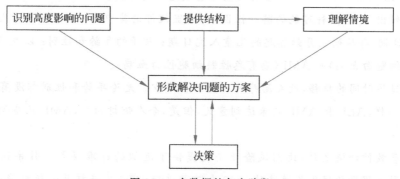

图 14-4 大数据的各个阶段

资料来源：Hoerl R W, Snee R D, De Veaux R D. Applying statistical thinking to 'Big Data' problems[J]. Wiley Interdisciplinary Reviews：Computational Statistics, 2014, 6(4)：222-232.

[①] Thorstad R, Wolff P. A big data analysis of the relationship between future thinking and decision-making[J]. Proceedings of the National Academy of Sciences, 2018, 115(8)：E1740-E1748.

(3) 大数据改变统计思维的必然和案例

2012年，随着白宫发起一项全国性的"大数据倡议"，联邦政府正式采取行动。当女演员安吉丽娜·朱莉（Angelina Jolie）在2013年决定进行双乳切除术时，就足以表明大数据对我们生活的巨大影响，这不是因为她被诊断出患有癌症，而是因为对她的DNA分析提示其存在BRCA基因突变，可能导致乳腺癌的发生概率比没有BRCA基因突变的人更高。换句话说，一个名人决定进行侵入性手术是因为分析而不是现有的医学诊断。显然，大数据正在大力改变商业、工业、政府、科学、教育、医学以及社会的其他方面。就如谷歌和必应之类的现代搜索引擎已经彻底改变了几乎所有领域的研究，从而提高了研究效率一样。

在科学领域，大数据也正对各个学科产生前所未有的影响和冲击，如天文学、物理学、生物学以及其他领域。现代计算能力支撑科学家们以更加灵活和功能强大的分析方法对这个时代做出回应，并及时转变思维方式。大数据为科学家提供更大范围内的间接证据，这是现代统计实践的标志。

案例

废弃数据的比例风险模型（DR Cox，B Efron，2017）①

比例风险模型（Proportional Hazards Model），简称COX模型。该模型可分析众多因素对生存期的影响，在医学研究中受到了青睐。这是因为医学上，对于一项治疗效果的评价，除了要看治疗结果的质量，还要看病患生存时间的长短。

数据采集：从2002年开始，持续12年。地点：危地马拉一家儿科医院。研究对象：大约1800名儿童。研究目的：查明生病儿童被遗弃的原因。

医生列出了40多种可能的解释性因素，这里仅讨论其中的6种：距离；儿童离医院的距离；日期，即从研究开始算起的儿童入院日期；孩子的年龄和性别；以及ALL（患有急性淋巴细胞白血病）或AML（患有急性髓细胞性白血病）。

随着日历时间的推移，放弃治疗的人数正在减少。无论年龄和性别都没有产生显著的P值。同样，ALL和AML均未达到意义，但是，令人惊讶的是，AML儿童似乎相对境况更好。

除了参数估计值之外，比例风险理论还提供了近似的标准误差。引导程序执行检查。每个引导程序数据集是通过对1800个孩子进行1800次采样并进行替换而形成的；因此，子项1可能出现两次，子项2根本不出现，子项3出现一次，等等。然后，针对引导数据集运行了比例风险模型，从而给出了距离、日期、年龄、性别、ALL和AML的新估

---

① Cox D R, Efron B. Statistical thinking for 21st century scientists[J]. Science Advances, 2017, 3(6): e1700768.

计。独立生成了 2000 个引导程序数据集。引导复制可用于解决各种其他推论性问题。图 14-5 显示了 AML 减去 ALL 的 2000 年引导估计的直方图。2000 年中只有 34 个超过 0,相对于没有差异的零假设,单边引导程序 P 值为 0.017(2000 年为 34 个),从而得出了和初始统计完全不一样的结论。

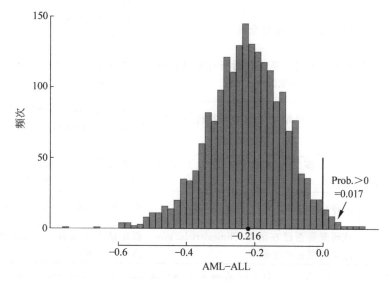

图 14-5　AML 和 ALL 比例风险系数之间的差异

资料来源：Cox D R, Efron B. Statistical thinking for 21st century scientists[J]. Science advances,2017,3(6): e1700768.

比例风险算法可能需要的计算量是标准线性回归的 100 倍,而自举分析使负担增加了 2000 倍。在机械计算时代,这两种计算都无法完成,而现在,这个计算量已经可以实现。从根本上讲,统计理论关注的是从经验中学习,也许会被噪声淹没。现代方法使现代科学家能够铸造更广阔的实验网络,这增加了科学过程中统计学习部分的负担,但可以更大范围接受间接证据,这是现代统计实践的标志。

14.3.4　大数据改变统计思维

(1) 样本的变化和偏差的修正

首先,大数据帮我们跳出了传统统计学样本量的限制,小数据时代试图利用较小的样本得到最为精确的结论,这显然是一个悖论。利用大数据,我们尽可能地利用全局数据代替随机样本。大数据分析师通常不仅仅局限于一个或两个变量,而是多个变量。另一方面,使用多个结果变量可能会带来其他意想不到的结果。Robert M. Kaplan 等(2014)在利用大数据进行临床研究的过程中总结了潜在的传统统计学偏见及在大数据分析时可以用来最小化偏见的潜在做法,如表 14-2 所示。

表 14-2　分析大数据时解决偏见的潜在策略

潜在偏见	要问的问题	减少偏见的潜在做法
抽样偏差	研究样本是否可以代表总体？	只要有可能,就从人群中随机抽样；否则,请确保样本多样化,并包括有风险的样本。
追溯偏见	研究是否包括事件全程？	在估计患病率时,请使用人口分母而不是临床实验分母。
所记录信息的偏见和范围不足	电子健康记录是否包括所有健康影响因素,例如环境因素？	只要有可能,就努力扩大电子病历中信息的全面性。
测量误差	是否对关键结果指标的可靠性进行了评估？	估计关键措施的可靠性,并确定在测量仪器不完善的情况下预测可靠性是多少。
多重比较偏差	使用了多少结果指标？进行了多少分析？	主要结果应在研究之前指定。如果使用多个结果度量,则应进行统计更正。
规模效应	治疗效果是否有临床意义？	应计算效果显著性并尽可能报告。
研究注册	该研究是否已在诸如 Clinicaltrials.gov 之类的服务中注册？	假定结果变量预先指定的研究具有较高的可信度。

资料来源：Kaplan R M, Chambers D A, Glasgow R E. Big data and large sample size: a cautionary note on the Potential for bias[J]. Clinical and Translational Science, 2014, 7(4): 342-346.

(2) 数据分析思维

大数据的发展倒逼着数据分析的进步,而数据分析思维也跳出了强调因果关系的局面,逐步建立起复杂的分析路径(如图 14-6 所示)。分析数据的能力不仅对数据科学家很重要,对整个组织都很重要。缺乏数据资源的企业管理者更应尽快了解基本原则,以便在此基础上聘用顾问。数据科学企业的投资者也需要了解基本原则,以便准确评估投资机会。总而言之,企业越来越多地受到数据分析的驱动,能够了解和胜任大数据相关知识的人将获得更大的竞争优势：理解基本概念,并建立组织数据分析思维的框架,流畅地进行交流,设想改善数据驱动决策甚至能感知领域的威胁。

在一个数据科学项目中,组织的员工必须与数据科学团队进行互动,如果这些员工没有数据分析思维原理的基础,他们就不会真正理解业务中正在发生的变革。与其他技术项目相比,缺乏理解是数据科学项目的潜在杀手。数据科学项目还需要科学家和商业决策人员之间的密切互动,商业人士不了解数据,会将公司置于一个非常不利的位置,浪费时间和精力不说,更糟的是,他们很可能最终作出错误的决定。"哈佛商业评论"曾指出："尽管大数据的投资回报相当可观,但这其实并不一定能够实现,因为这还取决于是否能够将这些数据纳入复杂的决策中。"由此可见,大数据给数据分析带来机遇的同时,也不乏挑战。人们对于数据分析的能力需要得到迅速提升,对于数据科学的重视需要提上日程。这样,组织才能更好地发展强大。

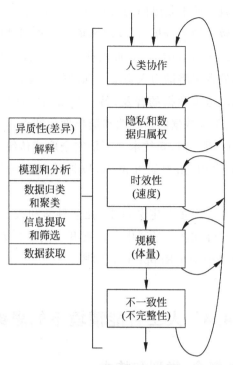

图 14-6 大数据分析路径图

资料来源：Jagadish H V, Gehrke J, Labrinidis A, et al. Big data and its technical challenges[J]. Communications of the ACM, 2014, 57(7): 86-94.

14.3.5 计算社会科学和数字人文科学

尽管大数据经验主义和数据驱动科学的认识论似乎将改变自然、生命、物理和工程科学领域的研究方法，但它们在人文领域的发展轨迹仍不确定。实证主义方法在经济学、政治学、人文地理学和社会学中已经相对成熟，但在人文学科中却很少。在过去的半个世纪中，也有一部分社会科学家开始进军实证研究。对于这些实证主义学者而言，大数据为开发更复杂、更广泛、更细粒度的人类生活模型提供了重要的机会。尽管人们对获取社会和经济大数据和诸如数据质量之类的问题感到担忧，但大数据仍提供了将"从数据稀少的社会研究转变为数据丰富的社会研究的可能性"：从静态快照到动态展示；从粗略的聚合到高分辨率；从相对简单的模型到复杂的仿真（Kitchin，2014）①。与现有的社会科学研究相比，计算社会科学的新时代存在潜力，该时代可以进行更广度、深度、

---

① Kitchin R. Big Data, new epistemologies and paradigm shifts[J]. Big Data & Society, 2014, 1(1): 2053951714528481.

规模和及时性的研究,并且本质上是纵向的(Lazer 等,2009;Batty 等,2012)[1]。此外,计算社会科学相对敏感、细致入微的分析,以及对情境和偶然性的充分纳入,可以完善和扩展对世界的理论理解(Kitchin,2013)[2]。而数据的广泛性,毫无疑问将使得理论的测试更加准确,计算社会科学的发展将助力人类复杂问题的解决。

除了计算社会科学,随着大数据的普及,另一个新兴学科数字人文学科也开始萌芽和发展。数字人文科学基于大数据的系统性和随机性的特点,其研究方法可能趋于更加严格和客观(Ramsay,2010)[3]。但,新技术并不是完全取代传统方法,而是对现有人文方法的一种补充,促进理论建构,拓展研究范围,以期待解答传统方法未能解答的问题(Manovich,2011)[4]。

毫无疑问,大数据的发展为重新定义科学、社会科学和人文科学的认识论提供了可能性,并且这种重新定义已经在各个学科中积极展开。同时也为社会科学家和人文学者提供了许多机会(Kitchin,2013[5];Ruppert,2013[6])。

14.4 人工智能情境下的思维

14.4.1 人工智能的概念、类型和技术

(1) 人工智能的概念

人工智能(Artificial Intelligence,AI)是通过机器(尤其是计算机系统)对人类智能过程进行的模拟。这些过程包括学习(获取信息和使用信息的规则)、推理(使用规则得出近似或确定的结论)和自我纠正。AI 的特殊应用包括专家系统、语音识别和机器视觉。至今,人工智能技术已经从兴趣研究发展为帮助人类决策的有价值的工具。

根据功能的强弱,AI 可以分为弱 AI 和强 AI。弱 AI(也称为窄 AI)是为特定任务而设计和训练的 AI 系统。虚拟私人助理(例如 Apple 的 Siri)是一种弱 AI。强 AI,也称为人工智能,是一种具有广义人类认知能力的 AI 系统。当执行一项不熟悉的任务时,强 AI 系统无须人工干预即可找到解决方案。

---

[1] Batty M. Smart cities,big data[J]. 2012.

[2] Kitchin R. Big data and human geography:Opportunities,challenges and risks[J]. Dialogues in Human Geography,2013,3(3):262-267.

[3] Ramsay A J. A review of the coherent optical control of the exciton and spin states of semiconductor quantum dots[J]. Semiconductor Science and Technology,2010,25(10):103001.

[4] Manovich L. Trending:The promises and the challenges of big social data[J]. Debates in the Digital Humanities,2011,2:460-475.

[5] Kitchin R. Big data and human geography:Opportunities,challenges and risks[J]. Dialogues in Human Geography,2013,3(3):262-267.

[6] Ruppert E. Rethinking empirical social sciences[J]. Dialogues in Human Geography,2013,3(3):268-273.

（2）人工智能的类型

密歇根州立大学整合生物学与计算机科学与工程学助理教授 Arend Hintze 将 AI 分为四种类型，从当今存在的 AI 系统到尚不存在的感知系统：

类型 1：反应式机器。深蓝（Deep Blue）和谷歌的阿尔法狗（Alpha GO）就属于这一类。深蓝在 1990 年击败 Garry Kasparov 的 IBM 国际象棋程序。深蓝可以识别棋盘上的棋子并作出预测，但它没有记忆，无法利用过去的经验来预测未来。它分析自己和竞争对手的行为，并选择最有利的决策。这类 AI 是为单一的目的设计的，因此无法应用于其他方面。

类型 2：有限的内存。这些 AI 系统可以利用过去的经验来指导未来的决策，无人驾驶汽车的某些决策功能是通过这种方式设计的。通过观察，提示下一步要采取的行动，例如换车道。但这些观察数据不会被永久存储。

类型 3：心理理论。这种类型还处于学术和概念阶段，目前并未在实际中得到应用。心理理论 AI 系统试图通过信念和欲望影响 AI，通过这些影响，AI 作出决策。

类型 4：自我意识。这种类型较心理理论的 AI 系统更高级，这种 AI 具有自我意识，但这种 AI 尚不存在。

（3）人工智能技术

解释人工智能技术最好的办法就是举例子。我们将通过以下 6 个具体的例子解释如何将人工智能整合到各种不同类型的技术中。

① 自动化：使系统或过程自动运行。例如，可以对机器人（RPA）进行编程，以执行人类通常执行的大批量、可重复的任务。RPA 与 IT 自动化的不同之处在于，它可以适应不断变化的环境。

② 机器学习：无须编程即可使计算机运行的科学。机器学习算法分为三种：有监督的学习、无监督的学习和强化学习。有监督的学习是对数据集进行标记，以便可以检测出模式并将其用于标记新的数据集。无监督学习是未标记数据集，而是根据相似或不同之处对其进行排序；强化学习是未标记数据集，但在执行一个或多个动作后，会向 AI 系统提供反馈。

③ 机器视觉：允许计算机看到的科学。该技术使用摄像头、模数转换来捕获和分析视觉信息并进行数字信号处理。与人类视力相比较，机器视觉的优点在于它不受生物学的束缚，例如可以进行编程以穿透墙壁，而人类视觉做不到。机器视觉可应用于从签名识别到医学图像分析的一系列场景。

④ 自然语言处理（NLP）：人的处理，而非电脑-计算机程序的语言。较老的最有名的 NLP 的示例是垃圾邮件检测，它可以查看主题行和电子邮件文本，并确定是否为垃圾邮件。NLP 主要包括文本翻译、情感分析和语音识别。

⑤ 机器人技术：工程领域专注于机器人的设计和制造。机器人通常用于执行人类难以执行或难以持续执行的任务。它们通常被应用于汽车生产的装配线，或用于空间站

操作太空物体的移动。

⑥ 自动驾驶汽车：这些技术结合了计算机视觉、图像识别功能和深入学习技术以建立自动技能。

（4）人工智能的实现原理和应用

人工智能的实现始于信息输入，利用特征提取器对输入信息提取特征值，然后将这些特征汇集（池化），形成全连接的神经网络，如图14-7所示。如果放到具体场景中，人工智能的实现原理可以进一步简化为：采集大数据，对数据集进行训练，形成算法模型，结合具体领域和具体场景进行应用。如图14-8所示。

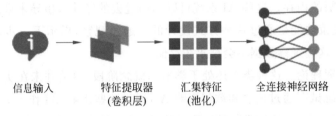

图14-7　人工智能实现原理示意图

资料来源：亿欧智库，2019全球人工智能教育行业研究报告

图14-8　具体场景中的人工智能实现原理示意图

资料来源：亿欧智库，2019全球人工智能教育行业研究报告

人工智能技术还在不断更新发展当中，上文只是列举了目前较为成熟的几种人工智能技术，以帮助大家对这种新技术的理解。这些人工智能技术已经在很多领域有所应用，如医疗领域、教育领域和商业领域等。

① 医疗领域。医疗领域AI最大的愿景是改善患者的预后并降低医疗成本。IBM Watson就是一个著名的医疗AI实例，它能够理解自然语言，并能够回答问题。该系统挖掘患者数据和其他可用数据源以形成假设，并依据置信度对假设进行评分。医疗领域的AI应用还有聊天程序AI，它是一个可提供基本医疗反馈的虚拟健康助手，被用于在线咨询。

② 商业领域。商业领域AI通常被用于执行高度重复的任务。此外，也可以把机器学习算法集成到CRM平台中，以发现有价值的客户服务信息。在商业领域，聊天AI也已被广泛应用于客户服务。

③ 教育领域。教育领域AI通常被用来给教师和学生打分，以节省大家的时间。教育AI可以根据学生的特点和需求为其定制学习方案，甚至可以取代一部分教师的功能。

④ 金融领域。AI 在金融领域主要用于个人理财服务和房地产服务,目前,华尔街的大部分金融交易已经交给 AI 执行完成。

⑤ 法律领域。AI 在法律领域主要用于筛选法律文件,这些文件如果通过人力筛选的话,人们将不堪重负。此外,AI 在该领域也可以向医疗领域和商业领域一样提供基础的法律咨询服务。

⑥ 制造领域。制造领域是最先将 AI 纳入工作流程的领域最前沿,比如工业机器人可以单独执行任务替代工人。

由此可见,人工智能技术已经在社会生活中得到了较为广泛的应用,那么实现这些应用背后的原理是怎样的呢?我们将在"人工智能的实现原理"这部分内容中简单进行介绍。

14.4.2 人工智能计算思维

虽然计算机系统在不断发展,但,当我们将计算机科学应用于新的问题领域时,也并不总是能找到适当的模型来设计解决方案。这个时候,计算思维(CT)的应用成为一个不错的选择。而对于计算思维的概念或者定义,学者们从不同的视角进行了阐述,这里将列举其中有限的几种定义。

来自意大利的计算与系统生物学家 Corrado Priami 和他的同事们一直使用过程计算来模拟生物过程,他们认为计算思维的基本特征是以这样一种方式抽象现实,即忽略了一些细节而使模型可以由机器执行。计算思维的核心是找到或设计合适的模型来计算问题和解决问题(Aho,2012)[①]。

计算机科学美国教师协会将计算思维定义为解决问题的方法。这种方法表现出以下特征(International Society for Technology in Education and Computer Science Teachers Association,2011)。

(1) 利用计算机和其他工具来帮助提出问题并解决问题;
(2) 组织逻辑和分析数据;
(3) 通过模型对事物进行抽象并数据化;
(4) 识别、分析和实施以实现最高效的解决方案;
(5) 概括解决方案,并总结应用于处理其他问题。

Alfred V. Aho(2012)[①]认为计算思维是一个思维过程:参与提出问题,以便其解决方案可以被表示为计算步骤和算法。这个过程最关键的问题是如何找到合适的模型。一个熟悉的例子是使用有限自动机解决字符串模式匹配问题。

---

① Aho A V. Computation and computational thinking[J]. The Computer Journal,2012,55(7):832-835.

Pedro F. 等(2019)则从行动和思考两个维度来进行定义[①]，如图 14-9 所示，顶部象限涉及思维过程和推理，而底部象限涉及行为。左侧"类人化"的定义主要以对"人类表现"的忠诚度作为衡量标准，强调对人类行为的观察和假设；而右侧"理性"是用"理想的表现"来衡量，主要强调与数学和工程学等相对硬性学科相结合。当前，我国人工智能教育的研究与应用还处在较为初级的阶段，主要集中在"类人化思考"与"类人化行动"上，大多处于弱人工智能阶段。

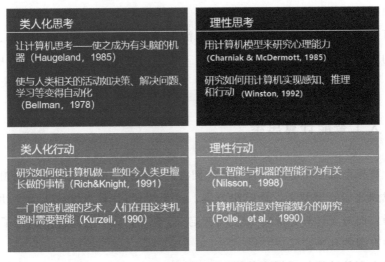

图 14-9　人工智能思考的结构维度

资料来源：Pedro F, Subosa M, Rivas A, et al. Artificial intelligence in education: challenges and opportunities for sustainable development. 2019. (http://repositorio.minedu.gob.pe/handle/MINEDU/6533)

计算思维已成为学习者适应人工智能发展的重要能力之一。很多国家已经制订或正在准备制订将计算思维纳入教育课程的相关计划，有人预测计算思维将在 21 世纪中叶影响世界上的每个人(Wing,2014)，这种影响可能会以以下方式呈现：

(1) 计算思维的存在就像阅读、写作和算术一样普遍；

(2) 计算思维的应用将带来伦理方面的挑战；

(3) 计算思维将影响各个学科领域的科学研究和工程建设；

(4) 计算思维将会被纳入从学前班到大学本科教育的整个过程(Heintz, Mannila 和 Färnqvist, 2016)[②]。

将计算思维纳入教育课程后，学生将其与其他学科思想进行有效的整合，并且可以

---

① Pedro F, Subosa M, Rivas A. et al. Artificial intelligence in education: challenges and opportunities for sustainable development[J]. 2019. (http://repositorio.minedu.gob.pe/handle/MINEDU/6533)

② Färnqvist T, Heintz F, Lambrix P, et al. Supporting active learning by introducing an interactive teaching tool in a data structures and algorithms course[C]//Proceedings of the 47th ACM Technical Symposium on Computing Science Education. 2016：663-668.

摆脱物理环境的限制,在虚拟世界实现计算分析。

计算思维在一些领域中已经实现了广泛应用,典型领域如生物学研究:

(1) Shotgun 算法可加快人类基因组的排序速度;

(2) 系统生物学中的抽象解释;

(3) 心律不齐的模型检查;

(4) 生物的 Boolean 网络近似动力学模拟;

(5) 细胞自我调节系统计算;

(6) 分子之间的相互作用计算;

(7) 发育遗传学的状态图绘制;

(8) 蛋白质动力学建模计算;

(9) 引物检查计算。

这些课程对于培养具有计算思维素养和相关能力的人才队伍发挥着主要作用(Pedro 等,2019)[①]。当然,计算思维的实现是需要有条件的。阿兰·麦斯逊·图灵曾经指出,要想让计算机能够思考,成为一个"学习机",必须具备一个条件:计算机要有足够的容量和内存。[②]

14.4.3 人工智能塑造人类思维[③]

计算思维帮助人类拓展了认知计算技术,而人工智能很可能是某种形式的超级智能,它将能够超越自人类文明诞生以来对智力的最实质性限制因素:单一人脑能力。

(1) 双重思维模式

人脑是一个悖论,尽管它能够产生高度发展的分析和创造智能,但它也容易犯明显无意义的错误。为什么会这样呢?心理学家丹尼尔·卡尼曼(Daniel Kahneman)和阿莫斯·特维尔斯基(Amos Tversky)这样解释:人们远没有他们想象的那么理性,而且极易出现无意识的偏见,这些偏见对人类决策的影响远比他们意识到的要大得多。

卡尼曼和特维尔斯基发现,人们在日常生活中会采用两种不同的思维方式。他们用系统 1 和系统 2 来指代这两种思维方式。系统 1 是快速思考的工具,它可以轻松工作或不费力地自动运行。即使在没有经验基础的情况下,它也非常擅长识别事件之间的因果关系。另一方面,系统 2 的思考速度很慢,并且需要特别注意理解细节以及各个组件之间复杂的关系网。系统 1 本质上是直观的和确定性的,而系统 2 是理性的和概率性的。这两种思维方式在不同情境中表现非常不同。尽管我们可能将自己视为主要是系统 2 的思想家,但现实是大

---

① PedroF, Subosa M, Rivas A, et al. Artificial intelligence ineducation: challenges and opportunities for sustainable development. Published in 2019 by the United Nations Educational, Scientific and Cultural Organization.

② 熊澄宇. 新媒介与创新思维[M]. 北京:清华大学出版社,2001.

③ 本节内容整理自罗德·柯林斯(Rod Collins)的文章"How artificial intelligence will transform human thinking",Rod Collins 为 Optimity Advisors 的创新总监。

多数人的判断和决定都是基于更直观的系统1的,原因是我们没有时间进行系统2的思考。关系1和系统2的内容也可结合第3章"批判性思维的效用"中的跨情景一致性部分的阐述。

例如,如果我们深夜突然发现自己在一个陌生的地方和一个陌生人在一起,我们将需要快速作出一些判断和决定。前提是无法对陌生人进行详细的背景调查,我们不得不快速依靠自己的经验和直觉去判断这个陌生人是友好的、敌对的还是冷漠的,以决定是跟他对话还是尽快逃离。

尽管快速思考在作出即时选择中更有用,但它也更有可能导致判断错误,因为在使用系统1时,我们通常比使用系统2时更自信。这种自信生成的副产品便是偏见,这些偏见经常使我们作出错误的决策。因此,人类大脑进化出双重思维模式,这可以说是人类大脑发展过程中的一次进化飞跃。虽然系统1和系统2都不尽完美,但人脑仍然是迄今为止宇宙中最先进的智能系统。因为具备系统1,人类拥有了快速决断能力,而因为拥有系统2,人类具备了开发诸如数学、物理学和音乐之类的复杂智力产品。

(2)人工智能的潜力

想象一下,如果我们能够以系统1的速度进行系统2的思考并显著减少人为判断的错误,那么我们将变得更加智能,这就是人工智能带来的潜力。人工智能的应用可能可以极大地减少甚至消除困扰人类决策的内在偏见,如图14-10所示。与此同时,我们也担心,这样的人工智能是否会对人类构成威胁呢?因此,在利用人工智能的同时,我们也要正视其带来的伦理问题和潜在的危险(Nappi C.和Cuocolo,A.,2018)①。

拓展阅读

图14-10 人工智能如何改变人类思维

资料来源:Carter S,Nielsen M. Using artificial intelligence to augment human intelligence[J]. Distill,2017,2(12):e9.

我们以IBM Watson副总裁兼首席技术官Rob High的一段话结束人工智能的话题:"重塑人类思维并不是我们的目标,这不是我们要努力做的。我们更感兴趣的是与人

---

① Nappi C,Cuocolo A. The machine learning approach:artificial intelligence is coming to support critical clinical thinking[J]. Journal of Nuclear Cardiology Volume,2018:27,156-158.

类互动的技术,这些技术可以激发人类的创造力,而且这要求我们花时间思考这个创意过程。我们能做些什么来帮助人们以比现在更常规的方式提出新想法?"

即练即测

复习思考题

1. 何为思维进化,对此你有怎样的理解?
2. 请简述统计思维的作用和局限性。
3. 大数据时代,创新思维有什么新的发展和改变,你认为最显著的改变是什么?
4. 人工智能的迅速发展对人类创新思维发展有何重要作用?

参 考 文 献

[1] 李祖超,梁春晓.协同创新运行机制探析——基于高校创新主体的视角[J].中国高教研究,2012(07):81-84.

[2] 宋战.福建省装备制造业龙头企业技术创新与商业模式创新协同研究[M].集美大学,2017.

[3] 熊励,孙友霞,蒋定福,刘文.协同创新研究综述——基于实现途径视角[J].科技管理研究,2011,31(14):15-18.

[4] 王秀山,南镁令.企业内部协同创新管理研究——以联想集团为例[J].现代商业,2015(17):191-193.

[5] 陈锦其,徐明华.架构性协同创新重构价值链机制研究——基于浙江铭众的纵向案例分析[J].中国科技论坛,2016(07):154-160.

[6] 周余姣.创造"美第奇效应"——高校学科馆员服务与管理的新境界[J].图书馆工作与研究,2009(12):72-74.

[7] 郑波."美第奇效应"对传媒教育创新的启示[J].现代传播(中国传媒大学学报),2017,39(01):165-166.

[8] 吴晓倩,宋明雪.原版法语儿童绘本的外语教学价值研究——基于多模态理论和双脑模型理论的研究视角[J].法语学习,2017(01):16-21,62.

[9] 贾冠杰.认知神经科学与双脑外语教育模式[J].外语与外语教学,2006(12):20-22+66.

[10] 申成霖.经济转型背景下"双脑"型工商管理人才培养模式的重构[J].廊坊师范学院学报(自然科学版),2013,13(06):104-109.

[11] 李晓妍.激励理论在现代企业人力资源管理中的应用研究——以四川海底捞餐饮股份有限公司为例[J].纳税,2019,13(08):224-225.

[12] 司徒渝.基于创新体系的德阳装备制造业生产性服务型信息化平台研究[D].西南交通大学,2012.

[13] 冷桥勋,李克明.大数据时代传统出版企业的转型探析[J].出版广角,2016(1):38-39.

[14] 冯雪飞,董大海,张瑞雪.互联网思维:中国传统企业实现商业模式创新的捷径[J].当代经济管理,2015,37(4):20-23.

[15] 郝阳.落实国家大数据发展行动纲要用大数据思维服务数字出版转型升级[J].科技与出版,2016(1):9-12.

[16] 肖兴政,冉景亮,龙承春.人工智能对人力资源管理的影响研究[J].四川理工学院学报(社会科学版),2018,33(6):37-51.

[17] 简兆权,刘晓彦,李雷.制造业服务化组织设计研究述评与展望[J].经济管理,2017,39(08):194-208.

[18] 白睿.组织设计方略[J].企业管理,2014(10):106-108.

[19] 刘志明.大话创新之二——从"小猫钓鱼"说思维创新[J].企业管理,2011(3):28-30.

[20] 陈劲,阳银娟.协同创新的理论基础与内涵[J].科学学研究,2012,30(02):161-164.

[21] 解学梅,左蕾蕾.企业协同创新网络特征与创新绩效:基于知识吸收能力的中介效应研究[J].南开管理评论,2013,16(03):47-56.

[22] 杨小帆,程传银,韩月.学科协同视域下的"美第奇效应"及其对我国体育教育改革的启示[J].天津体育学院学报,2014,29(6):512-516.

[23] 刘善仕,周子琛,肖祥伟.基于微创新能力下的人力资源实践研究——以腾讯为例[J].中国人力资源开发,2015(12):77-82.

[24] 朱春玲,刘永平.企业创新型人才素质模型的构建——基于中国移动通信集团调研数据的质性研究[J].管理学报,2014,11(12):1737-174.

[25] 李杨,吴泗宗.企业员工培训评估中存在的问题与对策研究——以某家电制造企业为案例[J].山东社会科学,2015(4):148-152.

[26] 李建春,刘春朝.基于"工业4.0"的制造企业员工培训体系研究[J].职教论坛,2018(8):101-106.

[27] 李新娥.MOOC时代的企业员工培训:机遇和挑战[J].中国人力资源开发,2014(13):12-17.

[28] 王培玉.中小企业培训问题与对策探讨[J].企业经济,2013,32(5):76-79.

[29] 蒋石梅,孟静,张玉瑶,李笑春,刘芳.知识型员工管理模式——华为案例研究[J].技术经济,2017,36(05):43-50.

[30] 常金玲,裴阳,任照博.企业培训到知识管理的变革——以中兴通讯为例[J].中国人力资源开发,2018,35(8):126-134.

[31] 史光起.集权、分权与风筝式管理[J].法人,2012(5):76-78.

[32] 孙田江,肖璐.医药研发团队"分步式"激励方案设计——以扬子江药业集团为例[J].中国人力资源开发,2015(10):74-79.

[33] 韦江宏.资源型企业组织转型的过程及绩效分析——以铜陵有色为例[J].矿冶工程,2014,34(2):125-131.

[34] 李梦军,荆兵.永辉超市:从"生鲜超市"向科技转型[J].清华管理评论,2018(9):94-104.

[35] 郝阳.落实国家大数据发展行动纲要用大数据思维服务数字出版转型升级[J].科技与出版,2016(1):9-12.

[36] 闫冰倩,胡毅,乔晗,汪寿阳.万达集团商业模式动态演变分析[J].系统工程理论与实践,2018,38(05):1164-1172.

[37] 陈光锋.互联网思维——商业颠覆与重构[M].北京:机械工业出版社,2014.

[38] 魏永幸,熊祥雪,秦小林,袁志刚.基于创新方法的科研流程再造及创新模式研究[J].铁道工程学报,2014(03):123-128.

[39] 韩沐野.传统科层制组织向平台型组织转型的演进路径研究——以海尔平台化变革为案例[J].中国人力资源开发,2017(03):114-120.

[40] 李朋波,梁晗.基于价值创造视角的企业组织结构演变机理研究——以阿里巴巴集团为例[J].湖北社会科学,2017(02):104-111.

[41] 李阳,王祎,唐义霖.房地产集团集权与分权策略下的矩阵组织应用[J].四川建筑,2016,36(4):245-246,248.

[42] 刘静.统计学与大数据分析[J].现代经济信息,2018(25):8-59.

[43] 李平,刘古权,王端芳.滴滴出行的协同创新[J].企业管理,2016(3):113-114.

[44] 杨扬,张学骞.大数据时代国际出版业的创新实践[J].编辑之友,2018(12):5-9,19.

[45] 代晓霞,王宏伟.伊利进入全球乳业十强带来的启示[J].食品工业科技,2015(5):24-26.

[46] 刘建华,蒲俊敏,姜照华.新能源汽车三螺旋协同创新战略研究——以宇通为例[J].企业经济,2017,36(05):160-168.

[47] 丰志培,刘志迎.基于中药产业发展难题的协同创新体系研究——以霍山石斛产业为例[J].华东经济管理,2016,30(5):111-116.

[48] 孙田江,肖璐.医药研发团队"分步式"激励方案设计——以扬子江药业集团为例[J].中国人力资源开发,2015(10):74-79.

[49] 谢平芳.何享健的集权与分权管理思想研究[J].中国人力资源开发,2016(10):97-101.

[50] 王君也.自主创新道路的理论溯源及其比较研究[J].财经问题研究,2019(8):24-30.

[51] 董洁,李群.美国科技创新体系对中国创新发展的启示[J].技术经济与管理研究,2019(8):26-31.

[52] 宋河发,赵星,武晶晶.中美经贸摩擦背景下我国科技创新和知识产权发展对策[J].中国科学院

院刊,2019,34(8):856-865.

[53] 吕丽峰.以创新创业教育推动高校新闻传播类专业转型发展[J].传媒,2019(04):82-84.

[54] 高智,鲁志国.产业融合对装备制造业创新效率的影响——基于装备制造业与高技术服务业融合发展的视角[J].当代经济研究,2019(8):71-81.

[55] 余呈先.团队异质性影响企业内部知识转移过程机制研究——以设计型知识工作团队为例[J].科技管理研究,2016,36(1):141-146.

[56] 程开明.科学事实与统计思维[J].中国统计,2015(12):24-26.

[57] 熊澄宇.新媒介与创新思维[M].北京:清华大学出版社,2001.

[58] 汤慈美.神经病学:神经生理学卷[J].2001.

[59] 张文涛.人类演化的三次智力觉醒[N].中国社会科学报,2017-09-12(005).

[60] 李金昌.统计思想研究[M].北京:中国统计出版社,2009.

[61] 刘静.统计学与大数据分析[J].现代经济信息,2018(25)8-59.

[62] Aho A V. Computation and computational thinking[J]. The Computer Journal,2012,55(7):832-835.

[63] Ongur D,Ferry AT,Price JL. Architectonic subdivision of the human orbital and medial prefrontal cortex[J]. J Comp Neurol. 2003,460(3):425-449.

[64] Lai E R. Critical thinking:A literature review[J]. Pearson's Research Reports,2011,6:40-41.

[65] Siegel H. Critical thinking[M]. International encyclopedia of education. Elsevier Ltd.,2010:141-145.

[66] Klein G. Critical thoughts about critical thinking[J]. Theoretical Issues in Economics Science,2011,12(3):210-224.

[67] Byrnes J P,Dunbar K N. The nature and development of critical-analytic thinking[J]. Educational Psychology Review,2014,26(4):477-493.

[68] Heyes C. New thinking:the evolution of human cognition[J]. Philosophical Transactions ofthe Royal Society B:Biological Sciences. 2012:2091-2096.

[69] Glasser M F,Coalson T S,Robinson E C,et al. A multi-modal Parcellation of human cerebral cortex[J]. Nature,2016,536(7615):171.

[70] Coalson T S,Van Essen D C,Glasser M F. The impact of traditional neuroimaging methods on the spatial localization of cortical areas[J]. Proceedings of the National Academy of Sciences,2018,115(27):E6356-E6365.

[71] Pessoa L. The cognitive-emotional brain:From interactions to integration[M]. MIT press,2013.

[72] Shaw P,Kabani N J,Lerch J P,et al. Neurodevelopmental trajectories of the human cerebral cortex[J]. Journal of Neuroscience,2008,28(14):3586-3594.

[73] Matthews J,Wrigely C. Design and design thinking in business and management education and development[C]. In 25th Annual Australian and New Zealand Academy of Management Conference:The Future of Work and Organisations. 2011.

[74] Sutherland W J,Spiegelhalter D,Burgman M. Policy:Twenty tips for interpreting scientific claims[J]. Nature News,2013,503(7476):335.

[75] Hoerl R W,Snee R D,De Veaux R D. Applying statistical thinking to big data problems[J]. Wiley Interdisciplinary Reviews:ComPutational Statistics,2014,6(4):222-232.

[76] Kitchin R. Big data,new epistemologies and paradigm shifts[J]. Big Data & Society,2014. doi:10. 1177/2053951714528481.

[77] Provost F,Fawcett T. Data science and its relationship to big data and data-driven decision making[J]. Big Data,2013,1(1):51-59.

[78] Thorstad R,Wolff P. A big data analysis of the relationship between future thinking and decision-

making[J]. Proceedings of the National Academy of Sciences,2018,115(8): E1740-E1748.

[79] Cox D R,Efron B. Statistical thinking for 21st century scientists[J]. Science Advances,2017,3(6): e1700768.

[80] Kaplan R M,Chambers D A,Glasgow R E. Big data and large sample size: A cautionary note on the Potential for bias[J]. Clinical and Translational Science,2014,7(4): 342-346.

[81] Jagadish H V, Gehrke J, Labrinidis A, et al. Big data and its technical challenges [J]. Communications of the ACM,2014,57(7): 86-94.

[82] Richard P, Linda E. The Miniature Guide to Critical Thinking Concepts and Tools [M]. Foundation for Critical Thinking Press. 2008.

[83] Carter S,Nielsen M. Using artificial intelligence to augment human intelligence[J]. Distill,2017,2(12): e9.

[84] Nappi C,Cuocolo A. The machine learning approach: artificial intelligence is coming to support critical clinical thinking[J]. Journal of Nuclear Cardiology volume,2018: 27: 56-158.

[85] Kolko,Jon. Design thinking comes of age. [J]Harvard Business Reviews,2015: 66-71.

[86] Mintrom M,Luetjens J. Design thinking in policymaking processes: Opportunities and challenges [J]. Australian Journal of Public Administration,2016,75(3): 391-402.

[87] Stanovich,Keith E. 2013. Why humans are (sometimes) less rational than other animals: Cognitive complexity and the axioms of rational choice[J]. Thinking & Reasoning,19(1): 1-26.

[88] Miller, Jason R. Sergey Koren, and Granger Sutton. Assembly algorithms for next-generation sequencing data[J]. Genomics,2010,95: 315-27.

[89] Kitchin R. Engaging publics: writing as praxis[J]. Cultural Geographies,2014,21: 153-57.

[90] Bailin S. Critical thinking and science education[J]. Science & Education,2002,11(4): 361-375.

[91] Bonk C J,Smith G S. Alternative instructional strategies for creative and critical thinking in the accounting curriculum[J]. Journal of Accounting Education,1998,16(2): 261-293.

[92] Paul R,Elder L. Critical thinking: Learn the tools the best thinkers use[M]. Pearson/Prentice Hall,2006.

[93] Thayer-Bacon B J. Transforming critical thinking: Thinking constructively[M]. Teachers College Press,2000.

[94] Lai E R. Critical thinking: A literature review[J]. Pearson's Research Reports,2011,6: 40-41.

[95] Siegel H. The rationality of science,critical thinking, and science education[J]. Synthese,1989,80(1): 9-41.

[96] Bailin S,Siegel H. Critical thinking[J]. The Blackwell Guide to the Philosophy of Education,2002: 181-193.

[97] Sternberg R J. Critical Thinking: Its Nature,Measurement,and Improvement[J]. 1986.

[98] Lewis A,Smith D. Defining higher order thinking[J]. Theory into Practice,1993,32(3): 131-137.

[99] Siegel H. Critical thinking[M]//International Encyclopedia of Education. Elsevier Ltd.,2010: 141-145.

[100] Klein G. Critical thoughts about critical thinking[J]. Theoretical Issues in Ergonomics Science,2011,12(3): 210-224.

[101] Richard Paul and Linda Elder, The Miniature Guide to Critical Thinking Concepts and Tools, Foundation for Critical Thinking Press,2008

[102] Gocsik K. Teaching Critical Thinking Skills[J]. UTS Newsletter,2002,11(2): 1-4.

[103] Santos D,Silva G V. Authenticating materials through critical thinking: the case of teaching and learning suggestions in Portuguese[J]. Hispania,2008: 110-123.

[104] Norris S P. Can we test validly for critical thinking？[J]. Educational Researcher, 1989, 18(9)：21-26.

[105] Facione P A. The California Critical Thinking Skills Test-College Level. Technical Report#1. Experimental Validation and Content Validity[J]. 1990.

[106] Ennis R H, Millman J, Tomko T N. Cornell critical thinking tests: Administration manual[J]. California: Critical Thinking Company, 2005.

[107] Ennis R H, Weir E E. The Ennis-Weir critical thinking essay test: An instrument for teaching and testing[M]. Midwest Publications, 1985.

[108] Watson G. Watson-Glaser critical thinking appraisal[M]. San Antonio, TX: Psychological Corporation, 1980.

[109] Ku K Y L. Assessing students' critical thinking performance: Urging for measurements using multi-response format[J]. Thinking skills and creativity, 2009, 4(1): 70-76.

[110] Evans J. Dual process theories of deductive reasoning: facts and fallacies[J]. The Oxford Handbook of Thinking and Reasoning, 2012: 115-133.

[111] Stanovich K E. The comprehensive assessment of rational thinking[J]. Educational Psychologist, 2016, 51(1): 23-34.

[112] Byrnes J P, Dunbar K N. The nature and development of critical-analytic thinking[J]. Educational Psychology Review, 2014, 26(4): 477-493.

[113] Heyes, Cecilia. New thinking: the evolution of human cognition. (2012): 2091-2096.

[114] Wallas G. The Art of Thought. Excerpts reprinted in Creativity, PE Vernon[J]. 1926.

[115] Pessoa L. The cognitive-emotional brain: From interactions to integration[M]. MIT Press, 2013.

[116] James W. Mind association what is an emotion[J]. Mind, 1884, 9(34): 188-205.

[117] Lange C G, Kurella H. Ueber Gemüthsbewegungen: eine psycho-physiologische Studie[M]. T. Thomas, 1887.

[118] Schachter S, Singer J. Cognitive, social, and physiological determinants of emotional state[J]. Psychological Review, 1962, 69(5): 379.

[119] von Economo C F, Koskinas G N. Die cytoarchitektonik der hirnrinde des erwachsenen menschen [M]. J. Springer, 1925.

[120] Öngür D, Ferry A T, Price J L. Architectonic subdivision of the human orbital and medial prefrontal cortex[J]. Journal of Comparative Neurology, 2003, 460(3): 425-449.

[121] Zilles K, Palomero-Gallagher N, Schleicher A. Transmitter receptors and functional anatomy of the cerebral cortex[J]. Journal of Anatomy, 2004, 205(6): 417-432.

[122] Shaw P, Kabani N J, Lerch J P, et al. Neurodevelopmental trajectories of the human cerebral cortex[J]. Journal of Neuroscience, 2008, 28(14): 3586-3594.

[123] Sowell E R, Peterson B S, Kan E, et al. Sex differences in cortical thickness mapped in 176 healthy individuals between 7 and 87 years of age[J]. Cerebral Cortex, 2007, 17(7): 1550-1560.

[124] Lewis T L, Maurer D. Multiple sensitive periods in human visual development: evidence from visually deprived children[J]. Developmental Psychobiology: The Journal of the International Society for Developmental Psychobiology, 2005, 46(3): 163-183.

[125] Kennerley S W, Walton M E, Behrens T E J, et al. Optimal decision making and the anterior cingulate cortex[J]. Nature Neuroscience, 2006, 9(7): 940-947.

[126] Kris E. Psychoanalytic Explorations in Art New York: Int[J]. 1952.

[127] Sutherland W J. Review by quality not quantity for better policy[J]. Nature, 2013, 503(7475): 167-167.

[128] Graunt J. Natural and Political Observations Made Upon The Bills of Mortality London[J]. 1973.

[129] Bruner J S, Goodnow J J, George A. Austin. A study of thinking[J]. New York: John Wiley & Sons, Inc., 1956, 14: 330.

[130] Cukier K. Data, data everywhere: A special report on managing information[M]. Economist Newspaper, 2010.

[131] Boyd D, Crawford K. Critical questions for big data: Provocations for a cultural, technological, and scholarly phenomenon[J]. Information, Communication & Society, 2012, 15(5): 662-679.

[132] Miller H J. The data avalanche is here. Shouldn't we be digging? [J]. Journal of Regional Science, 2010, 50(1): 181-201.

[133] Constine J. How big is Facebook's data? 2.5 billion pieces of content and 500＋ terabytes ingested every day [J]. http://techcrunch.com/2012/08/22/how-big-is-facebooks-data-2-5-billion-pieces-of-content-and-500-terabytes-ingested-every-day, 2012.

[134] Agrawal D, Bernstein P, Bertino E, et al. Challenges and opportunities with Big Data 2011-1[J]. 2011.

[135] Siegel H. Educating reason[M]. Routledge, 2013.

[136] Kuhn T S. The structure of scientifi revolutions[J]. The Un. of Chicago Press, 1962, 2: 90.

[137] Bollier D. The Promise and Peril of Big Data' The Aspen Institute, 2010[J]. 2010.

[138] Floridi L. Big data and their epistemological challenge[J]. Philosophy & Technology, 2012, 25(4): 435-437.

[139] Mayer-Schönberger V, Cukier K. Big data: A revolution that will transform how we live, work, and think[M]. Houghton Mifflin Harcourt, 2013.

[140] Kitchin R. Big Data, new epistemologies and paradigm shifts[J]. Big Data & Society, 2014, 1(1): 2053951714528481.

[141] Kaplan R M, Chambers D A, Glasgow R E. Big data and large sample size: a cautionary note on the potential for bias[J]. Clinical and Translational Science, 2014, 7(4): 342-346.

[142] Kitchin R. Big Data, new epistemologies and paradigm shifts[J]. Big Data & Society, 2014, 1(1): 2053951714528481.

[143] Batty M. Smart cities, big data[J]. 2012.

[144] Kitchin R. Big data and human geography: Opportunities, challenges and risks[J]. Dialogues in Human Geography, 2013, 3(3): 262-267.

[145] Ramsay A J. A review of the coherent optical control of the exciton and spin states of semiconductor quantum dots[J]. Semiconductor Science and Technology, 2010, 25(10): 103001.

[146] Manovich L. Trending: The promises and the challenges of big social data[J]. Debates in the Digital Humanities, 2011, 2: 460-475.

[147] Kitchin R. Big data and human geography: Opportunities, challenges and risks[J]. Dialogues in Human Geography, 2013, 3(3): 262-267.

[148] Ruppert E. Rethinking empirical social sciences[J]. Dialogues in Human Geography, 2013, 3(3): 268-273.

[149] Färnqvist T, Heintz F, Lambrix P, et al. Supporting active learning by introducing an interactive teaching tool in a data structures and algorithms course[C]//Proceedings of the 47th ACM Technical Symposium on Computing Science Education. 2016: 663-668.

[150] Pedro F, Subosa M, Rivas A, et al. Artificial intelligence in education: challenges and opportunities for sustainable development[J]. 2019.

[151] Nappi C, Cuocolo A. The machine learning approach: artificial intelligence is coming to support critical clinical thinking[J]. 2018.

教师服务

感谢您选用清华大学出版社的教材！为了更好地服务教学，我们为授课教师提供本书的教学辅助资源，以及本学科重点教材信息。请您扫码获取。

❯❯ 教辅获取

本书教辅资源，授课教师扫码获取

❯❯ 样书赠送

创业与创新类重点教材，教师扫码获取样书

清华大学出版社

E-mail: tupfuwu@163.com
电话：010-83470332 / 83470142
地址：北京市海淀区双清路学研大厦 B 座 509

网址：https://www.tup.com.cn/
传真：8610-83470107
邮编：100084

郑重声明

高等教育出版社依法对本书享有专有出版权。任何未经许可的复制、销售行为均违反《中华人民共和国著作权法》，其行为人将承担相应的民事责任和行政责任；构成犯罪的，将被依法追究刑事责任。为了维护市场秩序，保护读者的合法权益，避免读者误用盗版书造成不良后果，我社将配合行政执法部门和司法机关对违法犯罪的单位和个人进行严厉打击。社会各界人士如发现上述侵权行为，希望及时举报，本社将奖励举报有功人员。

反盗版举报电话　(010) 58581999　58582371
反盗版举报邮箱　dd@hep.com.cn
通信地址　北京市西城区德外大街4号 高等教育出版社法律事务部
邮政编码　100120

读者意见反馈

为收集对教材的意见建议，进一步提高教材编写质量，欢迎读者登录

反馈网址：http://jc.crup.com.cn/jcfx
咨询电话：400-810-0598

防伪查询说明

用户购书后刮开封底防伪涂层，利用手机微信等软件扫描二维码，会跳转至防伪查询网页，获得所购图书详细信息。也可以通过登录中国人民大学出版社网站 www.crup.com.cn，点击"防伪查询"进行图书真伪查询。